全域旅游视野下
长江旅游带生态安全格局
构建研究

STUDY ON THE CONSTRUCTION OF ECOLOGICAL SECURITY PATTERN OF YANGTZE
RIVER TOURISM BELT FROM THE PERSPECTIVE OF GLOBAL TOURISM

黄　泰◎著

中国旅游出版社

项目策划：段向民
责任编辑：沙玲玲
责任印制：钱　宬
封面设计：武爱听

图书在版编目（ＣＩＰ）数据

全域旅游视野下长江旅游带生态安全格局构建研究 /
黄泰著 . -- 北京 : 中国旅游出版社 , 2025. 3.
(国家社科基金旅游研究项目文库). -- ISBN 978-7
-5032-7490-9

Ⅰ . F592.7；X321.25

中国国家版本馆 CIP 数据核字第 20259VK111 号

审 图 号： GS 京（2025）0636 号

书　　名：全域旅游视野下长江旅游带生态安全格局构建研究

作　　者：黄　泰
出版发行：中国旅游出版社
　　　　　（北京静安东里 6 号　邮编：100028）
　　　　　http://www.cttp.net.cn　E-mail:cttp @ mct.gov.cn
　　　　　营销中心电话：010-57377103，010-57377106
　　　　　读者服务部电话：010-57377107
排　　版：小武工作室
经　　销：全国各地新华书店
印　　刷：北京盛华达印刷科技有限公司
版　　次：2025 年 3 月第 1 版　2025 年 3 月第 1 次印刷
开　　本：787 毫米 × 1092 毫米　1/16
印　　张：16.5
字　　数：324 千
定　　价：88.00 元
ＩＳＢＮ　　978-7-5032-7490-9

前言

　　旅游生态安全是维持旅游、生态双系统稳定运行和推动区域绿色高质量发展的源泉动力。在经济快速发展和生态安全面临巨大挑战的时代背景下，生态文明建设成为党和国家重视的工程。作为一项与区域多要素交互作用的复杂开放性经济活动，旅游产业在驱动区域发展的同时，对生态环境造成的负面影响也逐渐显现。长江旅游带地跨东部、中部、西部三大区域，包括多个省市，连接多个旅游经济增长点，其生态安全水平与国家发展密切相关。构建长江旅游带生态安全格局对于长江经济带发展规划具有重要意义，对于全国的生态建设具有示范作用。

　　本书按照"问题提出—理论框架构建—实证研究—格局构建"的思路展开相关研究，遵循从理论构建到实证分析的研究范式，构建旅游生态安全格局及关联网络机理的理论分析框架，为实证分析奠定理论基础。首先，构建三生用地分类体系，运用土地利用转移矩阵对长江经济带和内部主要城市群（长三角城市群、长江中游城市群、成渝城市群）的生态系统时空演变进行深入分析。其次，构建生态安全和生态安全阻力面评价指标体系，综合运用景观生态学指数、标准椭圆差、传统马尔科夫链和空间马尔科夫链等多元模型对网格、县域、市域等多元尺度生态安全格局时空演化特征进行分析。再次，遴选旅游源地，通过MCR模型仿真模拟出旅游生态安全格局。最后，构建旅游高质量评价体系，运用社会网络分析提取出长江经济带旅游生态安全复杂关联网络，并通过经济计量学模型，从旅游发展、经济支持、社会生计、生态环境四个维度遴选科学指标，对旅游生态安全关联网络关键性因素进行提取，并深入分析其空间效应。具体结论如下。

　　（1）从长江经济带整体来看，生态用地呈"此消彼长"式区域性动态变化，生活用地呈成渝城市群—长三角城市群"首尾夹击式"剧烈增长特征；生产用地呈长三角城市群—中游城市群—成渝城市群"流动式"缩减特征。①在规模化背景下，部分都市圈开展的一系列生态政策减弱、阻断甚至逆转了生态退化，但部分城市在经济发展和环境保护方面扔存在矛盾冲突，尚未实施有效措施，生态用地减少。②在城镇化快速发展过程中，生活用地不断挤压生产用地，并围绕长三角城市群、长江中游城市群、成渝城市群三大城市群进行扩张。

（2）与长江经济带其他城市相比，三大城市群生态系统内部结构较不稳定，城市发展占用耕地现象更为严重。①三大城市群人口数量增加、用水量增加，水域面积不断缩减，大片湿地裸露成为草地，湿地功能持续退化。因此，即使三大城市群生态系统总体稳定，但内部用地结构仍需划定数量界限，保持各细分用地的稳定是下一步亟须解决的关键问题。②三大城市群的生活用地呈现以省会城市为中心的增长特征，生产用地呈现以省会城市为中心的缩减特征。三大城市群是长江经济带具有明显经济示范效应的核心城市群、城镇化进程快速、人口流入量大、城镇生活用地需求高。

（3）生态安全需要以大尺度全域整体化统一协调治理。①多尺度生态安全格局差异明显，出现"小尺度升高、大尺度降低"的问题，实现全域生态安全稳定性仍有待突破。②生态安全格局存在极化现象，高值区域集中于长三角城市群、武汉城市子群和云南省，这些区域具有大片连续、规则的景观斑块，这些景观斑块具有明显的聚集度高、破碎度低的特征。③生态安全具有路径依赖和空间溢出效应，高水平生态安全地区应发挥自身空间带动作用，通过多个邻近地区的联合打造稳定一体的"生态安全共同体"。

（4）从全域整体来看，长江经济带生态旅游安全格局呈现由轴状局部性向团状多极核发展的特征。区域旅游生态安全的稳定发展需要优势组团，创建区域核心旅游景点区域，形成旅游生态安全极核中心，以此打造稳定向好的旅游生态安全格局。

（5）长江经济带各个城市形成复杂的旅游生态安全关联网络。①在整体网络中，城市间从可达性低发展至完全可达，但可达性路径单一，整体网络联系程度长期较低。②上海长期拥有绝对影响力，随着其他城市旅游生态发展水平提高，基于生态安全的旅游高质量发展模式，正在由单极核向多组团的联系格局演变，逐渐形成从高到低"上海—江苏省—浙江省—安徽省—江西省"且具有明显阶梯性影响力的发展格局。

（6）旅游生态安全关联网络的形成由多维因素综合驱动。①旅游发展、社会生计维度因素对旅游生态安全联动性具有负效应，经济支持和生态环境维度因素对旅游生态安全联动性具有正效应。②相比直接效应，各维度因素的间接效应更加明显，核心区的各种资源往边缘区溢出明显，区域间的联系更加紧密。

本书是基于旅游学、地理学、生态学、经济学等多学科的交叉研究。本书考虑了旅游者空间流动性对生态系统的影响，在动态视角下对生态空间结构要素和方法定量进行精准的表达，并突破了以往研究仅对旅游生态安全数量水平的探讨，补充了旅游关联性机制研究。研究结果有助于构建长江经济带旅游产业、生态环境协同共进的高质量发展格局，为旅游产业推动区域生态联动网络、筑牢区域生态安全屏障提供了理论参考。

目 录

第一章

绪 论

第一节　研究背景

一、生态文明已成为新时代中国特色社会主义建设的主旋律

工业文明在创造丰富物质文化成果的同时，对生态环境也带来了一定程度的负面影响，人类亟须创造一个稳定安全的生态系统为经济发展提供强有力的支撑。生态文明强调人与自然、人与社会、人与人的和谐共处，渗透于经济建设、政治建设、文化建设、社会建设全过程，它反映了一个社会的文明进步状态。从某种意义上来讲，在社会发展过程中，生态文明强调人与自然的双赢，实现人与自然的协调发展是人类构建美好社会的愿景。

近年来，我国稳步推进生态文明建设工作，将生态文明建设置于关键地位。党的十七大首次将"生态文明"写入报告中，将其上升为一项国家重大政治问题来看待，要求全国全党全体人民树立生态文明观念。党的十八大明确提出大力推进生态文明建设，将生态文明放在突出位置，融入社会发展的各个方面，实现中华民族永续发展。2015 年 4 月，国务院发布了《中共中央国务院关于加快推进生态文明建设的意见》。2015 年 10 月，党的十八届五中全会将增强生态文明建设写入国家五年规划。2017 年10 月，党的十九大报告中明确指出，要加快生态文明体制改革，着力解决突出环境问题，加大对生态系统的保护力度，推动形成人与自然和谐相处的新格局。2018 年 3 月，第十三届全国人民代表大会第一次会议通过的宪法修正案，将宪法第八十九条"国务院行使下列职权"中第六项"（六）领导和管理经济工作和城乡建设"修改为"（六）领导和管理经济工作和城乡建设、生态文明建设"。2021 年 3 月，国务院发布的《中华人民共和国国民经济和社会发展第十四个五年规划和 2035 年远景目标纲要》确立了一系列生态文明建设和推动绿色发展的约束性目标。2022 年 10 月，党的二十大召开，在党的十九大"五位一体"总体布局、"四个全面"战略布局的基础上，又做出"推动绿色发展，促进人与自然和谐共生"重要部署，进一步提升了生态文明建设的战略地位。综上所述，生态文明建设是实现我国现代化、全面建成小康社会、实现经济可持续发展的根本保障，是建设中国特色社会主义社会的核心和主旋律。

二、生态安全是落实推进长江经济带国家战略的根本保障

生态安全与经济发展并非相互独立的个体，二者辩证统一、相辅相成。生态安全的概念可以从两个方面来理解。广义上，从国际应用系统分析研究所给出的定义来

看，生态安全是指在人的生活、健康、安乐、基本权利、生活保障来源、必要资源、社会秩序和人类适应环境变化的能力等方面不受威胁的状态，包括自然生态安全、经济生态安全和社会生态安全，组成一个复合人工生态安全系统（肖笃宁等，2002）；狭义上，生态安全是自然生态系统的完整性和健康水平的反映（彭保发等，2018）。生态安全具有系统性、长期性、不可逆性等特点，随着经济的快速发展，人地矛盾剧增，人类所面临的环境压力与日俱增，保护区域的生态安全，实现经济的可持续发展已成为人类的共识。

长江经济带生态安全建设与经济发展方面不相协调。长江经济带地貌类型多，具有丰富的旅游资源，拥有多处享誉全球的人文景观和自然文化遗产，是我国建设旅游强国的先行区和示范区，但是随着经济的快速发展，长江旅游带所面临的生态环境形势愈加严峻。上中下游地区还未建立有效的生态利益协调机制，森林、湖泊、湿地等生态系统面积在逐渐减少，生物多样性锐减；重工业的发展导致污染物的大量排放，严重威胁了水生态环境，影响了人们的饮水安全，并且农业、工矿产业的发展也使土壤污染问题成为一个亟待解决的问题。长江经济带经济发展与环境保护之间的矛盾愈加严峻，保护生态安全，建设生态文明是推动长江经济带国家战略的必然之举。

三、旅游业是推进长江经济带转型升级发展的绿色动力模式

旅游业作为一个综合性产业，在统筹生态文明建设和带动经济发展方面，发挥着至关重要的作用。首先，在经济建设方面，随着生活水平的提高，旅游已成为人们日常生活的一部分，人们对休闲度假的需求越来越高。国家统计局官网显示，2021年，全国旅游及相关产业增加值占GDP的比重为3.96%，是我国经济发展的重要突破口。《中华人民共和国国民经济和社会发展第十三个五年规划纲要》显示，旅游业对社会就业综合贡献度预计将达12%。旅游业展现出综合的社会经济带动作用，成为传播中华传统文化、弘扬社会主义核心价值观的重要渠道，成为生态文明建设的重要力量，并带动大量贫困人口脱贫，绿水青山正在成为金山银山（中国旅游报，2017年）。其次，在生态文明建设方面，工业文明的发展将世界带入以石油消费为基础的黑色经济时代，形成了以"环境透支""生态赤字"维系的工业文明的黑色发展模式。旅游业作为"无烟产业"的出现，其本身就具有"绿色"属性，强调人与生态环境和谐共生，对引领经济绿色发展起着极强的引领作用。

长江经济带区域发展不协调，产业结构不合理，仍在延续传统的粗放式发展方式，加快产业转型升级是在新发展格局下的必然趋势。长江经济带旅游资源丰富，旅游内部市场具有巨大的潜力。应按照"五位一体"总体布局和"四个全面"战略布局，以创新、协调、绿色、开放、共享为发展理念，以推动全域旅游发展为主线，加

快长江经济带转型升级（中国旅游报，2017），实现绿色发展。

四、长江国际黄金旅游带建设发展离不开生态安全格局构建

长江国际黄金旅游带的发展与旅游环境息息相关，健全发展规划，完善相关政策体系，构建安全生态发展格局，为长江国际黄金旅游带建设提供环境保障刻不容缓。"长江国际黄金旅游带"的提出为长江经济带旅游业的发展提供了行动指南，将"长江经济"与"旅游"紧密联系在一起（席建超、葛全胜，2015）。目前，长江经济带的发展在经历了过度开发之后，环境保护被放在了首位，以生态优先导向的发展战略已开始实施。2018 年，《长江国际黄金旅游带发展规划纲要》强调要将旅游资源与环境保护放在重要位置，贯穿旅游开发全过程，并加强流域的生态保护，推动旅游业实现绿色发展。在此规划的指导下，构建长江旅游带生态安全格局是大势所趋，不仅有利于保护长江国际黄金旅游带的生态系统，更为长江国际黄金旅游带的发展提供了基础保障，也为该旅游带的可持续发展提供了前提条件。

第二节　研究意义

一、理论意义

在生态安全领域的研究中，大多学者以地理学和景观生态学为理论基础，以土地利用结构优化、景观格局优化、生态系统敏感性为切入点，以城市区、农牧交错地带等为对象进行研究。而从旅游地理学角度出发，研究旅游带生态安全格局构建的文章较少，基于此，本书的理论意义如下。（1）利用旅游地理学、环境地理学、生态学、发展社会学等理论，借助遥感影像解译、GIS 空间分析技术、数理统计模型等多元集成方法，研究长江旅游带生态安全格局构建，丰富了生态安全格局的理论内容。以多学科的理论和方法进行分析，加强学科之间的交流与融合，有利于生态安全格局的理论创新。（2）综合考虑社会、经济、生态等多方面的因素，运用定性与定量相结合的方法，分析当前旅游带构建生态安全格局所面临的问题，推动大尺度区域旅游生态安全研究从单纯的格局研究向组织优化纵深发展。（3）通过旅游学、生态学、地理学等多学科的知识交融，分析其变化趋势和内在特征，并提出区域生态安全格局具体的创新路径，进一步丰富和发展了旅游地理学、景观生态学等领域。

二、实践意义

当前，我国正处于经济社会的转型发展期，旅游业在国民经济和社会发展中的地位越来越突出，长江旅游带是我国旅游业改革发展的先行示范区，保护长江旅游带生态环境，实现长江旅游带可持续发展是新时代的重要课题。基于此，本书的实践意义如下。（1）分析长江旅游带地生态系统现状和土地利用时空演化特征，对长江旅游带生态优化提出可行性建议。（2）通过实地调研和空间分析构建长江旅游带生态安全格局，符合长江旅游带现阶段的发展方向，对长江旅游带重大工程建设和生态城市规划具有指导作用。（3）在全域旅游视野下，综合各方面因素分析长江旅游带生态安全格局的内在特征和影响机理，从而为长江旅游带可持续发展提出创新路径，助力"长江国际黄金旅游带"目标早日实现。（4）以长江旅游带为研究对象构建生态安全格局，对其他经济快速发展地区和生态脆弱地区进行生态文明建设具有借鉴意义，从而为全国开展生态文明建设，实现生态安全贡献绵薄之力。

第三节 研究内容

一、研究目标

以旅游业生态文明建设为时代背景，选择长江经济带及其主要城市群为研究区域，以旅游生态安全格局为研究对象，综合利用卫星遥感、实地调研、模型构建、GIS 空间分析、社会网络分析、空间计量等多源技术手段，定量化表征近 26 年来区域内生态安全特征和旅游高质量发展水平，从人地关系视角出发深入探讨区域旅游安全格局的时空演化特征和驱动机制，进而提出相关的管理和调控措施，为区域旅游业发展、生态文明建设提供科学依据。基于此，本书的主要研究目标是致力于回答以下问题。（1）区域生态安全格局现状和政策机制如何？旅游发展对生态安全格局的影响程度如何？（2）长江旅游带及其主要城市群的土地利用生态系统时空演化特征是什么？（3）基于景观生态学和 GIS 空间计量方法，长江旅游带及其主要城市群的生态安全格局的时空演变特征如何？旅游高质量发展的时空演变特征如何？如何考虑生态安全格局，旅游高质量发展如何联动全域发展？即全域旅游视野下长江旅游带生态安全格局的时空演变特征如何？（4）有哪些因素驱动长江旅游带生态安全格局的时空演变特征？影响机制如何？（5）在全域旅游视野下，长江旅游带生态安全格局构建的长效机制需要遵循哪些原则，包含哪些内容？

二、内容体系

本书共分为五个部分。第一部分为第一章，介绍研究背景，通过相关研究的回顾和文献综述提出研究意义、研究目标、内容体系、拟解决的关键问题和研究框架思路，并对本书的研究区长江经济带和主要城市群（长三角城市群、中游城市群、成渝城市群）进行背景介绍。第二部分为第二章，明晰理论基础、相关概念和国内外相关研究，在理论部分对本书的研究进行充分阐述说明。第三部分为第三章，对长江旅游带生态安全的现实优势、现有问题进行深入解析，结合前述的理论基础，梳理长江旅游带生态安全格局构建的理论逻辑，为后文的实证部分提供较为清晰的研究思路。第四部分为第四、五、六、七章，是本书的主要部分。主要从长江旅游带土地利用生态系统多尺度时空演变、长江旅游带生态安全格局演变、长江旅游带生态安全影响机理进行分析，并基于实证结果，提出构建全域旅游视野下长江旅游带生态安全格局构建的长效机制。第五部分为第八章结论与展望，总结提炼本书的主要结论、政策建议和研究展望。具体章节安排如下。

第一章是绪论。阐明本书的研究背景、研究意义，对本书的研究目标、内容体系、拟解决的关键问题和研究框架思路进行梳理，并对研究区概况和数据来源作出说明。

第二章是理论基础与研究综述。首先，梳理和建立本书的理论基础。其次，对全域旅游、旅游生态安全格局、区域旅游带等概念进行阐释。最后，对全域旅游、生态安全和旅游生态安全的国内外相关研究情况进行综述，发现本书的理论价值和研究方向。

第三章是长江旅游带生态安全现实环境与理论逻辑。首先，基于实地调研、各省市社会经济指标和官方新闻动态，对长江旅游带生态安全现实优势、现有问题进行全面深入的解析。其次，构建长江旅游带生态安全格局的理论逻辑，为后续的实证分析提供理论支撑。

第四章是长江旅游带土地利用生态系统多尺度时空演变。利用遥感影像解译和GIS空间分析技术分析全域总体以及三大城市群的各土地利用类型的变化，总结其多尺度时空演化特征，并为旅游生态安全构建提供基础评价指标体系。

第五章是全域旅游视野下长江旅游带生态安全格局演变。首先，结合以往文献和研究区实际，从景观生态学视角构建长江经济带生态安全阻力因子综合评价指标体系，基于GIS生成可视化的生态安全阻力面，进而对长江经济带网格、县域、市域多尺度生态安全格局进行全面系统的分析。其次，通过MCR模型，以5A级景点为旅游源地，以生态安全阻力值为阻力面，模拟仿真出旅游生态安全格局，以此方法对长江经济带、三大城市群旅游的生态安全格局时空演化特征进行全面解析。最后，基于社会网络分析，在全域旅游视野下分析区域旅游生态安全格局的联动发展程度，提取长江经济带旅游生态安全核心区、边缘区关联网络化的时空演变特征。

第六章是全域旅游视野下长江旅游带生态安全影响机理。利用空间计量模型分析影响长江旅游带生态安全空间格局构建的因素，对其整体影响、空间效应进行量化分析。

第七章是全域旅游视野下长江旅游带生态安全格局构建的长效机制。基于实证研究结果，提出全域旅游视野下长江旅游带生态安全格局构建应遵循的原则和机制构建内容。

第八章是结论与展望。总结全书主要研究结论，提出政策建议，并提出今后进一步研究中需要改进完善之处。

三、拟解决的关键问题

本书拟解决的关键问题包括以下几下方面。

（1）利用遥感影像解译1995—2020年长江旅游带以及三大城市群的土地利用结构，分析土地利用生态系统的多尺度多时段演化特征，探讨土地利用生态系统数量结构和空间结构的双重优化问题，为旅游生态安全评价研究奠定土地利用生态安全基础，并获取重要的生态安全评价指标体系。

（2）采用多目标规划模型、最小累积阻力模型（MCR）理论方法，全面分析网格、县域、市域三个尺度下的长江旅游带生态安全格局的系统化构建问题。

（3）采用修正的引力模型和社会网络分析，将长江经济带各个城市旅游高质量发展通过生态安全廊道联系起来，并基于此透视长江旅游带生态安全格局的特征问题。

（4）系统分析长江旅游带生态安全格局构建的经济、社会、人口、政策等因子体系，分析其影响机理，并结合具体国情和长江旅游带发展实际，提出构建生态安全格局的体制机制创新路径。

四、研究框架

本书以"问题提出—理论框架构建—实证研究—格局构建"为脉络思路，厘清全域旅游视野下长江旅游带生态安全格局构建研究的研究框架，如图1-1所示。

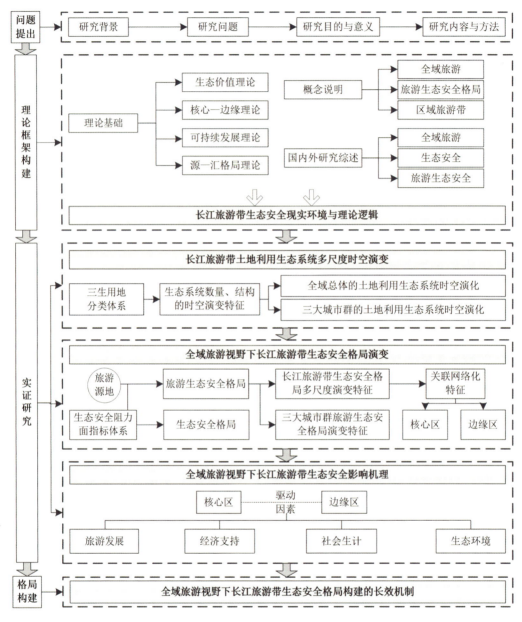

图1-1 技术路线图

第四节 研究区概况与数据来源

一、研究区概况

（一）自然地理背景

长江经济带依托长江黄金水道，横跨上海、江苏、浙江、安徽、江西、湖北、湖南、重庆、四川、贵州、云南 11 个省市，是我国经济最具活力的区域之一。该经济带以共抓大保护、不搞大开发为导向，坚持生态优先、绿色发展的战略定位，致力于构建沿江绿色生态廊道和高质量综合立体交通走廊，优化沿江城镇和产业布局，推动上中下游协调发展，形成贯通东中西部的黄金经济带（见图 1-2）。

长江旅游带的范围与长江经济带一致，涵盖上述 11 个省市。该区域地形地貌丰富，总体呈现西高东低的趋势，主要由云贵高原、四川盆地、江南丘陵和长江中下游平原等地形单元构成，河湖密布，生态系统多样。由于地处北纬 30 度附近，长江旅游带气候类型多样，以亚热带季风气候为主，部分地区属温带季风气候和高原气候，气候温暖湿润，降水主要集中在汛期，且地域分布上呈东南多、西北少的趋势。长江旅游带汇集众多大小支流，其中，中下游地区支流集中，我国五大淡水湖均分布于此，湖泊面积占全国淡水湖面积的 60% 以上。

图 1-2　长江旅游带地形地貌

（二）社会经济背景

长江旅游带是我国农业、工业、商业、教育科技行业最发达的地区之一。长江旅游带覆盖了上海、江苏、浙江、安徽、江西、湖北、湖南、重庆、四川、云南、贵州9省2市（见图1-3），集中了我国东、中、西部最为发达的省份，具有巨大的发展潜力和综合优势。众多重化工产业、电子信息产业、装备制造产业都集中在长江流域。据《长江经济带经济发展总报告（2019—2020）》显示，2019年，长江经济带11个省市地区生产总值占全国的比重达到46.2%，长江经济带服务业占GDP比重接近54%，成为拉动区域经济发展的主要产业部门。长江旅游带耕地面积达2000万公顷，占全国陆地面积的19%，养育了全国42.71%的人口。随着西电东送、西气东输、青藏铁路以及南水北调等工程的实施，长江经济带东西方向贯通、一体化经济迅速发展，未来长江旅游带的社会经济地位将日益提升。

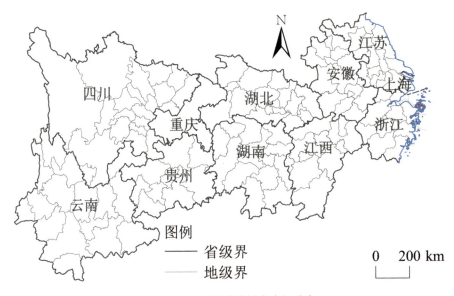

图1-3　长江旅游带城市空间分布

（三）生态资源背景

长江旅游带不仅拥有庞大的河湖水系和独特完整的自然生态系统，还拥有丰富的水土、森林、矿产、水能和航运等资源，其中，林木蓄积量占全国总量的25%，形成了我国具有全球影响力的自然山水、人文旅游资源的主要集聚区。首先，在我国七大流域中，其野生动植物群落、物种、数量等方面都占有比较优势。长江旅游带已建立100多处自然保护区，水杉、银杉、珙桐等孑遗植物，大熊猫、金丝猴、白鳍豚等珍禽异兽都属于长江旅游带所特有。其次，长江旅游带也是我国重要的矿产基地，其矿产种类占全国的 80%。在全国 11 个大型锰矿和 8 大铜矿中，长江旅游带分别占有 5 处和 3 处。最后，长江旅游带水资源丰富，流域总面积为 180 万 km^2，水资源总量为 9755 亿 m^3，约占全国河流径流总量的 36%。

（四）旅游发展现状

1. 整体发展状况好

依托优质的旅游资源，长江旅游带不断开发和深化，创造了一系列独特的旅游景区和产品。在此基础上，长江旅游带不断进行旅游宣传和品牌建设，确立了省域旅游形象，形成了区域发展的基本格局。截至 2019 年底，长江旅游带共有 118 处 5A 级景区、27 处世界遗产、140 处国家自然保护区，分别占全国总量的 42%、49%、30%。各省市发展迅速，旅游经济总量呈稳步增长的趋势。截至 2019 年，区域旅游接待人数和接待收入超过全国的 50%。根据表 1-1 和表 1-2 显示，长江旅游带各省市在新冠疫情后的旅游收入和全国排名发生了显著变化。具体而言，湖北、重庆排名显著提升，浙江、贵州、四川排名则显著下降，而上海、江苏、安徽、江西、湖南、云南排名变动在 1-2 位，差别不明显。这些变化可能与各地区在疫情期间采取的旅游发展策略、资源优势以及市场需求等因素密切相关，反映了疫情对长江旅游带旅游格局的深刻影响。

表 1-1 长江旅游带各省市旅游收入及其全国排名（2019 年）

编号	省区市	旅游总收入（亿元）	全国地位
1	上海	5367	19
2	浙江	10911	6
3	江苏	14229	1
4	安徽	8292	11
5	湖北	6927	15
6	江西	9605	9
7	湖南	9762	8
8	云南	11035	5
9	贵州	12319	2
10	四川	11594	3
11	重庆	5739	18

资料来源：根据 2019 年长江旅游带各省市旅游统计资料整理。

表1-2　长江旅游带各省市旅游收入及其全国排名（2021年）

编号	省区市	旅游总收入（亿元）	全国地位
1	上海	3537	18
2	浙江	6185	10
3	江苏	11673	2
4	安徽	5581	13
5	湖北	6028	12
6	江西	6769	8
7	湖南	7360	6
8	云南	9051	4
9	贵州	6642	9
10	四川	7353	7
11	重庆	4590	15

资料来源：根据2021长江旅游带各省市旅游统计资料整理。

2. 区域发展不平衡

（1）上、中、下游协调发展难度大。根据表1-3，2019年上游地区（云南、贵州、四川、重庆）总旅游收入40687亿元，游客量33.541亿人，占全流域比例分别为38.37%和39.97%，而中游地区（湖北、湖南、江西）总收入仅为26294亿元，占比24.79%，游客量22.302亿人，占比26.58%，显示中游区域吸引力明显不足。下游地区（江苏、浙江、上海、安徽）总收入39069亿元，占比36.84%，游客量28.066亿人，占比33.45%，虽接近上游，但仍逊色于上游的表现。根据表1-4，到2021年，疫情冲击导致上游地区收入下降至27636亿元；中游地区收入下滑至20157亿元，缺少游客量数据，但发展弱势依旧；下游地区收入26976亿元，与上游接近。这种差异反映了区域资源分布、市场吸引力和政策协调的不足，使得实现上、中、下游的协调发展面临较大挑战。

（2）各省发展差异大。根据表1-5，2019年，长江旅游带各省市的旅游接待状况有较大差异，呈现两极化趋势。江苏省、贵州省、四川省的旅游总收入遥遥领先，湖北省处于中等水平，上海、重庆等均处于较低水平。东部沿海地区在接待入境游客方面具有明显优势，上海在旅游外汇收入和入境游客接待量方面显著高于其他内陆省份，中西部地区云南处于国家边境接壤地带，具有较高的入境旅游接待量和旅游外汇收入。江苏省入境游客人均消费最高，浙江省、湖北省入境游客人均消费水平处于中等水平，贵州省入境游客人均消费水平处于较低水平，这与入境游客逗留时间、当地旅游产品种类与附加值有关。旅游总收入占GDP比重最大的是贵州省，表明贵州省对旅游业的依赖程度较高，其他产业发展薄弱。2021 年，根据表 1-6 中已公布数据得知，长江旅游带各省市在旅游总收入、旅游外汇收入、入境游客接待量等方面均出现断崖式下降，新冠疫情对各省市旅游发展产生了极大的负面冲击，总体上与 2019 年差异特征相吻合。

（3）城市旅游发展差异明显。根据表 1-7，比较 2019 年各省份主要城市的旅游收入，重庆市的旅游收入最高，江西省省会城市南昌的旅游收入最低，旅游收入低于 2000 亿元，约占重庆市旅游收入的 1/3。此外，安徽省省会城市合肥、湖南省省会城市长沙的旅游收入都处于低水平。浙江省省会城市杭州依托区位优势，其旅游收入达到较高水平。中西部地区，武汉、成都虽然交通阻碍较东部大，但是凭借其旅游资源，旅游收入均超过 3000 亿元，达到高水平。根据表 1-8，2021 年各省份主要城市

表 1-3 2019 年长江经济带各区域旅游差异

区域	旅游收入 （亿元）	旅游人次 （亿人）	旅游收入占全流域 的比例	旅游人次占全流域 的比例（％）
上游 （云南、贵州、 四川、重庆）	云南：11035 贵州：12319 四川：11594 重庆：5739 总计：40687	云南：8.070 贵州：11.350 四川：7.550 重庆：6.571 总计：33.541	38.37	39.97
中游 （湖北、湖南、 江西）	湖北：6927 湖南：9762 江西：9605 总计：34586	湖北：6.059 湖南：8.315 江西：7.928 总计：22.302	24.79	26.58
下游 （江苏、浙江、 上海、安徽）	江苏：14229 浙江：10911 上海：5637 安徽：8292 总计：39069	江苏：8.801 浙江：7.300 上海：3.704 安徽：8.261 总计：28.066	36.84	33.45

注："—"表示该省份尚未公布相关统计数据。
资料来源：根据 2019 年长江旅游带各省市旅游统计资料整理。

表 1-4 2021 年长江经济带各区域旅游差异

区域	旅游收入 （亿元）	旅游人次 （亿人）	旅游收入占全流域 的比例（％）	旅游人次占全流域 的比例（％）
上游 （云南、贵州、 四川、重庆）	云南：9051 贵州：6642 四川：7353 重庆：4590 总计：27636	云南：6.490 贵州：6.444 四川：— 重庆：3.500 总计：—	36.96	—
中游 （湖北、湖南、 安徽、江西）	湖北：6028 湖南：7360 江西：6769 总计：20157	湖北：— 湖南：— 江西：— 总计：—	26.96	—

（续表）

区域	旅游收入 （亿元）	旅游人次 （亿人）	旅游收入占全流域 的比例（％）	旅游人次占全流域 的比例（％）
下游（江苏、 浙江、上海）	江苏：11673 浙江：6185 上海：3537 安徽：5581 总计：26976	江苏：7.070 浙江：3.999 上海：0.010 安徽：5.800 总计：16.879	28.61	—

注："—"表示该省份尚未公布相关统计数据。
资料来源：根据 2019 年长江旅游带各省市旅游统计资料整理。

表1-5 长江旅游带各省市旅游接待情况（2019 年）

省市	旅游总收入 （亿元）	旅游外汇收入 （亿美元）	入境游客接待量 （万人次）	GDP （亿元）	旅游总收入占 GDP 比重（％）
上海	5367	83.76	897.23	37987	14.13
浙江	10911	26.68	467.11	62462	17.47
江苏	14229	47.44	399.46	95657	14.88
安徽	8292	33.88	379.74	36846	22.50
湖北	6927	26.54	450.02	45429	15.25
江西	9605	8.65	197.17	24667	38.94
湖南	9762	22.51	466.95	39894	24.47
云南	11035	51.47	1484.93	23224	47.52
贵州	12319	3.45	161.31	16769	73.46
四川	11594	20.27	414.78	46616	24.87
重庆	5739	21.90	411.34	23606	24.31
合计	105781	346.55	5730.04	453156	23.34

资料来源：根据 2019 年长江旅游带各省市旅游统计资料整理。

表1-6 长江旅游带各省市旅游接待情况（2021 年）

省市	旅游总收入 （亿元）	旅游外汇收入 （亿美元）	入境游客接待量 （万人次）	GDP （亿元）	旅游总收入占 GDP 比重（％）
上海	3537	35.85	103.29	43215	8.18
浙江	6185	2.04	42.84	73516	8.41
江苏	11673	11.43	61.89	116364	10.03
安徽	5581	3.11	6.09	42565	13.11
湖北	6028	—	—	50013	12.05
江西	6769	—	—	29828	22.69
湖南	7360	—	—	46063	15.98

（续表）

省市	旅游总收入（亿元）	旅游外汇收入（亿美元）	入境游客接待量（万人次）	GDP（亿元）	旅游总收入占GDP比重（%）
云南	9051	—	9.00	27147	33.34
贵州	6642	0.19	2.33	19586	33.91
四川	7353	—	—	53851	13.65
重庆	4590	—	—	27894	3.9
合计	74769	—	—	530042	14.11

注："—"表示该省份尚未公布相关统计数据。
资料来源：根据2021年长江旅游带各省市旅游统计资料整理。

表1-7　2019年长江经济带主要城市旅游发展差异

区域	旅游收入（亿元）	旅游人次（亿人）
上海	5367	3.7038
南京	2479	1.4682
杭州	4005	2.0813
苏州	2751	1.3609
合肥	2054	1.4641
南昌	1869	1.7937
武汉	3571	3.1898
长沙	2029	1.6833
重庆	5739	6.5708
成都	4665	2.8000
贵阳	3099	2.2901
昆明	2734	1.8644

资料来源：根据2019年长江旅游带各省市旅游统计资料整理。

表1-8　2021年长江经济带主要城市旅游发展差异

区域	旅游收入（亿元）	旅游人次（亿人）
上海	3537	0.0103
南京	2130	1.0844
杭州	1524	0.8952
苏州	2262	1.1249
合肥	1248	1.4300
南昌	1744	1.7795

（续表）

区域	旅游收入（亿元）	旅游人次（亿人）
武汉	2921	2.7200
长沙	1926	1.8200
重庆	4590	—
成都	3085	2.0500
贵阳	1821	1.5200
昆明	2387	1.7400

注："—"表示该省份尚未公布相关统计数据。

资料来源：根据 2021 年长江旅游带各省市旅游统计资料整理。

的旅游收入均出现了一定幅度的负向变化，但重庆市的旅游收入仍居最高，中下游城市南昌、合肥、杭州出现了较大幅度的发展倒退现象，旅游热点地区由长江旅游带下游向中上游转移，但各城市的旅游发展仍呈现明显的差异化。

3. 区域旅游合作方兴未艾

长江旅游带重视区域合作发展，积极推进合作共赢的格局。除传统的上游、中游、下游区域合作外，长江旅游带还与其他 8 个区域展开旅游合作（见表 1-9），既有内部合作，也有外部合作，如大湄公河次区域经济合作涉及 6 个国家，跨国合作虽然存在阻力，但其合作效益是巨大的，既促进了经济发展，又有利于建立友好的邻邦关系。

由于产业快速发展，长江旅游带的生态环境形势日益严峻，部分河段水土流失现象普遍存在，城市大气污染严重。同时，部分地区在资源开发的过程中环保意识薄弱，

表 1-9　长江国际黄金旅游带现有合作概况

合作模式名称	合作内容
长三角城市群旅游一体化合作	形成面向全球、引领全国的世界级旅游城市群，建设成为亚太地区重要国际旅游门户
长江中游城市群四省会城市旅游合作	以"长江经济带，中游四省游"主题，加强旅游合作
浙皖闽赣生态旅游协作区	以黄山、上饶和杭州为中心，推进池州、安庆、宣城、三明、景德镇、衢州等城市旅游协同发展，推进区域旅游公共服务一体化，建设国际一流的生态文化旅游目的地和国家生态旅游协作区
渝鄂两省市长江三峡区域旅游合作	通过强化品牌营销、制定奖励政策、完善联合执法、推动区域内规划编制、打造无障碍旅游区等举措，深入推进合作，共谋发展
大武陵山区旅游合作	支持武陵山旅游联盟进一步深化合作，推进大武陵山区交通建设一体化，共同打造武陵山区国家生态旅游精品线路。与四川、陕西等省区共同推出秦巴山区精品旅游线路，共同打造特色旅游休闲品牌以及红色旅游体验品牌

（续表）

合作模式名称	合作内容
川渝旅游一体化合作	充分发挥中国城际旅游联盟、成渝直线经济联盟等合作组织的作用，建立完善成渝经济区双边和多边区域旅游合作机制，推进成渝城市群城际旅游一体化发展
三峡库区合作规划	加强三峡库区区域合作，促进社会经济综合发展
大湄公河次区域经济合作	涉及流域内的 6 个国家，即中国、缅甸、老挝、泰国、柬埔寨和越南，旨在通过加强各成员国间的经济联系，促进次区域的经济和社会发展
长江主题旅游海外推广合作	加强长江旅游高质量产品供给，提升长江文化和旅游的国际知名度和全球竞争力

由于不合理的规划与开发，旅游资源破坏现象比较严重，因此，旅游资源保护面临巨大的压力。本书基于此构建长江旅游带生态安全格局，期望对城市旅游规划与开发提供具有建设性的意见，从而减少资源的破坏，实现全域总体下的旅游可持续发展。

二、数据来源

（一）文献分析资料数据

本书充分利用国内外学术文献数据库，如中国知网、Web of Science、CNKI、Elsevier ScienceDirect 等，还利用互联网新闻资讯进行检索与梳理，明确已有的研究结论，持续跟踪国内外相关领域的研究文献，归纳梳理生态安全与旅游发展相关的最新研究进展，识别出当前学科领域存在的不足，在现有研究的基础上进一步深化探究，以期做出有益补充。

（二）土地利用遥感影像数据

本研究涵盖的相关地理资源数据来源于中国科学院资源环境科学数据中心，在利用遥感解译技术获取的 1 : 10 万比例尺土地利用 / 土地覆盖数据的基础上，通过对各土地利用类型进行辨识和研究，经过分类处理形成多期长江旅游带土地利用生态系统类型空间分布数据集，数据精度像元大小为 30 m × 30 m。

（三）城市社会经济及旅游发展数据

基于数据可得性、完整性原则，本书涵盖的相关城市经济及旅游发展数据主要来源于全国 30 个省（区、市）、130 个地级以上城市、1068 个县区的统计局官网、文化和旅游厅官网、政府官网和政府公报，以及所发布的《国民经济和社会发展统计公报》《统计年鉴》《中国旅游统计年鉴》（1995—2020）等统计报告。所涉及的相关旅游政策数据主要来源于各省、市、县区级行政部门及相关旅游网站。

（四）各类自然保护地和中国 A 级旅游景区数据

本文涵盖的各类保护地数据及中国 3A、4A、5A 级旅游景区数据主要来源于各省市政府官方网站、政府年度工作报告及相关互联网新闻资讯。同时，采用辅助技术，通过借助 Google 地图，选取保护地质心坐标，以形成点状要素检索获得。

（五）GIS 空间数据库系统集成构建

（1）本书涵盖的空间行政边界矢量数据来源于中国基础地理信息数据库。

（2）本文涵盖的交通网络数据来源于中国公路交通图，并依据遥感影像图进行配置校验。

（3）本书涵盖的 DEM 数据来自美国马里兰大学全球土地覆被数据库，其中，分辨率为 30 m × 30 m。

本书所有数据库采用的统一空间参考坐标系为 Krasovsky_1940_Albers。

第二章

理论基础与研究综述

第一节　理论基础

一、生态价值理论

　　价值是经济学中一个重要的要素。传统经济学家认为自然资源作为自然力存在是毫无价值的，即把生态系统视为纯自然属性、没有价值的自然物，更没有把生态系统作为社会总资产的一部分。由此，人们不受管制地过度损耗自然资源、毫无顾忌地污染生态环境，并引发气候变暖、土地荒漠化、资源危机等问题。后来，人类逐渐认识到自然生态系统的巨大价值，并开始关注生态环境的生态价值。西方以马克思和罗尔斯顿为代表的生态价值思想最具有影响力，他们认为生态价值可由人赋予自然，也可在人与自然的互动中产生。在历经工业革命后的环境危机后，生态价值的内涵得到拓展（杨通进，2000；郑磊，2011）。

　　生态价值理论是生态学在效用价值论和福利经济学的基础上发展的解释自然生态环境价值的应用型价值理论体系（陈方圆等，2023）。生态环境的自身价值不仅体现在自然原材料的经济价值，还体现为自然资源的利用价值，即生态价值。所谓生态价值，它是能满足人类需要的，为人类提供各种服务和功能的价值。生态价值的产生，也是人类为了保持经济社会长期的稳定发展，将自然再生产和社会再生产过程结合起来，平衡自然原材料的生产劳动和环境资源保护工作。基于生态价值理论，在生态文明建设战略指导下如何通过旅游产业发展推动区域生态价值转化尤为重要，本书以生态价值理论内涵为核心观点，认为在生态安全基础上，旅游能够实现社会、经济、生态三维系统的效益统一。

二、核心—边缘理论

　　美国区域学家弗里德曼最早提出了核心—边缘理论，他认为区域可以分为核心区和边缘区，核心区是经济发展的中心，而边缘区是经济实力较弱的地区。边缘区与核心区之间相互促进、相互补充。在一定空间区域发展的过程中，总会存在几个核心区域，核心区域通过力量的聚集，逐步辐射到边缘区，这种辐射效应逐渐减弱（Friedmann，1966）。旅游生态系统的分布也有一定的核心—边缘模式特征，通过对旅游景区的合理布局疏散客流，突出景观优势，将旅游带生态环境的承载力控制在可接受范围内，对于旅游生态系统具有保护和维护作用。本书基于核心—边缘理论，对长江旅游带生态景观的空间分布规律进行分析，分析其旅游带土地利用的现状和演化特征，进而对旅游生态安全的构建提出优化意见。

三、可持续发展理论

可持续发展理论以公平性、共同性和持续性为三大基本原则，谋求既满足当代人的需求，又不对后代人满足其需要的能力构成危害的发展，最终达到共同、协调、公平、高效的结果（牛文元，2008；Zhang、Fu，2023；Antonín、Stastna，2021），可持续发展的基本思想主要有以下几点。

（一）可持续发展的基本思想

（1）可持续发展并不否定经济增长。经济增长是人类进步所必需的条件，虽然环境恶化有一定的经济原因，但是不能否定和遏制经济的增长。当前阶段应把关注的重点放在经济发展过程中出现的误区，并站在环境保护的角度来扭转这种误区，使传统的经济发展方式向可持续发展的方向转变。

（2）可持续发展要以自然环境为依托，承认环境的价值，并同环境承载力相适应。可持续发展追求人与自然、人与人的和谐发展，然而在经济发展的过程中对自然资源的消耗是不可避免的，因此，一定程度上可持续发展的目的是减缓自然资源的消耗速度，使其能与其再生速度相适应。

（3）可持续发展的目标是提升人类生活质量，培育新的经济增长点，与社会发展共同进步。发展已从原来单一地追求经济增长，扩大到以人的理性需求为中心的变革，培育高效、环保、质优的绿色产业，不再单纯地追求经济增长的数量和速度，而是更关注经济发展的质量和效率，经济高质量发展比经济增长具有更为深远的意义。

（二）可持续发展的基本理论

可持续发展旨在解决人类发展危机，涉及经济、生态、社会等各个方面，其理论基础也较为丰富。

（1）经济学理论。经济学理论主要包括增长的极限理论和知识经济理论。增长的极限理论认为虽然科技不断进步能起到促进生产的作用，但这种作用是有一定限度的，因此生产的增长是有限的。而知识经济理论认为知识技术是人类经济发展的动力，知识经济将是未来人类可持续发展的基础。

（2）生态承载力理论。生态承载力理论认为在一定的区域环境状况下，区域生态对人类社会经济活动支持能力是有限的。人口的数量和社会经济活动必须控制在区域生态可以支持的阈值之内，否则会影响人类的可持续发展。

（3）人地系统理论。人地系统理论认为人类社会是自然系统的一个组成部分，由自然系统所产生，同时又与自然系统中的各个子系统相互联系、相互制约、相互影响。人地系统理论是地球系统科学理论的核心，是陆地系统科学理论的重要组成部分，也是可持续发展的理论基础。

旅游资源经历了"开发""开发与保护并重"到"保护"的过程，当今对于旅游资源的保护、旅游带生态安全的维护是许多学者重点关注的问题。构建旅游带生态安全格局，将"保护旅游生态系统"放在关键位置，指导旅游规划与开发在可持续发展的要求下进行，有利于维护旅游生态系统的平衡，实现永续发展。

四、源—汇格局理论

格局及其形成过程的关系研究，是源—汇格局理论的核心内容，同时也是景观生态学研究领域的重要内容（付绍桐等，2023；刘华斌等，2020；陈丹等，2023）。该理论的主要内容有以下几点：（1）在景观生态学的研究中，异质景观可以分为"源"和"汇"两种景观类型，其中，"源"景观指能够促进过程发展的景观类型，而"汇"景观则指阻止或滞缓过程发展的景观类型；（2）对"源""汇"景观进行区分的关键之处是明确该景观类型在生态时空演变过程中所起的作用，判断是正向推动作用还是负向延缓作用；（3）"源"和"汇"的景观性质具有相对性，也就是说，某一过程的"源"景观可以与其他过程的"汇"景观画等号，因此处于同一过程中是源—汇景观格局分析的必要前提；（4）"源""汇"景观具有多样性和独特性，同质性的不同类型的景观对同一种生态过程的贡献也不尽相同，因此在分析景观格局对生态过程的影响时需要意识到不同景观的差异性。

通过以上研究，可知源—汇景观格局作为整体，既能促进非点源污染过程的正向演变，又能阻止或延缓生态过程的景观类型或单元。源—汇格局理论以空间上的动态平衡为前提，以探究不同景观类型对生态过程的影响，最终构建出适宜地区或者城市的景观空间格局，该理论的提出深化了景观格局与生态过程的研究内容（陈利顶等，2006）。在已有研究基础上，基于景观生态学的源—汇格局理论，本书根据各个景观的功能，对区域旅游带中各个城市的不同景观进行分类，以此将它们划分为"源"和"汇"两种景观类型，构建旅游对生态安全系统的影响格局。

第二节 概念说明

一、全域旅游

目前，我国旅游业已进入需求多元化、高质量发展时代，大众旅游出行方式和消费偏好也随之发生了重要变化。如何满足人民对于高质量旅游的需求，促进旅游产业结构升级，是旅游发展正在面临的重要课题。随着大众旅游的不断完善，全域旅游应时而生。作为一种旅游新业态，全域旅游不仅能够适应时代可持续发展的潮流，还能促进区域协调发展，实现社会、经济、生态共赢。随着《十四五"旅游业发展规划》的印发，业界对全域旅游的关注度与日俱增。2013年，厉新建等（2013）对"全域旅游"的概念进行整理研究，提出全域旅游是指各行业积极参与、各部门齐抓共管、全城居民主动参与，整合旅游目的地各要素以满足游客全时空、全方位的旅游体验需求。此概念的提出标志着全域旅游在学术研究领域已经初步形成较为完整的理论体系，对后续研究有着深远的影响。2018年，文化和旅游部提出了全域旅游的发展理念，将其定义为"在一定区域内，以旅游业作为优势产业，通过对区域内经济社会资源尤其是旅游资源、相关产业、生态环境、公共服务、体制机制、政策法规、文明素质等进行全方位、系统化的优化提升，最终实现区域资源有机整合、产业融合发展、社会共建共享，以旅游业带动和促进经济社会协调发展的一种新的区域协调发展的理念和模式"（中华人民共和国国务院公报，2018）。自此，有关全域旅游的实践在全国范围内迅速拉开序幕，掀起了关于全域旅游的研究热潮，学者们根据研究对全域旅游的概念提出了不同解释。

从不同视角出发，学者对于全域旅游概念的解释有所不同。基于区域融合角度，彭玉琳等（2023）认为全域旅游能够顺应时代的变化发展，通过旅游业来实现全域经济的均衡发展、区域资源有机融合、区域品牌创新升级，是一种全方位、全时空、全业态的新策略；贺晓波（2023）则认为全域旅游是乡村振兴战略的重要载体，并指出全域旅游是基于全域资源、要素以及设施的统筹和分配，针对不同类型地区的现实差异、特色而采取不同办法，最终推进全域发展、共融、共享的一种创新模式；杨银丝等（2022）则表明全域旅游是以打造一个线路畅、景区优、服务好、体验佳的旅游区域为目的，对区域内的生态旅游资源进行整合并统筹规划、建设与融合的发展模式。基于区域发展规划角度，袁媛等（2022）指出全域旅游是根据区域旅游发展规划，将整个区域作为旅游目的地进行改造，改造主要围绕空间布局、项目建设、产品打造、产业融合、交通联动五个方面，目的是解决旅游供给不足、推进旅游业转型升级，它是一种促进区域旅游协调发展的新理念，对我国的旅游业发展能够产生重大而深远的影响；赵媛等（2023）通过研究，发现学者们对于全域旅游概念内涵的解释大多围绕着"全"和"域"两个方面，并认为全域旅游是我国社会经济发展进入新常态以来，形成的一种能够促进旅游业可持续发展的核心战略，其中包含区域产品开发、产业融合、基础设施建设以及市场营销等方面。基于可持续发展角度，王春丽（2023）认为全域旅游是通过旅游业的辐射效益，促进经济、社会、文化和生态协调发展的一种现代化区域发展理念和模式。具体来说，全域旅游是指在一定区域范围内，通过整合相关旅游要素促进全域发展，包括统筹规划、综合治理、营销推广三个方面，最终实现旅游业全域共建、全域共融、全域共享的目标。基于宏观系统角度，杜萍（2022）通过对全域旅游的概念梳理，总结出其具有的三个特性：（1）全面覆盖性，全域旅游强调的是对旅游产业全方位、全时空、全业态的覆盖；（2）空间有序性，全域旅游主要对区域内的旅游空间进行针对性的功能和价值划分；（3）全民参与性，实施全域旅游要求区域内的全体社会公民共同参与。

根据以上学者的相关研究，可以看出全域旅游不再拘泥于传统旅游和狭义旅游的研究领域，其研究范围正在不断扩大，相关研究视角也更加多样。总体而言，全域旅游是一种将区域作为整体，进而带动和促进经济社会协调发展的新理念、新模式。基于此，本书将全域旅游定义为：在某一特定区域内，以促进该区域旅游业的可持续发展为目标，通过全方位整合区域内食住行游购娱的旅游要素、资源、设施等，充分发挥旅游业的辐射效应，最终实现经济、社会、生态的全面协调发展的一种新发展模式。

二、旅游生态安全格局

目前，中国旅游市场处于大复苏的关键时间，旅游业也逐渐恢复生机与活力。在旅游业快速发展的进程中，许多生态问题也随之产生，生态安全、生态风险、生态保护等与旅游生态安全格局密切相关的概念也随之产生。旅游生态安全是区域生态安全的重要组成部分，对旅游生态安全的概念进行科学定义，对区域旅游高质量发展具有重要的现实意义。为了更好地理解旅游生态安全格局的概念，本书将通过国内外学者的相关研究，从生态安全、生态安全格局和旅游生态安全三个概念出发，解释三者概念以及三者的相同、差异之处，以此进一步明晰旅游生态安全格局的本质内涵。

（一）生态安全

20世纪中叶以来，人类面临的生态安全问题不断演变、生态压力越来越严峻。生态安全作为可持续发展的重要支撑，同时也是我国推进生态文明建设的重要组成部分。近年来，生态安全成为我国生态系统研究的热点问题，生态安全领域研究也取得了重要进展。生态安全概念作为生态安全研究中最基础和最核心的部分，尽管业界对于其已经有了较为全面的解释，但在生态安全的内涵和范围方面仍然存在不少争议。

生态安全理念是基于环境问题提出的，又被称为环境安全。国内外关于生态安全的相关研究，大多从多个角度展开，如流域健康、生态风险、可持续发展等。基于流域安全的角度，Sadeghi 等（2022）以伊朗中部亚兹德省为例，通过编制流域的健康地图集，分析流域生态安全的现有状况，认为通过评估流域健康和土地资源对于维护地区生态安全至关重要，评估体系需要同时考虑自然因素和人为因素，以更全面地涵盖生态安全的内容，为地区的资源管理提供切实可行的解决方案；石丹等（2021）则表示生态安全是描述一定区域内的生态系统完整情况和健康水平的指标，其本质在于强调在维护区域生态健康的同时，满足人类社会的生产需要。基于生态风险的角度，Liu 等（2023）研究了土壤污染的相关问题，结果表明基于生态风险的评估体系作为生态安全评估体系的重要组成部分；李竹等（2023）从生态污染的角度诠释了生态安全的概念：生态安全是人类在生产、生活与健康等方面不受生态破坏与环境污染等负面影响的保障程度，其中包括饮用水与食物安全、空气质量与绿色环境等基本要素。基于可持续发展理念的角度，Demidova 等（2021）认为生态安全与可持续发展在本质上是相似的，并指出生态安全的概念应该包含三个方面：（1）区域的社会经济发展，如企业、产业等；（2）自然生态的发展状况，比如环境保护；（3）人类社会未来的发展，例如社会福利等。

除了从不同角度出发对生态安全的概念进行界定，不少学者还根据概念范围和内容将生态安全的定义分为狭义概念与广义概念。从狭义概念的角度来看，生态安全以自然生态系统为主体、以人类活动为主要客体，强调生态系统的健康和生态过程的稳定（王乃亮等，2023），将自然和半自然生态系统的安全作为生态安全的核心（胡子浩等，2022）；从广义概念的角度出发，生态安全应以人的安全为核心（王乃亮等，2023），是由自然、经济和社会等要素组成的复合系统安全（吴立军、田启波，2022），能够直接或间接地影响人类生活（胡子浩等，2022）。应凌霄等（2022）在生态安全狭义和广义概念的基础上，将生态安全的概念进一步扩充，得到中立的生态安全概念，他表明生态安全不仅包含了生态系统自身的安全，还涵盖了生态系统和人类系统协同发展的安全，是可持续发展理念和整体思想在生态领域的集中表现。随着生态安全范围的拓展，可知，生态安全是以生态系统为核心，且紧密联系经济发展与社会福祉的安全理念。

可见，学术界关于生态安全的相关研究较为丰富，基于以上各位学者的研究，本书将生态旅游的狭义和广义概念融合，基于生态环境系统的脆弱性和社会经济系统的发展性，认为生态安全作为生态环境系统的保障，能够为生态环境系统提供安全服务，通过调动生态环境系统的自发调节性和社会经济系统的约束规范性，来应对生态环境系统和社会经济系统遭受威胁、破坏时的响应，以此促进经济社会和生态系统的持续健康发展。

（二）生态安全格局

生态安全格局是保障地区生态安全的重要基础，同时也是维护人类社会绿色、和谐与可持续发展的重要方式。生态安全格局的概念源于生态安全，作为维持生态安全的重要手段，从不同角度出发，其概念解释也存在差异性。

国际关于生态安全格局的研究更加聚焦宏观视角，相关研究多将绿色基础设施、生态网络、生态系统服务、生态控制线等概念与生态安全格局相联系（易浪等，2022）。其中，绿色基础设施是针对灰色基础设施（如公路、铁路等）和社会基础设施（如医院、学院等）等概念而提出的，以形成国家层面的自然生态保障系统（Benedict、Mcmahon，2002）；生态网络作为模拟生物间相互作用关系的网络，强调国家生态体系是由网络中心、连接廊道和小型场地形成的绿色网络，目的是保护生态多样性发展（Esbah 等，2009）；生态系统服务注重人类直接或间接地从生态系统中获得的所有益处，包括供给服务、调节服务、文化服务以及支持服务（Elmqvist 等，2013）；生态控制线则是结合地区实际情况而划定的生态保护范围，形成区域生态保护边界界限，即强调在所给定的范围内严禁开发生活建设用地，以此维护地区生态系统的多样性和完整性（Kong 等，2010）。

国内关于生态安全格局的视角则更多聚焦于微观地区，结合中国实际情况，研究多集中于乡村振兴、城市群发展、生态安全、生态文明建设等方面，侧重从技术层面来研究生态安全格局。易浪等（2022）将生态安全格局的概念内涵归纳为：在可持续发展理念的指导下，关注生态问题，通过明确生态系统内部要素的相互关系和作用机理，进一步合理配置与优化生态要素，以此达到恢复生态系统中薄弱与受损部分生态功能的目标；李晓文等（2023）以中国滨海湿地为例，提出了"三线整合"（抢救性保护生态红线区、优先开展湿地修复的生态修复绿线区以及适应气候变化影响下海平面上升的生态预留蓝线区）生态安全格局相关概念，认为生态安全格局要强调"目标—成本—效益"之间的平衡，通过对保护与修复格局的一体化整合，以此达到优化区域整体生态功能；彭建等（2017）表明生态安全格局是指通过对生态系统中的要素进行有效调控，保障生态功能稳定发挥，促进区域生态要素和资源的高效配置，提供必需的生态资源和社会福利，最终实现生态安全的发展格局；卢慧婷等（2020）指出生态安全格局是一种对维持区域和城市生态安全的空间格局，包括对维持某个生态过程具有关键作用的斑块、廊道、区域等；孙欣欣等（2022）认为生态安全格局是指对于维护、控制特定地段的生态安全有着重要意义的关键生态要素，包括廊道、节点、区块以及生态网络等要素的生态空间布局。

根据以上各位学者的研究，总体来说，生态安全格局是能够维持生态系统可持续发展的空间格局，其中包括对生态系统安全产生重要作用的节点、廊道、区域、网络等，通过保证生态系统的稳定运作，以保障区域生态系统的可持续发展，从而进一步增进区域发展的人类福祉。

（三）旅游生态安全

旅游生态安全格局是以旅游、生态系统平等互利、健康协调为基础，能够持续保持自身结构完整和功能健全的关键性格局（袁宏瑞、王群，2022；徐美、刘春腊，2018）。近年来，随着旅游业的不断发展，旅游市场规模随之扩大，旅游业对生态环境的负面影响也不断加剧，旅游生态安全也成为旅游可持续发展的重要议题（高维全等，2022）。党的十九大将加快生态文明建设，促进高质量发展摆在全局工作的核心位置，旅游生态安全作为衡量旅游地生态脆弱性和健康状况的重要指标，成了业界重要的研究领域（肖钊富等，2022）。

旅游生态安全概念的研究是以生态安全为基础展开的，关于旅游生态安全概念的相关研究目前仍然处于发展阶段。国外有关旅游生态安全的研究较少且不够深入，主要集中于旅游环境承载力、旅游生态保护与管理、旅游业的影响等方面。国内关于旅游生态安全的研究起步较晚，并且大多学者普遍将旅游生态安全看作可持续发展理念的延伸，倾向于从可持续发展的角度定义旅游生态安全，其概念研究也多基于旅游学、地理学、管理学等学科开展的。从不同角度出发，不同学者对旅游生态安全的概念也有不同见解。基于可持续发展角度，李细归等（2017）表明旅游生态安全同生态安全一样，都是对新时期旅游可持续发展理念的深化，并指出，旅游生态安全是社会进步、经济增长和环境友好三者在旅游目的地范围内的和谐统一，是人地关系协同发展的重要表现；韩莹等（2022）对此持相同意见，并对旅游生态安全的概念进行完善：旅游生态安全是指在一定的时间和空间范围内，通过对旅游资源和旅游生态环境进行有效的开发和管理，保持旅游生态系统的稳定性和功能的多样性，为旅游业发展提供丰富的物质资源和和谐的环境空间，促进旅游地自然—社会—经济系统的协调发展。基于系统融合角度，卢璐等（2023）认为旅游生态安全的定义应当包含旅游、生态安全以及两者之间关系安全有序这三个方面，并将旅游生态安全定义为生态系统和旅游地的和谐共生状态，即生态系统满足旅游业的发展需求，旅游发展也不会造成生态系统的破坏；晋秀龙等（2009）认为旅游生态安全系统是以人为中心，以旅游地的生态系统为基础，以旅游地的社会经济环境为支持的复合系统，以通过旅游活动各要素的相互作用来促进自然—经济—社会的融合发展。基于生态安全角度，Reynold（2002）从生态安全的角度出发，将旅游生态安全概括为一种包括生物、环境在内的要素通过能量流动、物质循环和信息传递达到的高度适应、协调统一的生态安全状态；石丹等（2022）认为旅游生态安全是指在一定时间和空间范围内，旅游生态环境资源状况保持其自身稳定性或减少遭受外部制约与威胁的安全状态。

综上所诉，生态安全、生态安全格局均是较为宏观的概念，与旅游生态安全格局等在内涵上部分重叠，但又各有侧重。从内涵包含的范围来看，生态安全的内涵范围较广，相关研究开始的时间也最早，其作为人类生存发展的基本条件，也是区域经济、社会、资源安全的基本保障；生态安全格局的相关研究则是基于生态安全理论和概念开展的，生态安全是指区域内生态、经济、社会各个子系统协调发展的一种状态，有狭义概念和广义概念之分，而生态安全格局则侧重区域生态安全的空间构成、体系构建以及两者之间的相互关系，大多与地区土地资源利用和保护有关，在不同尺度下存在不同等级划分，生态安全格局作为城市发展必不可少的生态基础条件，是促进城市可持续发展目标实现必需的一种刚性格局；旅游生态安全格局以生态安全和生态安全格局的理论为基础，研究时间较晚，研究范围也更具有针对性，是一种适用于旅游行业的生态安全格局。基于已有的研究，本书将基于生态安全和生态安全格局的内涵对其进行定义：旅游生态安全是基于生态安全产生的，通过对区域内生态要素和环境的合理利用，以促进区域的社会效益、经济效益和环境效益的协调发展，同时还能保证旅游业不会对生态系统产生破坏。

三、区域旅游带

通过现有研究发现，关于区域旅游带概念阐述的研究少之又少，目前，相关研究主要集中于旅游区域、区域旅游、旅游带等领域。为了进一步说明区域旅游带的概念，本书将从区域旅游和旅游的相关研究入手，对区域旅游带的相关概念作出解释。

（一）区域旅游

21世纪到来，全球经济体和区域经济一体化进程加快，旅游业的发展也开始强调整体性，发展区域旅游成为加强区域之间的合作的重要表现形式。近年来，随着旅游业的发展和国家的支持，区域旅游的合作方式、机制也更加多样，促进了区域旅游升级发展，同时也掀起了区域旅游的研究热潮（毛江贤，2011）。20世纪80年代中叶，基于国际发展经验，中国首次提出了具有本土特色的区域旅游概念，并根据不同的研究尺度，将区域旅游定义为隶属于某一单一区域或者跨区域内的旅游活动，并鼓励通过制度和机制的双创新，来引导、鼓励企业投资进入旅游业（马晓龙，2012）。牛江艳等（2007）认为区域旅游是以客源集中的中心城市或者资源丰富的旅游景点为载体，结合区域内的食住行游购娱等旅游要素，按旅游经济活动规律，全面安排旅游资源开发、旅游景点规划以及旅游商品供应，以取得最佳经济效益的旅游形式。

随着区域旅游研究的不断深入，不少学者也从不同角度对区域旅游展开研究。基于产业的角度出发，阐述了区域旅游产品的相关概念。区域旅游产品是一个在特定的区域范围内，如城镇、地区等，设计出的一条旅游路线或一个当地的事件，以及当地生产出的食品加工产品、工艺传统或文化物质元素的旅游产品（Zdon-Korzeniowska、

Noviello，2019）。伴随着旅游业的蓬勃发展，各个旅游地之间从原来的景点竞争，到旅游城市之间的竞争，最后到现在区域之间的竞争。基于旅游区域之间的竞争现状，张河清等（2019）提出了"特殊区域旅游"，并将其定义为：在部分单一区域或者跨区域内，在各级政府层面行政力量的推动下，以旅游业为优势产业开展的相关旅游活动。

　　竞争与合作从来都是相生相伴的关系，竞争关系的存在说明合作关系存在的必然性。从旅游区域合作的角度出发，朱斌等（2018）认为区域旅游合作就是在一定的区域范围内，基于一定的制度准则，对区域内的旅游要素统筹配置，以提升区域旅游形象、增强区域旅游竞争力，最终实现区域经济效益、社会效益、文化效益和生态效益的可持续发展的合作行为。鲁宜苓等（2021）进一步提出了区域旅游合作的新模式——双核结构，即在一定区域范围内，区域内的中心城市、门户城市以及两者产生的交通连线所共同组成的区域旅游空间结构。其中，中心城市是区域旅游的增长极，门户城市是区域旅游对外展示的"窗口"。年四锋等（2010）表明区域旅游中心作为区域旅游发展的极核和辐射源，应该具备四个基本功能：交通服务、接待服务、信息服务、管理服务，并具体说明了旅游中心地的相关概念，旅游中心地是指旅游中心性达到某一强度的城镇中心，即能够为一定区域范围内的游客提供一定强度的旅游交通、接待、信息、管理等对外旅游服务功能的城镇中心。根据以上研究进一步扩充和完善了区域旅游的概念，说明区域旅游中的合作与竞争关系是同时存在的，合作是促进区域旅游良好发展的前提，而竞争则是提高区域旅游竞争力和独特性的重要推力。

（二）旅游带

　　自20世纪末以来，我国区域旅游发展迅速。区域旅游的发展，需要一个完整的、系统的、综合的旅游区域作为支撑，旅游带作为区域旅游发展过程中形成的一种功能性空间，是旅游区域的表现形式之一，同样具备区域旅游的发展特质。在区域旅游带中，区域旅游离不开旅游带城市的带动，可以说，旅游带城市是区域旅游发展的极核和辐射源。随着全域旅游的推进以及旅游地之间合作联系的加深，如何统筹推进区域旅游的协调发展成为业界始终需要关注的重要课题。近年来，国家大力推进区域旅游发展，为区域旅游带建设提供了良好的政策环境。基于微观城市角度，韩文静等（2023）从经济发展、旅游资源、客源市场等方面分析了秦皇岛作为长城文化旅游带的众多城市之一，其所具有的有利条件，并利用点—轴结构模式设计出秦皇岛长城文化旅游带的空间结构，提出秦皇岛空间系统的构建和利用举措，为秦皇岛长城文化旅游带的开发提供参考；张镁心等（2023）以独具黄河文化带的开封市为例，表明开封市应从完善基础设施、加强文旅融合、举办节庆活动、培养专业人才等方面进行改进提升，以点带面地辐射黄河文化旅游带发展，打造一条具有国际影响力的黄河文化旅游带，促进旅游产业高质量发展。基于旅游带整体角度，翁钢民等（2019）以"丝绸之路旅游带"为例，引入 D—S 理论模型，并基于旅游资源、旅游市场、旅游交通、旅游服务四大特征对沿线景区的优势进行评价。根据以上研究可知，旅游带是由众多区域、城市、景点等组成的，一条旅游带中各部分区域、城市、景点的发展水平是不一样的，其对于旅游带的辐射作用也有所不同，且主要与该城市、地区的经济发展状况、旅游资源情况有关。

基于政策实践和已有学术研究，本书给出的区域旅游带的定义为：区域旅游带是由旅游发展好、生态保护利用好的一系列城市串联起来的区域，它可以根据行政区域、发展情况、资源状况等进行划分，最终呈现出网络状、环状、带状、点状等形态，这种区域通常是由多个城市串联在一起的。

第三节　国内外研究综述

一、全域旅游

（一）全域旅游的发展历程

国外没有专门针对全域旅游的研究，相关的生态旅游、城市规划建设、旅游利益相关者等理论研究成果蕴含着全域旅游的重要内容，为我国全域旅游的发展提供参考借鉴。全域旅游是在我国生态文明时代背景下诞生而来的，其发展历程大致分为三个时期。第一个时期是 2000—2008 年的萌芽阶段，2008 年的汶川地震开启了全域旅游的大门，浙江省绍兴市政府招标全域旅游总体规划区并首次提出"全域旅游"发展战略，后续九寨沟、远安等地区付诸实践，全域九寨、全景昆山等新兴发展路径获得了普遍认可和积极响应，该阶段的学术研究较少，主要为报道性文章，对于全域旅游的概念和内涵的阐述仅仅存在于个别地区的旅游实践，较少在研究性论文中提及。第二个时期是 2009—2015 年的起步阶段，该阶段侧重于实践探索，2011 年，《大连全域旅游规划探讨》的发布将全域旅游推向新高度（樊文斌、周海波，2011）；2014 年，付云（2014）将全域旅游运用到旅游的开发和城镇化的研究中，这是全域旅游的发展转折；2015 年，全域旅游被国家旅游局正式纳入相关政策文件，这是全域旅游指导乡村旅游规划取得重大胜利的一年，该阶段全域旅游的文献也逐渐丰富起来，开始在实践性期刊和硕博士论文中出现，研究区域也从宏观的国家层面拓展到微观的乡村层面，理论研究得到极大丰富。第三个时期是 2016 年至今，2016 年国家旅游会议强调，将中国旅游的发展转变到全域旅游，2017年提出要大力推进全域旅游，至此全域旅游发展推向鼎盛，该阶段全域旅游的文献大量增加，全域旅游的热点和影响力逐渐变大。可见，全域旅游作为具有中国特色的新发展观（王国华，2017）和新发展模式（张辉、岳燕祥，2016），虽然发展时间不长，但是大大推动了经济社会的发展，受到普遍认可。

（二）全域旅游的研究内容

随着2018年《关于促进全域旅游发展的指导意见》（国办发〔2018〕15号）的实施，我国旅游业进入全域旅游的新时代，越来越多的全域旅游示范区得到建设，越来越多的学者广泛认可并重视全域旅游的科学研究，理论和实践的研究成果也越来越丰硕，主要涉及旅游学、经济学两大学科知识，涵盖基础理论研究、规划应用和理念应用等方面的内容。

1. 全域旅游的理论研究

从理论层面探讨全域旅游的发展内涵（厉新建等，2013）、乡村振兴（刘栋子，2017）、产业升级（赵晏俪，2016）、全域旅游产品（孟秋莉，2016）等方面。关于全域旅游的概念内涵，学者大多从"全"（杨甜、胡永红，2016；别金花，2017）和"域"（张辉、岳燕祥，2016）的角度进行阐述，还有一些学者继续深度挖掘全域旅游的概念内涵。例如，大连市提出"全域城市化"的创新概念，强调全域旅游要发展多样的旅游产品并进行多产业融合；朱世蓉（2015）提出"全域乡村旅游"的观点，并强调要依托乡村自然发展环境，让企业、居民等利益相关者共同参与；赵晏俪（2016）提出深圳全域旅游模式的发展可以借助互联网促进产业融合；杨振之（2016）通过研究旅游资源富集区，提出全域旅游是在以旅游业为引导或者主导下优化整合生产资源的产业及空间，从而推动和发展区域经济的发展方式；石培华（2016）认为全域旅游是旅游业、景观、服务和产品综合优化的结果，并从"五个新""五个全"和"五个不"的层面分析全域旅游的内涵；皮常玲等（2018）基于域变视角，构建了"政府负责、公安主导、部门协调、全员参与"的全域旅游安全管理体系。总的来看，全域旅游需要全新的发展理念，推动旅游发展迈上新台阶。

2. 全域旅游的规划应用

20世纪90年代，全域旅游就开始应用于城镇建设和旅游规划，成为指导旅游开发、推动区域协调可持续发展的重要战略。一方面，它是具体的全域旅游规划，如城市、县域、小镇或乡村旅游的规划。大连市最早在全域旅游发展战略下进行规划建设，肖小明等（2017）以时间、空间、关系三个维度，从商、养、学、闲、情、奇六个方面对石山镇这个特色小镇的旅游形式进行了全域旅游规划；李红（2016）在全域旅游视角下，以安徽省霍山县为例提出县城发展要适当控制空间尺度；吴海琴等（2015）以南京市汤山村为例提出了大都市近郊乡村的全域旅游规划。另一方面，全域旅游侧重旅游目的地的打造。魏诗华（2016）强调在全域旅游的规划中要重视将传统旅游区的标识系统发展为全域旅游标识系统的关键作用；林嫩妹等（2021）搭建全域生态旅游 LS 系统指标体系，创新性地提出多渠道促进全域内旅游经济子系统和生态子系统的融合发展思路；秦利民等（2015）以四川省乐山市为例，在解决现有旅游发展问题的基础上调整发展思路，探讨乐山市如何转型升级并建设成为国际旅游地。

3. 全域旅游的理念应用

自 2015 年开始创建国家全域旅游示范区起，全域旅游的发展概念开始广泛应用于多领域，学术成果涵盖了全域旅游的发展模式、发展策略和发展路径等多方面。在全域旅游的发展模式方面，吕俊芳（2014）以辽宁沿海经济带为研究区域，提出"大城小镇嵌景区"的"海洋全域旅游"的发展模式；厉新建等（2013）提出了北京市发展全域旅游"四新"理念和"八全"落实路径；蒙欣欣（2016）从全域旅游的全景、全民、全时的角度剖析了全域旅游的发展模式；吴海琴等（2016）针对城市近郊乡村，提出"全域美丽乡村"发展思路。在全域旅游的发展策略方面，袁荣娟（2016）通过分析莱芜市全域旅游发展存在的问题，提出整合产品、整合部门、整合营销的全域旅游发展策略；祝爱民等（2016）以广东省英德市黄花镇为研究对象，从资源统筹优化、产业旅游化、基础设施及服务体系建设、旅游保障体系构建、旅游形象及定位确立等方面探讨全域旅游目的地的发展策略；陈阁芝等（2019）从区域内外的利益相关者角度提出全域旅游的发展策略。在全域旅游的发展路径方面，黄细嘉等（2016）在全域旅游的背景下从旅游规划、旅游建设、旅游管理等方面探讨了实现文明旅游的发展路径；王炎文等（2016）以黄山为例分析了传统旅游目的地存在的问题，提出更具地方特色和消费需求、更迎合全域旅游趋势的"旅游 +"发展路径；刘玉春等（2015）从产业集群发展、整体形象提升、资源有利整合等视角对旌德县提出全域旅游建设的发展路径。

（三）全域旅游的研究区域

全域旅游最初是基于地方实践提出来的，此后我国各地也逐步展开探索。学者们从不同的区域维度对全域旅游进行了研究，部分学者从整体发展的宏观角度出发，同时也有部分学者从中、微观的区域层面进行实践，以省（赵传松，2019）、市（田敏娜，2018）、县（郭菲菲，2021）、城镇（宋晓丽等，2017）、乡村（吴海琴、张川，2015）、少数民族地区（刘呈艳，2016）对全域旅游发展进行了探析。近些年，研究区域不再局限于省、市、县、城镇、乡村、少数民族地区，而是主要集中在我国东部旅游发展成熟地区以及中、西部旅游资源优势区域。如生态型景区（王彩妮，2017）、文化休闲旅游地（戴伟明，2016）、城郊型旅游地（唐升，2018）等。

（四）全域旅游的综述总结

总体来看，全域旅游经过实践探索和理论研究，其理论体系逐渐完善，研究内容侧重于宏观的理论研究和具体应用，但大多停留在粗浅的观念、内涵的分析和外延解读等方面，缺乏多学科交叉理论体系的系统分析。研究成果多见于报纸、期刊、杂志，其中，报道性文章比重较大，空间方面的理论及应用研究较少。此外，学者主要采用定性的案例分析法，但是随着全域旅游的不断发展，研究方法逐渐向定量研究转化。未来，还需要重视研究的广度和深度，顺应时代的发展，进一步完善全域旅游的多种发展模式，多开展实证研究和特定区域的具体分析，提高理论方面的应用价值。

二、生态安全

近几十年来，随着全球性环境问题日趋显著，生态系统遭到严重破坏，并引发了一系列的全球性危机，生态安全问题越来越受到人类的普遍关注（谢林花，2008）。特别是受 1998 年特大洪灾影响，学术界开始关注生态系统稳定、生态环境稳定等研究。21 世纪初，国务院首次提出"维护国家生态环境安全"这一目标，将维护国家生态安全放在首要位置，至此，我国更加重视生态安全和生态文明工作。党的十七大以来，中国生态文明建设在理论层面和实践层面都取得了丰硕的成果。

（一）生态安全研究

面对生态环境问题，如何实现其可持续发展成为国内外学者关注的重点。生态安全相关研究是从人类对自然资源的利用与人类生存环境辨识的角度来分析与评价自然、半自然的生态系统，可认为生态安全是生态保障的函数，具有某种先验性（滕明君，2011）。生态安全相关研究要求体现出人类活动的能动性，即在分析、评价的基础上考虑生态安全格局的构建（李晶等，2013）。

由于生态安全的相关研究是从生态风险分析发展而来，前期生态安全相关研究的内容多集中于有毒化学物引起的风险上。国外学者专注于探索生态安全基础理论，它们基于广义的国际应用系统，从经济、自然和人等方面来解读生态安全的内涵，并强调保护生态系统的重要性。国内学者主要从宏观角度来讨论环境保护的重要性，以及如何协调人地关系进而实现国家生态安全。随着生态环境建设的发展，区域生态风险研究日益得到重视，研究内容除了关注区域内生物物种的生存现状，还聚焦于生态系统的优化与演替、生态系统与其他系统的动态过程、系统对干扰的阻抗与恢复能力等方面（肖笃宁等，2002）。

（二）生态安全格局研究内容与方法

1. 生态安全格局的研究内容

在对生态安全格局的研究上，国内外学者进行了广泛的探索，并取得了相应的成果。生态安全格局的构建方法经历了从定量到定性、从静态优化到动态模拟、从单一作用到集合作用的过程。关于生态安全格局已有的研究内容主要涉及生态安全评价、格局与过程对生态安全的影响、模拟预测和预警、调控和维护管理等方面（Sun 等，2008；Li、Cai，2010）。

国外对生态安全的研究始于 19 世纪 70 年代末，先后经历了安全定义的扩展、环境变化与安全的经验性研究、综合性研究及内在关系研究等四个研究阶段（Saroinsong等，2007），但这些研究探讨的大多是全球或国家层面上的问题，对地方或区域层面上的生态安全研究尚显薄弱。国外关于生态安全的研究内容主要集中在生态安全发展趋势及重点领域、生态安全的重要性和必要性、生态安全和生态环境变化之间的内在关系、生态安全评价的模型构建和方法拓展、生态安全的多学科融合与不同空间尺度下的生态安全研究。例如，Halle 等（2000）从人类安全视角论证了生态安全是人类安全不可或缺的重要组成部分；Rapport 等（1998）通过评价生态系统的健康状况来揭示生态系统功能障碍产生的原因及全球和区域环境变化对生态服务和人类健康产生的影响；Bala 等（2010）论述了孟加拉国沿海农业发展与虾养殖业之间内在互动关系及其作用机理，构建生态足迹模型评价了沿海地区粮食的生态安全，并提出了针对粮食可持续发展的调控对策；Evans（2010）以肯尼亚为例，从区域视角研究了海岸带生态安全问题；Neverova-Dziopak（2015）以波罗的海为例，对海洋类型案例地的生态系统的污染物的吸收能力进行了生态安全状况的评估。

国内生态安全研究始于 20 世纪 80 年代后期（Liu、Chang，2015），主要经历了两个阶段：概念与理论框架探索阶段（1985—1999 年）和理论形成与实践应用阶段（2000 年至今）。在概念与理论框架探索阶段，研究主要关注的是全球和国家层面，而不是地方或区域层面。内容包括国家安全战略、生态风险评价、景观生态与生态平衡，但相关性不强。该阶段学者仍在探索生态安全的概念，并努力构建其理论框架和技术方法体系（俞孔坚，1999）。例如，程漱兰等（1999）从国家安全的角度，论述了国家安全的概念、特点，提出了环境安全与生态循环对国家生态安全的重要性；傅伯杰等（2001）从生态系统服务功能角度提出生态系统综合评价的体系与框架。后来随着《全国生态环境保护纲要》等相关政策文件的颁布，在理论形成与实践应用阶段，学者们积极探索生态安全的概念、空间格局、评价和管理系统，特别是生态安全评价指标体系（俞孔坚等，2009），并在研究方法和技术上有了很大创新。此阶段，研究内容从理论探索向案例实证转变（刘洋等，2010）。案例实证前期集中于单一的土地利用以及数量结构的优化，对土地资源数量结构进行调整（段应元、刘学录，2011；涂小松等，2009）。案例实证后期随着最优景观格局思想的引进和发展，国内学者开始重视景观结构、功能和生态过程的相互作用及其对区域生态效益的影响，并将其与区域土地利用规划等内容结合起来（蒙吉军，2012），试图实现区域的可持续发展。[区域生态安全格局的研究始于20世纪90年代，许多学者对土地利用生态安全优化（蒙吉军，2014）、生态风险评价（潘竟虎，2016）、旅游敏感区判别与保护（游巍斌，2014）、生态系统服务价值（彭保发等，2018）等方面进行研究。研究对象涉及城市区域（刘孝富等，2010）、河流流域（魏伟等，2009）、农牧交错带（卢远等，2006）、高原（姜联合，2004）、风景名胜区（张序强等，2003）等]。

2. 生态安全格局的研究方法

在生态安全格局构建方法的研究中，早期的生态安全格局构建方法包括线性规划、灰色系统规划、层级分析法、系统动力模型等。而近年来，景观格局优化模型（俞孔坚等，2009）、元胞自动机模型（CA）（刘小平，2007；杨小雄等，2007；何春阳、史培军，2005）、CLUE-S模型（陆汝成等，2009）和集成模型（邱炳文、陈崇成，2008）等得到了广泛关注。具体来说，最小阻力模型属于景观格局优化模型的范畴，由学者俞孔坚（1998）修正并将其成功应用于生态安全格局构建领域。学者李宗尧等（2007）构建的由生态源、生态廊道、生态斑块和生态楔组成的生态安全格局也在实践中被广泛使用。元胞自动机模型适合于时空动态过程模拟的特点，使其近年来被许多学者尝试使用。刘小平（2007）发展了"生态位"的元胞自动机的新模型并结合GIS将其运用在土地利用规划中。何春阳和史培军（2005）探讨了在政策及相关规划约束、邻域耦合约束、适宜性约束、继承性约束及土地利用规划指标约束等多重约束条件下，如何利用元胞自动机模型来进行土地利用规划布局，并以广西东兴市为例进行了模型的仿真运行和结果分析。CLUE-S模型更适用于区域尺度上的土地利用变化研究，它能够对不同情景下的土地利用空间格局进行多尺度模拟，在土地利用规划方面应用颇为广泛。陆汝成等（2009）应用CLUE-S模型和Markov复合模型及GIS分析技术分别对现有土地转移速率发展和根据规划约束对转移概率进行调整的严格保护耕地的土地利用变化情景进行时空模拟，揭示不同情景下的土地利用格局变化。集成模型则可以综合运用多种模型，以弥补单一模型在某些方面的不足。张英等（2009）集成GIS分析技术和外部优化模型，为区域农业土地利用优化配置研究提供更为全面、规范和自动化的服务。邱炳文等（2008）结合宏观用地总体需求与微观土地利用适宜性，集成灰色预测模型、多目标决策模型、元胞自动机模型、GIS分析技术，建立了 GCMG 土地利用变化预测模型。潘竟虎等（2015）以张掖市甘州区为例，运用主成分分析法、最小累积阻力模型分析干旱内陆河的生态状况，从而提出优化地区生态网络的策略。和娟等（2020）以汾河源头区域为例，运用生态系统服务、热点分析法、最小阻力模型构建该区生态安全格局，为该区生态保护修复提供空间指导。

但不同的模型在具体实践中也存在一定不足。最优化技术法对生态效益考量的指标和标准体系还不够完善，而且多停留在数量格局的优化上，在进行空间优化上的不足限制了其广泛应用。而系统动力模型只能够模拟简单的理想状态的土地利用结构，在构建复杂模型时其主观的假设往往使其模拟的结果脱离实际，并且在空间可视化表达方面也存在不足。景观格局优化模型薄弱的基础理论及区域尺度对景观组分的调整的缺陷也使其在实践中具有一定的缺陷。元胞自动机模型虽然适于时空动态过程的模拟和仿真，但是 CA 模型的因素过于单一，难以反应区域生态安全格局的社会、经济等宏观因素，并且其定义转化规则的理论基础相对薄弱，在实践中需要与其他方法结合起来定义转化规则，提高模拟性能，此外，确定适宜的空间分辨率也是一个需要解决的问题。CLUE-S 模型能够从时间和空间上对土地利用变化进行多尺度模拟，但其模拟的情景设定存在困难，并且该模型忽略了土地利用类型间的相互作用，同时，经验模型的性质使许多难以量化和预见的驱动因子会对模拟结果的准确性产生影响。

综上所述，生态安全格局的理论研究和方法研究仍处于探索阶段，生态安全理论体系构建和技术方法集成、生态安全预警机制及环境监控优化、创新生态安全维护管理体制等都是进一步研究的重点。

三、旅游生态安全

随着旅游业的快速发展及大众旅游时代的来临，旅游业成为推动中国区域经济发展和城市化发展的重要途径之一，但其环境依托和资源消耗的产业属性决定了其与生态环境保护既对立又统一的矛盾关系。党的十九大报告将"加快生态文明建设、建设美丽中国"摆在了全局工作的突出位置，生态安全成为旅游业高质量发展的重要领域（王兆峰、陈青青，2021）。旅游生态安全作为衡量旅游业环境影响的主要指标，给旅游的可持续发展提供了新的思路，旅游生态安全已成为旅游生态学研究关注的热点问题。

（一）旅游生态安全的研究内容

旅游生态安全是生态安全研究的一个新兴分支，目前，相关文献仍然较少，在理论基础、评价指标、研究方法等方面仍有较大的发展空间。目前，国外学者对旅游生态安全的内涵、特点等基础性研究较少，相关研究主要集中在对旅游承载力（He 等，2013）、旅游环境容量（Kong 等，2014）、旅游环境影响（Alexandra 等，2016）、旅游环境保护（Christian，2021），特别是旅游生态足迹的可持续旅游发展问题（Gössling等，2012）等方面，并引起国内学者对旅游可持续发展（刘辛田等，2013）、旅游生态足迹的关注（曹新向，2006；章锦河等，2008）。国内针对旅游生态安全的研究内容包括旅游生态安全的概念和内涵、思想起源、评价优化、时空分异及变化特征、动力学机制、旅游生态安全约束下的土地利用等（郑秋霞等，2017），研究问题逐渐深入。

随着旅游发展对生态环境的影响日益突出，旅游生态安全研究逐渐进入大众视野。20世纪80年代中叶，可持续发展概念的普及进一步为旅游生态安全研究准备了条件。旅游生态安全的概念大多是由生态安全的概念衍生而来，目前并未取得一个统一的定义。章锦河等（2008）将旅游地生态安全的概念界定为旅游地的人地关系系统不受系统内外部不利因素的损伤、侵害或威胁，能保持并处于持续、健康和完整的状态。董雪旺等（2003）把生态安全的理论和方法引入旅游可持续发展中，提出旅游地生态安全的概念，用以表征旅游地可持续发展依赖的自然资源和生态环境处于一种不受威胁、没有风险的健康、平衡的状态和趋势（郑秋霞等，2017），在这种状态和发展趋势下，生态系统能够持续存在并满足旅游业可持续发展的需求；反过来说，旅游业的发展不会造成生态系统不可逆的变化而导致其质量的降低，不存在退化和崩溃的危险，这一定义指出生态安全和旅游是一个相互作用的系统，不仅强调了旅游生态安全系统的功能性，同时强调了旅游对旅游生态安全的作用力。

就旅游生态安全评价而言，其评价指标和评价方法是研究重点。在评价指标上，学者们提出了不少模型。学者们从旅游六要素和相关设施等方面分析旅游对生态安全的影响，但是未考虑企业、居民等利益相关者对生态安全造成的影响。例如，王忠君等（2004）提出影响森林公园的生态因素，依照国家标准，建立了生态因素的标准阈值；何永彬、王筱春（2006）从生态旅游资源开发的角度对环境进行评价研究，主要是从生态适宜性方面来评价旅游地生态安全现状。1990年，经济合作与发展组织（OECD）遵照1989年七国首脑会议的要求，启动了生态环境指标研究项目，首创了"压力—状态—响应"（PSR）模型的概念框架，PSR模型虽然只有三个子系统，但是较为全面地反映了人与自然的关系，在后续的研究中，这种模型得到了普遍的应用。在此基础上联合国可持续发展委员会（NUCSD）又提出了"驱动力—状态—响应"（DSR）概念模型，而欧洲环境署则在PSR模型的基础上添加了"驱动力和影响"两类指标形成了DPSIR模型框架（郑秋霞等，2017）。此后，学者继续沿用该类型的评价指标体系，并从社会、经济、环境三大维度对指标进行丰富和发展，如今对旅游生态安全的评价指标体系主要通过"生态足迹—生态承载力"模型、"旅游资源安全—旅游环境安全—旅游生态服务功能与生态建设"模型、"压力—质量—能力"模型、"制度—监管—干扰—安全"IRDS模型、"承载力—支持力—吸引力—延续力和发展力"CSAED 模型及"压力—状态—响应—社会—经济—环境"PSR—SEE 模型等框架来构建。

（二）旅游生态安全的研究方法

在研究方法上，旅游生态安全的研究逐步向多元化、复杂化、深度化的方向发展，重视定性分析和定量分析相结合、时间维度和空间维度相结合，并采用旅游学、生态学、管理学、地理学等多学科综合视角，多以定量分析为主。学者们关于旅游生态安全的评价测度的研究方法各异，主要集中运用生态足迹模型（曹新向，2006）、SD 模型（秦晓楠等，2019）、AHP 层次分析模型（伍军豪、韩乐坤，2020）、德尔菲法（Benitez–Capistros 等，2014）、改进的 TOPSIS 法（徐美等，2017）、灰色关联投影（徐美等，2018）、景观生态学方法等（Skiter 等，2015；Zhang 等，2014）。曹新向（2006）根据生态足迹模型，构建了旅游地生态安全评价的指标体系和方法，用以确定旅游地生态安全状况。武春友等（2013）构建区域旅游生态安全系统的系统动力学模型，进行系统仿真，通过对模型中主要参数的调控，提出旅游业发展的不同模式。周彬等（2015）运用改进的 TOPSIS 法结合生态安全等级动态度模型、马尔科夫链模型、灰色关联度模型分析了浙江省的时空格局和障碍因子。周彬等（2016）又在灰色系统 GM 模型和 RBF 神经网络模型比较选优的基础上，对普陀山岛旅游生态安全发展趋势进行了预测；同时运用改进的 TOPSIS 法对某一旅游地几年中的旅游生态安全进行了动态评估，并使用生态安全等级动态度模型、马尔可夫链模型、灰色关联度模型对其时空格局和障碍因子进行了分析。Tang 等（2018）也是基于改进的 TOPSIS 方法、分层动态模型、马尔科夫链和灰色关联度模型对北京生态保护开发区进行了旅游生态安全时间演化研究。郑秋霞等（2017）基于压力—状态—响应（PSR）模型，运用熵值法和综合评价模型分析广东省旅游生态安全的时空变化特征，并采取障碍度模型诊断旅游生态安全的主要障碍因子。李细归等（2017）利用数理统计和 GIS 空间分析方法对 2004—2013 年中国 31 个省份的旅游生态安全进行测度和分析，并运用障碍因子诊断模型探究影响旅游生态安全提升的障碍因子。朱东国（2018）则以张家界这一典型旅游城市为例，运用灰色线性规划法求取旅游生态安全约束下的最优土地利用结构，再借助 CLUE–S 模型进行土地利用空间优化。徐美等（2018）构建了运用灰色关联投影法及障碍度模型对旅游生态安全状况及主要障碍因子进行了分析。

（三）旅游生态安全的研究对象

在研究对象上，逐步从国家、省域、市域等宏、中观尺度向湿地、自然保护区等微观尺度转变。按照研究尺度，可以分为微观层面的景区景点（章锦河等，2008）、城市旅游目的地（朱东国等，2018）和中宏观层面的区域性旅游目的地（郑秋霞等，2017）、目的地国家（李细归等，2017）四种类型。如今多数研究涵盖具体的旅游景区景点（周彬等，2016）、旅游城市（朱东国，2018）、高原（姜联合，2004）、流域（魏伟等，2009）、海岛型旅游地、岩溶型旅游地等，但对区域或者城市群的研究不多。本书以长江经济带作为具体的研究对象，构建长江旅游带生态安全格局，以旅游发展促进生态环境保护，从而有助于贯彻落实长江经济带国家发展战略。

四、研究评述

全域旅游是把特定区域作为完整旅游目的地进行整体规划布局的大旅游发展理念模式，经过实践探索和理论研究，理论体系和实践研究成果逐渐丰富，学者们从"全"和"域"的角度深度挖掘全域旅游的概念和内涵，但缺乏多学科交叉理论体系的综合分析。此外，全域旅游理念广泛应用于全域旅游规划和旅游目的地打造等方面，常采用案例研究提出全域旅游的发展思路，需要多旅游地的实证研究助力区域旅游可持续发展，并为长江旅游带构建生态安全格局提供基本的理念导向和范式框架。

生态安全的研究从生态风险分析发展而来，对保障中国的国土安全和区域生态空间至关重要，国外学者在理论模型和研究方法有极大贡献，国内学者多从宏观区域尺度，从环境保护、人地关系角度出发研究生态问题，研究目的从生态物种保护、生态风险的规避转变为实现生态经济领域的可持续发展。科学合理地构建区域生态安全格局是热点问题，概念内涵和构建因子都在不断丰富，但仍存在不足之处，如指标体系的构建主要基于主观判断或前人已有的研究结论，忽视生态安全格局的动态变化性等。

旅游生态安全是在生态安全研究的基础上衍生而来的，相关研究文献较少，学者主要关注旅游生态安全的评价研究，其研究方法和评价模型多元，主要以定量分析为主。未来，全域旅游视野下生态安全格局的指标体系构建要立足多重需求，结合具体情景不断调整，集成多模型、多技术与多方法的检测生态过程，构建服务国家战略的生态安全格局，为后期的格局优化和治理工作提供理论支撑。

第三章

长江旅游带生态安全
现实环境与理论逻辑

第一节　长江旅游带生态安全的现实优势

近年来，我国高度重视旅游业的发展，将旅游业置于国民经济战略性支柱产业地位，长江经济带倾全力打造长江旅游带，2017 年编制并印发了《长江国际黄金旅游带发展规划纲要》，提出充分发挥旅游业的综合带动和先行先导作用，将长江旅游带建设成为具有全球竞争力和国际知名度的黄金旅游带。在此背景下，本书经过阅读相关文献及数据分析，深入解析长江旅游带现阶段生态安全的现实优势，具体如下。

一、生态保护工作引起重视

近年来，长江沿线各省市在推进长江国际黄金旅游带建设中大力实施绿色技术开发应用，完善绿色产品标准、服务标准和管理标准，着力构建绿色旅游产品产业体系，在旅游业节能减排、旅游资源环境承载能力监测预警等方面取得了新突破，其涵盖区域涉及上、中、下全域，具体实施工作如下。

长江旅游带上游：四川省旅游主管部门在推动流域协同治理、建设沿江绿色生态廊道过程中强化顶层设计，坚持把好环境评估关，把环境评估作为 A 级旅游景区创建的前置条件，确保旅游项目和旅游活动符合环境和资源保护的法定要求。同时，明确全省旅游控制开发和严格生态保护的区域范围，要求省级（含）以上风景名胜区、自然保护区、森林公园、水利风景区、地质公园、湿地公园将生态环境保护内容纳入旅游开发管理工作制度。此外，四川省旅游主管部门整合科研力量，试点建设"九寨沟生态旅游大数据旅游重点实验室""旅游环境保护与安全重点实验室""环保科技及全域旅游创新应用重点实验室"，重点研究智能环保厕所、旅游产业环境保护、全域旅游民生环保工程、环保技术与互联网智能科技跨界融合等前沿技术、运行模式探索和行业应用推广。重庆市万州区旅游主管部门依托良好山水生态，加快特色旅游项目建设，围绕一江碧水，高品质建设一批公园广场和亲水平台，形成玉带串珠的公共空间，展示高峡平湖壮丽景观和历史文化厚重底蕴；围绕两岸青山，整合长江三峡库区优质资源，大力实施沿线景区提档升级工程，建设智慧景区，增强综合服务保障能力，着力提升长江三峡旅游核心竞争力。

长江旅游带中游：湖北省旅游主管部门组织编制《湖北长江旅游带发展规划（2019—2023 年）》，统筹规划长江沿线旅游资源，打造集生态化、特色化、品牌化于一体的长江旅游目的地体系，着力推进"多规合一"，实现旅游规划与经济社会发展等多种规划高度融合。湖南省生态旅游进程加快，《湖南省旅游业"十三五"规划纲要》以"两型引领，建设精品"为原则，切实处理好旅游开发与生态保护、文化遗产保护的关系，不断加深旅游业的生态文明程度，建设旅游精品。江西省把生态优先、绿色发展理念融合到文化和旅游工作的全方面和全过程，积极推进跨区域旅游协同发展，如上饶市联合浙江衢州、安徽黄山、福建南平构建"风景共同体"，湖南、湖北、江西三省召开长江中游三省协同推动文化旅游高质量发展座谈会，成立长江中游三省旅游合作发展联盟。

长江旅游带下游：上海市崇明区始终坚持生态底线、全域发展、改革创新的原则，全域提升生态旅游发展水平，把做深"底色"、做厚"绿色"、做足"村色"作为重点发展方向，让生态成为崇明区旅游最鲜亮的底色和最显著的标志。目前，崇明区的生态环境品质明显提升，成为上海空气质量最优、绿地面积最广、生物多样性最丰富、生态旅游潜力最大的发展区域。安徽省旅游主管部门开展"治污染、减存量"主动战，对环境资源保护不力的景区分类做出处理，关闭和拆除3A级以上景区4家、4星以上农家乐5家，严重警告和警告4A级旅游景区8家，关闭和拆除旅游码头2处，新增景区污水处理设施7处。推动区域内旅游景区、饭店使用清洁能源。以景区建设为抓手，实施"绿色豁口""开垦疤痕"修复工程，累计实施大铜官山公园、池州海螺水泥采石场、安庆石化公园和各地滨江公园等生态修复工程80多项。

二、生态安全保护工作初显成效

长江经济带地理区位优越，全域物种资源丰富。上游成渝经济带、川西地区及云贵高原等区域涵盖森林、草甸、湿地、灌丛、草原、高山冻原等几乎所有陆地生态系统类型；中游城市群地区则涵盖山地森林、农田和江河湖泊湿地等生态系统类型，它们对生态系统调节具有重要的支撑作用；下游长三角地区农田、江河湖泊、滨海湿地分布较为广泛。首先，该区域自然地理条件对于改善生态及维护生物多样性具有无可替代的作用，同时为长江经济带旅游业的发展提供了强有力的支撑。其次，长江经济带地处纬度南北位置适中，拥有优越的天然光热水土配比条件，该区域内涵盖丰富的承南启北的动、植物区系，生物多样性保护价值极高。国家统计局公布的数据显示，截至2019年底，仅长江经济带上游云南省境内就涵盖164种国家级重点保护野生动物，占全国总量的63.8%，涵盖158种国家重点保护野生植物，占全国总量的42.6%。长江流域共有重要保护物种1034种，包括植物568种、哺乳动物142种、鸟类168种、两栖动物57种、爬行动物85种、鱼类14种。长江作为我国众多珍稀濒危水生野生动物的重要栖息繁衍场所和避难所，共有包括中华鲟、白鲟和长江鲟在内的国家一、二级重点保护水生野生动物14种。仅三峡库区就有植物208科1428属6088种，中游地区有植物 202 科 1476 属 7037 种，下游地区有植物 174 科 1180 属 4259 种（杨桂山、徐昔保等，2015）。长江经济带现有保护工作已初显成效，其流域内涉及重要生态功能区高达 25 个，占全国总份额的 47.1%，包括重要水源涵养生态服务功能区、国家级自然保护区、各类自然保护区等，共计占长江经济带总面积的 9.1%。

三、服务价值助力生态安全保护工作

长江拥有丰富的水产资源，渔业发展势头较为强劲，是我国重要的战略水源地。国家统计局公布的数据显示，长江流域共有鱼类 378 种，其中，特有鱼类有 147 种，占我国淡水鱼类数量的 33%，居我国各江河鱼类资源之首，是我国淡水鱼苗种的重要生产基地。此外，长江淡水总量约占我国淡水资源总量的 36%，供给全国约 42% 的人口生活、38% 的粮食生产和 44% 的国民生产总值等产出的生产生活用水需要，同时通过南水北调中线和东线等跨流域调水措施缓解了华北地区城乡水资源短缺问题，并成为国家应对未来水资源安全的重要依靠（杨桂山、徐昔保等，2020）。此外，长江货运量位居全球内河首位，在商业运输领域扮演着十分重要的角色。近年来，长江经济带按照"深下游、畅中游、延上游"的建设思路，不断加大航运基建投入力度，提高流域航运能力。国家统计局公布的数据显示，截至 2019 年，长江经济带 9 省 2 市中千吨级及以上的通航里程达 8811 公里，长江经济带干线亿吨大港达 14 个。仅 2019 年全年，干线港口货物吞吐量达 30.3 亿吨，集装箱吞吐量高达 1844 万标箱，长江经济带成为全球港口货运吞吐量最高区域，后续商业服务价值发展潜力巨大，表明长江经济带有足以支撑其进行生态安全保护工作的物质条件。

第二节　长江旅游带生态安全的现有问题

旅游业作为一个综合型产业，长江旅游带生态安全问题也需各方共同努力，主要涉及长江旅游带整体规划、政策、管理、公众等领域。近年来，长江经济带旅游经济快速发展的同时，其生态环境负面效应的深度及广度也不断增强，一定程度上影响了长江经济带生态系统的完整性，甚至威胁其生态系统平衡，本书经过阅读相关文献及数据分析，发现现有问题具体如下。

一、生态问题日益严峻

水污染趋势加重。随着沿岸各省市城镇化和工业化进程的推进，长江沿岸的城镇数量不断增加，化工企业数量也显著上升。这些化工企业，主要集中在钢铁、炼油、石化等重工业领域，且沿江工业园区呈现高强度集聚效应，形成了"化工围江"的局面。这导致生活污水和工业污水排放量增大，其中包含一定数量的危化品，对流域水质造成较大压力。尽管近年来长江流域的水质整体有所改善，但水污染问题依然严峻，生态环境形势不容乐观。

自然资源过度消耗。一般来说，人们对自然资源的依赖需求程度与其所处的经济社会发展水平呈现相反趋势。长江经济带中上游地区前期经济发展与下游地区相较较为缓慢，且本文数据显示前期该区域生态用地转移较为剧烈，由此推断出中上游地区在经济社会前期建设过程中多依赖于对该区域内自然资源的开发利用。部分城市前期统计年鉴显示，前期矿产资源挖掘、长江过度捕捞、森林过度砍伐、过度抽取地下水资源等现象较多。其中，最典型的便是过去长江中上游区域修建了众多水利设施及人工湖泊，再加上长江沿岸渔民对鱼类的过度捕捞，导致白鲟、长江江豚等国家重点保护野生动物的生存空间受到了极大的威胁，一度处于濒危状态。

沿岸水土流失严重。近年来，长江及其支流各水质检测点数据显示含沙量不断增加，泥沙沉积现象发生频率增高，最终导致河床抬升，进一步危及沿岸居民的生命安全。根据水利部 2008 年对全国水土流失情况的动态监测结果，长江流域整体的水土流失面积已经达到了 34.67 万平方公里，水土流失面积占整个长江经济带流域面积的 19.36%（罗恒，2020）。同时由此所引致的长江经济带上游地区和中游地区面临水土流失灾害的直接威胁的县市高达 200 个。

长江干支流和湖泊水生态显著退化。经济社会发展前期，沿岸城市乱砍滥伐，上游水生生物退化速度加快，尤其是一系列梯级水电工程设施的开发，导致原有的珍稀及经济鱼类繁育场和野生动物适宜原有栖息地原生环境受到不同程度的损坏。同时，随着长江上游干流、支流控制性水库的建设，水库群汛后蓄水加快了两湖出流，两湖枯水期提前、延长等问题成为常态，进一步影响了该生态系统原有物种的生存空间。三峡生态监测站数据发布的显示，2003—2010 年，三峡水库蓄水后特有鱼类 23 种，其数量相较蓄水前减少 51.1%，渔获物中特有鱼类幅度下降 35.3%~99.9%；中游监利断面"四大家鱼"鱼卵径流量年均 2.28 亿粒，较蓄水前 1997—2002 年减少 90.0%（罗恒，2020）。此外，云贵高原湖泊生物资源退化现象显著，尤其是土著物种。总体上，鱼类呈现由高原鱼类区系向长江中下游鱼类区系演变。

二、生态保护观念不强

人类的生产、生活活动对与其处于同一生态系统的动植物生存状况有着不可忽视的影响。长江流域的生态安全保护工作是一个"自上而下"和"自下而上"的双向复合过程，要保证在制定科学合理的生态安全治理战略的同时，建立不同层次、不同领域的公众参与机制，营造一个良性循环。近年来，长江旅游带建设各类自然保护区工作不断完善，生物多样性保护工作已经取得初步性的成就，但由于生态系统属于不可再生性资源，无法进行人为修复或重造工作，属于不可逆转性损坏。人类生产活动侵扰积累的长期影响，致使部份动植物的栖息及繁衍活动已然受到了破坏，因而长江旅游带生物多样性仍面临较为严峻的局势。譬如，长江沿岸居民在日常生活过程中所产生的生活污水、生活废气及工业废气，会对该流域内的土壤、大气、水等诸多生态因子造成干扰；所属旅游区域的游客活动也会使原有各类动物的栖息和繁衍活动遭到一定程度的破坏，甚至会威胁到原有的生态平衡，日积月累就会导致许多动植物所依赖的生存空间受到一定程度的挤压。此外，长江经济带发展前期由于片面追求经济发展的速度，引大资金、上大项目，以致良莠不分，对生态环境造成恶劣的影响，最终形成了"公众既是污染的受害者，也是污染的制造者"这一局面。因此，积极引导公众树立生态保护理念、推动绿色生活方式的转变显得尤为重要。

三、生态保护体系不完善

长江旅游带现有生态保护体系不完善。长江旅游带虽已建立以国家公园为核心的"国家公园—自然保护区—自然公园—特殊生态功能区"的多层级生态保护体系。但受部门分散、地方分割等相关管理体制的影响，致使出现多头管理的局面，进而出现不同等级自然保护地之间出现边界不衔接、类型不一致、跨区域跨部门不协调等问题，尤其涉及跨省、跨流域的国家公园、自然保护区与生态保护红线的协同保护，亟待建立统一的管控标准、统一的监督标准、统一的执法标准（杨桂山，徐昔保等，2022）。

长江旅游带生态产业布局不合理。长江沿江产业空间布局以各类各级工业园区布局为主，工业企业遍地开花，致使生态用地被工业企业占用，生态环境发生恶变现象时有发生。同时，工业用地粗放低效问题也较为突出，开发前未能对相关产业进行科学合理的布局，未能区分清楚工作的轻重缓急，而选择盲目"上马"，致使生产用地开发危及生态用地安全。例如，长江旅游带下游安徽省安庆市，在 2015 年调整江豚自然保护区范围和功能区划分时，将自然保护区总面积从 806 平方公里调减为 552 平方公里，2017 年安庆市相关部门在进行安庆港区建设过程中，为了顺利让工程项目竣工，调整并缩小了多个片区的保护区范围（罗恒，2020）。

生态补偿机制落实不到位。关于自然资源保护工作、环境损害赔偿与责任追究相关工作，没有有效的生态补偿机制作为生态文明建设的制度保障。近年来，长江旅游带部分省份在主要流域分别开展了流域生态补偿工作。例如，2011 年在新安江建立的全国首个跨省流域生态补偿机制试点，就是由财政部和环保部牵头组织，每年安排补偿资金5亿元，规定只要安徽省出境水质达标，下游的浙江省每年补偿安徽省1亿元，否则界首处罚（陈丽媛，2016）。但该措施并未形成广泛参与的规模效应，缺乏与之相对应的生态补偿机制及上下游协商治理机制，统筹全流域推进联防联控工作。

四、生态管理协同面临挑战

长江旅游带的生态治理面临跨区域联防联控体系的不足。长江旅游带地跨9省2市，其生态治理工作是跨区域性的治理。由于跨区域性现行行政体制、流域环境整体的不可分割性以及跨界河流水污染治理的复杂性，沿江各省市需要共同认识到这一挑战，因为这一关键问题决定了各地方政府仅靠单方面的努力是无法达到流域跨界水污染治理目标的（陈丽媛，2016），需所涉及省市齐心协力，共同发力。同时，长江流域生态补偿是一项综合性治理工作，且其持续性和复杂性要求大量的资金、人力和物力投入。如果上下游之间缺乏有效协同，可能会显著影响治理效果。此外，由于上下游水的流动性、大气的移动性使水污染及大气污染很容易出现本地污染和区域污染的叠加效应，进一步导致出现进入"你污染，我治理"的恶性循环。因此，为提高跨区域治理效率，亟需实现省际间的环境信息共享，推动流域内环境保护部门的统一监管，并确保各相关部门各负其责，形成有效的环境执法机制。

五、生态安全保护政策滞后

近年来，关于生态安全建设工作，长江经济带沿岸各省市结合各自实际情况及所处区位，已经颁布了符合地方发展规划要求的一系列生态安全法规和相关政策，为长江旅游带的生态安全提供了重要保障。然而，打赢生态安全保护战是一项长久战役，环境形势的变化、人们对生态保护的更高需求等都要求与之相对应的政策也应更高质量、更有效。但现实情况是，部分相关法律与政策不配套、执法力度不一、管理效果不及预期、生态环境损害难获赔偿等问题时有发生，这说明长江旅游带生态安全相关法规体系存在一定程度的滞后性。与此同时，自2021年3月1日起实施的《中华人民共和国长江保护法》为长江流域保护提供了法律框架。然而，与该法相配套的流域综合管理体制、部门与地方责权调整、法律配套条例与细则以及执行主体等相关体制机制，在部分区域的落实和推进仍面临一定挑战，需要进一步完善，以推动更加高效和协调的管理体系，逐步改进长江流域的管理模式。

第三节　长江旅游带生态安全格局构建的理论逻辑

本书以协同旅游业可持续发展和生态文明建设为目标，通过构建区域旅游带生态安全格局，降低、避免、扭转旅游业发展导致的生态环境退化，以及促进旅游业的正向生态溢出效应，最终实现全域旅游高质量联动发展、和谐稳定生态系统和人类健康发展的三个愿景。在某种程度上，前两种愿景服务于第三种愿景。基于此，本书构建了一个多尺度的综合分析框架，如图 3-1 所示。框架中，以"生态系统演化与生态安全格局—旅游生态安全格局与关联网络—旅游生态安全格局驱动机制—旅游生态安全格局构建"为主要框架内容。具体内容。

（1）生态系统演化与生态安全格局。以"土地利用"为出发点，探讨城市化进程中，生态系统在时间、空间维度上的退化程度，并以"土地利用"为基础，利用景观生态学理论方法，分析其优势度、聚集度、破碎度、复杂度和生态系统服务价值，综合分析区域生态安全格局。

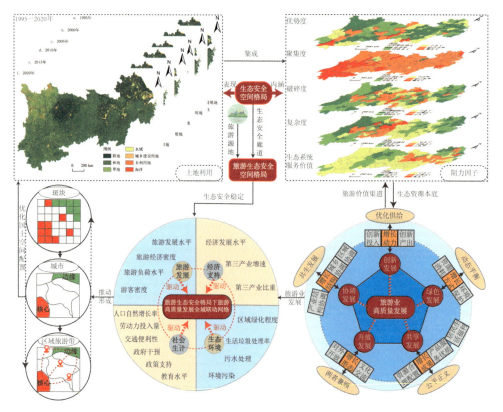

图 3-1　全域旅游视野下长江旅游带生态安全格局构建理论分析框架

（2）旅游生态安全格局与关联网络。作为一项与区域多要素交互作用的复杂开放性经济活动，旅游产业在持续推动经济发展和增进人民福祉的同时，显现出人地矛盾下系统要素和功能结构的脆弱性（王群等，2019），旅游人群密集、环境污染等问题也导致了生态安全的负面效应。因此，本书首先以"创新—协调—绿色—开放—共享"新发展理念构建的"旅游业高质量发展评价指标体系"，其次，通过生态安全廊道将城市旅游高质量发展联系起来，形成全域旅游生态安全格局，以此在生态文明建设进程中思考和探索旅游高质量发展路径。

（3）旅游生态安全格局驱动机制。旅游生态安全格局在时空演变中，形成核心—边缘的空间格局，其形成机制是旅游、经济、社会和生态多个因素综合驱动的结果。深入解析关键性影响因素、能够直接提供政策实施建议，对联动协同旅游高质量发展和生态文明建设具有重要的影响。

（4）旅游生态安全格局构建。旅游生态安全格局长效机制的实施具有层次性，不同尺度间的传递联动有助于提高空间决策效率。在高质量发展的指导下，生态系统空间开发利用和保护任务的底线具有刚性约束，旅游活动的游憩属性是人民日益增长的美好生活需要。因此，这二者的协调发展要求各级行政部门制定统一与差异相结合的管理调控策略，需要网格模式向行政模式、区域模式传递，形成自上而下、自下而上的传递过程。

第四章

长江旅游带土地利用生态系统多尺度时空演变

第一节　研究方法与数据处理

一、研究方法

（一）土地利用动态度

为更加直观地观察出某个时期内土地利用类型的数量变化情况、土地利用变化的剧烈程度与变化速率的区域差异，可以制作土地利用类型变化图，即利用单一土地利用动态度分析每一种土地利用类型的变化速率，利用综合土地利用动态度分析不同时期长江旅游带土地利用变化速度和趋势，参考相关研究（张潇、谷人旭，2022）。单一土地利用动态度的公式如下：

$$K=\frac{U_b-U_a}{U_a}\times\frac{1}{T}\times100\%\qquad(4-1)$$

式中：K 为研究时段内某一单一土地利用类型动态度；U_a 为研究初期某土地利用类型的面积；U_b 为研究末期该土地利用类型的面积；T 为研究时长。

综合土地利用动态度（张潇、谷人旭，2022）的公式如下：

$$Lc=\frac{\sum_{i=1}^{n}\triangle LU_{i-j}}{2\sum_{i=1}^{n}LU_i}\times\frac{1}{T}\times100\%\qquad(4-2)$$

式中：Lc 为研究区土地利用综合动态度；LU_i 为究起始时间第 i 类土地利用类型的面积；$\triangle LU_{i-j}$ 为研究时段第 i 类土地转化为第 j 类土地利用类型面积的绝对值；T 为研究时长。

（二）土地利用结构转移矩阵

运用 GIS 和 RS 技术，制作长江旅游带不同时期的土地利用图，以便更加直观地观察长江旅游带土地利用的空间格局变化。为反映土地利用的结构特征和各类型之间的转化情况和方向（孔冬艳等，2021），揭示各类型转入转出信息，可以利用土地利用结构转移矩阵计算出不同时期土地利用的状态转移矩阵。土地利用结构转移矩阵的数学形式如下：

$$S_{ij}=\begin{bmatrix} S_{11} & S_{12} & \cdots & S_{1n} \\ S_{21} & S_{22} & \cdots & S_{2n} \\ \vdots & \vdots & \vdots & \vdots \\ S_{n1} & S_{n2} & \cdots & S_{nn} \end{bmatrix}\qquad(4-3)$$

式中：S 表示面积；i, j 分别代表转移前后的土地类型；n 表示土地类型的种类数。

二、数据来源与处理

数据来源于中国科学院资源环境科学数据中心，在遥感解译获取的土地利用 / 土地覆盖数据的基础上，通过对各土地利用类型进行辨识和研究，经过分类处理形成多期长江旅游带土地利用生态系统类型空间分布数据集，数据精度像元大小为 30m×30m。参照国土资源部门制定的全国土地分类体系，结合案例地实际土地利用情况以及研究团队对该区域的调查了解，本书将长江旅游带的土地利用类型分为七类，即耕地、城乡建设用地、林地、草地、水域、未利用地和海洋。

基于 1995 年、2000 年、2005 年、2010 年、2015 年、2020 年共 6 期各类型土地利用的数据，使用 Arcgis10.7 软件分别提取各土地类型斑块，在此基础上形成土地利用转移矩阵，用以描述土地利用类型间的转换关系，刻画研究区域土地利用变化方向以及研究期末各土地利用类型的来源与构成，从而分析出 1995—2000 年、2000—2005 年、2005—2010 年、2010—2015 年、2015—2020 年、1995—2020 年 6 个时间段长江旅游带各土地利用类型变化的基本特点和变化规律以及 1995—2020 年 25 年间长江旅游带和三大城市群（长三角城市群、中游城市群和成渝城市群）各土地利用类型变化的基本特点和变化规律。

三、土地利用与三生用地对应关系

为更便捷地分析长江经济带的三生空间现状及时空格局演变，本书参考马彩虹等（2022）、高星等（2020）的用地分类体系，建立土地利用与三生用地对应关系表（见表 4-1），将长江旅游带所含土地分为生产用地、生活用地和生态用地，在此基础上进一步将土地利用类型分为耕地、城乡建设用地、林地、草地、水域、未利用地、海洋 7 个一级地类及 26 个二级地类。最后，根据所属分类分别计算长江旅游带各土地利用类型面积、所占总面积的比例及各土地利用类型单一动态度。

表 4-1　三生用地分类体系

三生用地	一级地类	二级地类
生产用地	耕地	水田、旱地
生活用地	城乡建设用地	城镇用地、农村居民点、其他建设用地
生态用地	林地	有林地、灌木林、疏林地、其他林地
	草地	高覆盖度草地、中覆盖度草地、低覆盖度草地
	水域	河渠、湖泊、水库坑塘、永久性冰川雪地、滩涂、滩地
	未利用地	沙地、戈壁、盐碱地、沼泽地、裸土地、裸岩石质地、其他
	海洋	海洋

第二节　全域总体的土地利用生态系统时空演化

一、长江旅游带土地利用数量变化

（一）土地利用数量的时间演变

结合长江旅游带 1995—2020 年土地利用监测数据（见表 4-2、表 4-3 和图 4-1）所知，研究期间一级地类研究指标均表现为不同变化特征，整体上看，生产用地呈缩减趋势，生活用地呈扩张趋势，生态用地占比高且呈下降趋势。通过分析长江旅游带生产用地、生活用地及生态用地所占面积及其比例，深入探究变化发展规律，总结出主的要特征如下。

（1）生产用地数量逐年缩减。表 4-2 显示，研究期间，长江旅游带耕地数量始终保持负增长趋势，所占面积由 1995 年的 639666.55 km² 减少至 2020 年的 608448.55 km²，累计减少 31218 km²。对应生产用地土地利用比例始终保持缩减趋势，所占比例由 1995 年的 31.28% 减少至 2020 年的 29.72%，累计减少 1.56%，体现在图 4-2、图 4-3 为耕地数量所占斑块面积逐年缩减。表 4-3 显示，1995—2000 年耕地减少速率为 -0.05%，2000—2020 年耕地减少速率保持在 0.17% 以上，2000—2020 年耕地减少速率显然大于 1995—2000 年减少速率，该期间耕地减少这一趋势与 1999 年起实施的退耕还林（草）工程相吻合。

（2）生活用地数量逐年扩张。表 4-2 显示，研究期间，长江旅游带城乡建设用地始终保持正增长趋势，所占面积由 1995 年的 45865.54 km² 增长至 2020 年的 83165.48 km²，累计增加 37299.94 km²。对应生活用地土地利用比例始终保持正增长趋势，所占比例由 1995 年的 2.24% 增长至 2020 年的 4.06%，累计增长 1.82%，体现在图 4-2、图 4-4 为城乡建设用地所占斑块逐年扩张。表 4-3 显示，1995—2010 年增长速率最高为 2.38%，2010—2020 年增长速率最低为 3.25%，2010—2020 年城乡建设用地增加速率显然大于 1995—2010 年。原因在于中部地区崛起战略的实施，促使近年来社会经济发展和城镇化进程加快，致使人们对城镇基础设施的需求进一步扩张，直接使城市建设用地激增，且生活用地扩张面积明显大于生产用地缩减面积，生活用地一定程度上侵占了生态用地。

（3）生态用地始终处于长江旅游带用地主体地位。表 4-2 显示，研究期间，生态用地一直保持分布面积最广、所占面积最大，虽然期间所占比例有一定程度的扩张或缩减现象，但浮动变化程度较小，相对来说较为稳定，生态用地比例始终维持在

表4-2　长江经济带各土地利用类型面积及占总面积的比例

土地利用类型	1995 年		2000 年		2005 年		2010 年		2015 年		2020 年	
	面积（km²）	比例（%）	面积（km²）	比例（%）	面积（km²）	比例（%）	面积（km²）	比例（%）	面积（km²）	比例（%）	面积（km²）	比例（%）
耕地	639666.55	31.28	638115.57	31.21	631268.81	30.87	625949.98	30.61	618094.32	30.23	608448.55	29.72
城乡建设用地	45865.54	2.24	48473.03	2.37	54240.16	2.65	59073.6	2.89	69336.45	3.39	83165.48	4.06
草地	336946.46	16.48	339275.98	16.59	337702.82	16.52	337124.52	16.49	336789.66	16.47	325908.47	15.92
水域	58423.28	2.86	58981.96	2.88	60493.46	2.96	60891.61	2.98	61644.19	3.01	65674.09	3.21
林地	942253.45	46.08	938228	45.88	939622.78	45.95	940074.93	45.97	937279.83	45.84	942339.5	46.03
未利用土地	21666.53	1.06	21747.39	1.06	21493.88	1.05	21697.65	1.06	21670.29	1.06	21412.31	1.05
海洋	0.11	0.00	0.00	0.00	0.00	0.00	9.63	0.00	7.18	0.00	89.58	0.00

注：由于四舍五入的小数处理问题，比例总和可能存在 ±0.1% 的误差。

66% 以上。其中，林地面积占比最高，常年保持在 46% 左右，未利用土地及水域所占比例较低，均处于 4% 以下，体现在图 4-2、图 4-5 为长江旅游带生态用地所占斑块面积最大，观察效果最为直观。期间，林地所占比例出现上下浮动现象，主要原因为该期间我国经历了工业化快速发展时期及生态环境得到重视保护期，这一时期，政府逐步实施和完善了人工造林和退耕还林等一系列措施，从而使林地面积有所控制。

表 4-3　长江经济带各土地利用类型单一动态度（%）

三生类型	土地利用类型	1995—2000 年	2000—2005 年	2005—2010 年	2010—2015 年	2015—2020 年	1995—2020 年
生产用地	耕地	−0.05	−0.21	−0.17	−0.25	−0.31	−0.20
生活用地	城乡建设用地	1.14	2.38	1.78	3.47	3.99	3.25
	草地	0.14	−0.09	−0.03	−0.02	−0.65	−0.13
	水域	0.19	0.51	0.13	0.25	1.31	0.50
生态用地	林地	−0.09	0.03	0.01	−0.06	0.11	0.00
	未利用土地	0.07	−0.23	0.19	−0.03	−0.24	−0.05
	海洋	−20.00	0.00	0.00	−5.09	229.53	3253.45

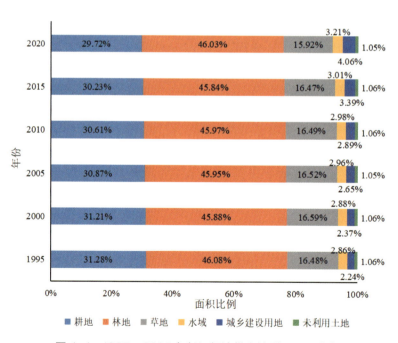

图 4-1　1995—2020 年长江经济带土地利用面积演变

（二）土地利用数量的空间演变

根据图 4-2 所示，长江旅游带土地利用结构图从总体上看，生态用地面积居长江旅游带三生用地面积的"领头羊"地位，生产用地整体上分布于长江旅游带北部地带，生活用地以下游长三角城市群、中游城市群、上游成渝城市群为中心的集聚分布。本书通过分析长江旅游带 1995—2020 年生产用地、生活用地及生态用地地演化方向及趋势，深入探究变化发展规律，总结出如下主要特征。

（1）生产用地呈"递进式"缩减趋势。图 4-3 显示，1995—2000 年，长江旅游带生产用地的缩减范围主要分布于以南京市、上海市及杭州市为中心的下游长三角地区。

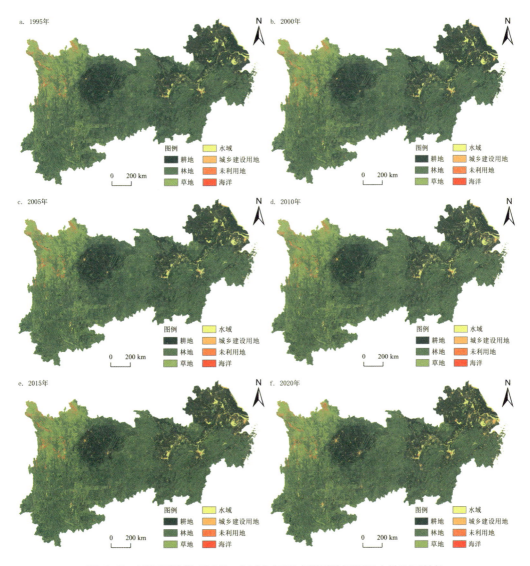

图 4-2　长江经济带 1995—2020 年遥感监测数据解译土地利用结构

2000—2010 年，长江旅游带生态用地的缩减范围主要分布于下游连云港、淮北市附近区域，中游武汉市附近区域，上游重庆市、成都市附近区域。2010—2015 年，长江旅游带生产用地的缩减范围主要以武汉市、长沙市及南昌市附近区域为主。该阶段可观察出江西省范围内变化较大，主要原因为国务院 2012 年发布的赣南中央苏区振兴计划使江西省经济文化得到大力发展，江西省人口密度大幅度增加，致使江西省在此阶段土地利用动态发生了较为明显的变化，土地利用动态度及土地利用强度达到了最大值。2015—2020 年，生产用地退化现象分布区域更进一步扩张，可直观地观察岛退化地区近乎分布于全域。从总体上看，长江经济带生态用地退化现象由"部分"至"整体"，长江旅游带生产用地的缩减趋势呈"递进式"特征。

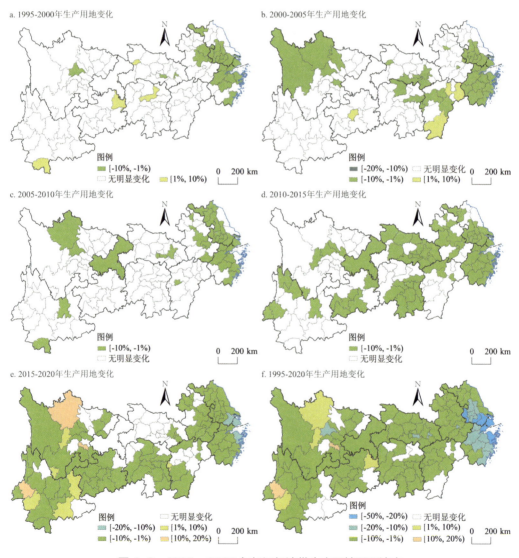

图 4-3　1995—2020 年长江经济带生产用地面积演变

（2）生活用地总体呈阶段性变化和不平衡增长趋势。图 4-4 显示，1995—2020
年，长江旅游带生活用地总体呈剧烈增长趋势，全域生活用地面积演变数据均保持正
数，但经济带生活空间格局差异较大。1995—2010 年，生活用地变化程度较为严重
（50% 以上）区域主要分布于长江旅游带下游城市群，包括南通市、杭州市及周边区
域；变化程度一般（20%~50%）及变化程度较轻（1%~20%）区域主要分布于以南
昌市、长沙市为中心的长江中游城市群，及以重庆市、成都市为中心的成渝城市群。
2010—2020 年，生活用地变化程度较为剧烈的区域主要分布于以成都市、重庆市为
中心的成渝城市群以及下游南部浙江省。从总体来看，生活用地的变化范围具有明显
的区域性变化特征，且格局明显以各省会城市为核心呈点状式扩张，呈分批次增长趋

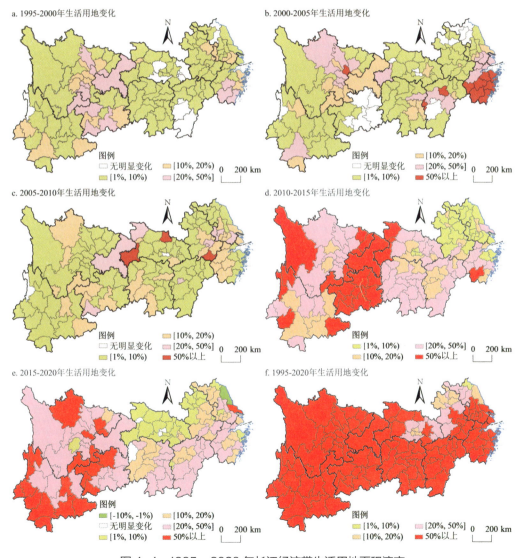

图 4-4　1995—2020 年长江经济带生活用地面积演变

势，表现为"大分散、小集聚"的空间结构格局。

（3）生态用地呈"此消彼长"式区域性变化。图 4-5 显示，1995—2015 年，长江经济带生态用地变化幅度较为明显的区域主要分布于下游长三角地区。其中，生态用地退化现象主要分布在下游盐城市、上海市及宁波市及周边区域；生态用地扩张现象主要分布在下游长三角内陆地区的南通市、泰州市及南京市附近区域，中游城市群咸宁市、岳阳市等地区，下游城市群遂宁市及内江市。2015—2020 年，长江经济带生态用地变化幅度较为明显的区域主要分布于长江经济带中上游。其中，生态用地退化现象主要分布在上游北部重庆市及其附近区域、上游南部以昆明市为中心附近区域、中游长沙市及益阳市；生态用地扩张现象主要分布在长江经济带下游盐城市、上

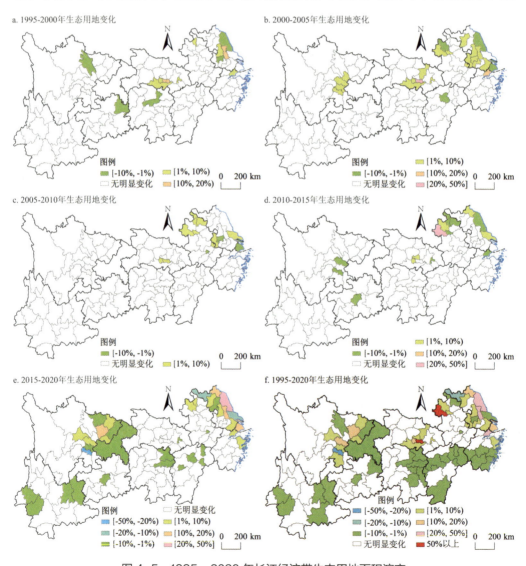

图 4-5　1995—2020 年长江经济带生态用地面积演变

海市及其附近沿海区域。据上文分析，1995—2015 年及 2015—2020 年两个时间段，前期处于扩张趋势的区域后期呈退化态势，或后期处于扩张现象的区域前期呈退化态势，同一区域生态用地变化呈相反性特征。

二、长江旅游带土地利用结构变化

（一）土地利用结构的时间演变

表 4-4 显示，1995—2020 年，生态用地和生产用地"转入总用地–转出总用地"变动比例均为负数，说明生态用地和生产用地转出面积均大于转入面积，此两类用地表现为一定程度的退化现象。而生活用地变动比例为正数，表明生活用地存在一定程度的外扩现象。从总体上看，呈现出生产用地、生态用地退化，逐渐向生活用地转化这一趋势。

表 4-4　长江经济带 1995—2020 年三生用地类型转移矩阵（km²）

年份	三生用地	生态用地 面积（km²）	生态用地 变动比例（%）	生活用地 面积（km²）	生活用地 变动比例（%）	生产用地 面积（km²）	生产用地 变动比例（%）	转出总用地 面积（km²）	转出总用地 变动比例（%）
1995—2000	生态用地	—	—	309.11	0.02	1786.81	0.13	2095.92	0.15
	生活用地	5.57	0.01			4.35	0.01	9.92	0.02
	生产用地	1033.83	0.16	2308.3	0.36	—	—	3342.13	0.52
	转入总用地	1039.4	0.17	2617.41	0.38	1791.16	0.14	—	—
2000—2005	生态用地	—	—	831.82	0.06	1651.5	0.12	2483.32	0.18
	生活用地	47.37	0.1			22.8	0.05	70.17	0.15
	生产用地	3515.58	0.55	5005.48	0.78	—	—	8521.06	1.33
	转入总用地	3562.95	0.65	5837.3	0.84	1674.3	0.17	—	—
2005—2010	生态用地	—	—	637.37	0.05	216.45	0.02	853.82	0.07
	生活用地	20.33	0.04			3.17	0.01	23.5	0.05

续表

年份	三生用地	生态用地		生活用地		生产用地		转出总用地	
		面积（km²）	变动比例（%）	面积（km²）	变动比例（%）	面积（km²）	变动比例（%）	面积（km²）	变动比例（%）
2005—2010	生产用地	1318.88	0.21	4219.57	0.67	—	—	5538.45	0.88
	转入总用地	1339.21	0.25	4856.94	0.72	219.62	0.03	—	—
2010—2015	生态用地	—	—	3233.96	0.24	283.96	0.02	3517.92	0.26
	生活用地	113.93	0.19	—	—	142.67	0.24	256.6	0.43
	生产用地	996.79	0.16	7285.49	1.16	—	—	8282.28	1.32
	转入总用地	1110.72	0.35	10519.45	1.4	426.63	0.26	—	—
2015—2020	生态用地	—	—	4717.64	0.35	43225.92	3.18	47943.56	3.53
	生活用地	2222.81	3.21	—	—	5691.21	8.21	7914.02	11.42
	生产用地	42093.94	6.81	16534.57	2.68	—	—	58628.51	9.49
	转入总用地	44316.75	10.02	21252.21	3.03	48917.13	11.39	—	—
1995—2020	生态用地	—	—	8935.22	0.66	45874.69	3.37	54809.91	4.03
	生活用地	1529.24	3.33	—	—	4239.78	9.24	5769.02	12.57
	生产用地	47757.31	7.47	33639.42	5.26	—	—	81396.73	12.73
	转入总用地	49286.55	10.8	42574.64	5.92	50114.47	12.61	—	—

注：由于四舍五入的小数处理问题，比例总和可能存在 ±0.1% 的误差。

本书通过分析长江旅游带 1995—2020 年生产用地、生活用地及生态用地转移方向、面积及其所占比例，深入探究变化发展规律，总结出主要特征如下：

（1）生产用地呈退化趋势。1995—2020 年每隔 5 年，长江旅游带生产用地"转入总用地—转出总用地"的面积均为负数，即在此期间生产用地转出面积均大于转入面积。且生产用地"转入总用地—转出总用地"的面积整体上呈波动增长趋势，即在此期间长江旅游带生产用地退化趋势愈加明显。从总体来看，生产用地退化趋势与此期间不断增长的人们对于物质资料的高需求形成反差，表明近年来我国推动生产力的"内涵式"高质量发展、推动生产空间集约高效工作颇具成效，即较少生产空间对生态空间的挤压和侵占，仍能满足不断增长的物质资料需要。

（2）生活用地呈外扩趋势。1995—2020 年每隔 5 年，长江旅游带生活用地"转入总用地—转出总用地"的面积均为正数，表明在此期间生活用地转入面积大于转出面积，生活用地所占面积处于增长趋势。此外，生活用地转入面积呈波动上升趋势，从 1995—2000 年的 2617.41 km^2 上升至 2015—2020 年的 21252.21 km^2。此外，1995—2020 年转入用地主要来源于生产用地，其主要原因为受中部地区崛起战略及西部大开发战略的影响，长江经济带生活用地需求急剧增加，致使生态用地及生产用地向生活用地转化现象愈加明显。

（3）生态用地呈波动性变化。1995—2000 年、2010—2015 年、2015—2020 年，长江旅游带生态用地"转入总用地—转出总用地"的面积均为负数，表明在此期间生态用地所占面积处于负增长状态。2000—2005 年、2005—2010 年，长江旅游带生态用地"转入总用地—转出总用地"的面积为正数，表明在此期间生态用地转入面积大于转出面积，生态用地所占面积处于增长状态。总体分析，该研究期间生态用地转化动态存在正负两极方向变化，而非稳定不变，呈现一定的波动性。

（二）土地利用结构的空间演变

根据图 4-6 至图 4-8，研究期间，长江旅游带生活用地及生产用地、生态用地均发生了一定程度的变化，且具有明显的阶段性变化特征，即 2015—2020 年三生用地转化速率及区域显然大于 1995—2020 年转化速率，表明此期间展开的将长江经济带列入国家战略、中部地区崛起战略等一系列举措，对于推动长江经济带内陆开发及发展起到了重要影响。在此基础上，本书进一步分析三生用地结构变动的发展规律，其主要特征如下。

（1）生产用地地理上呈"阶梯性"转移。图 4-6 显示，1995—2010 年，生产用地转换向生活用地主要分布于长江旅游带下游区域，转移程度较为严重的区域主要分布在长江旅游带下游以上海市为中心的长三角区域，转移程度一般区域主要分布在长江旅游带下游以丽水市为中心的东南部分区域、以淮安为中心的长三角西北部分区域。此外，该期间生产用地转出方向以生活用地为主，原因为响应经济高质量发展战略及经济建设的需要，因此，大量农用地转为建设用地。2010—2015 年及 2015—2020 年，由长江旅游带东部下游至长江旅游带西部上游的转移程度主要呈由"重"到"轻"分布，地理上具有明显的阶梯性。2005—2015 年，生产用地转化为生态用地主要分布于长江旅游带上游西北部阿坝藏族羌族自治州及甘孜藏族自治州。2015—2020 年，生产用地向生态用地转移与上文所述特征相符，总体上呈阶梯形特征，但地理上"阶梯性"转移方向相反，由长江旅游带东部下游至长江旅游带西部上游转移程度主要呈由"轻"至"重"阶梯形分布，具有异曲同工之处。以上分析表明，2014 年将长江经济带列入国家战略这一措施，对长江经济带的生产用地产生了极大影响。

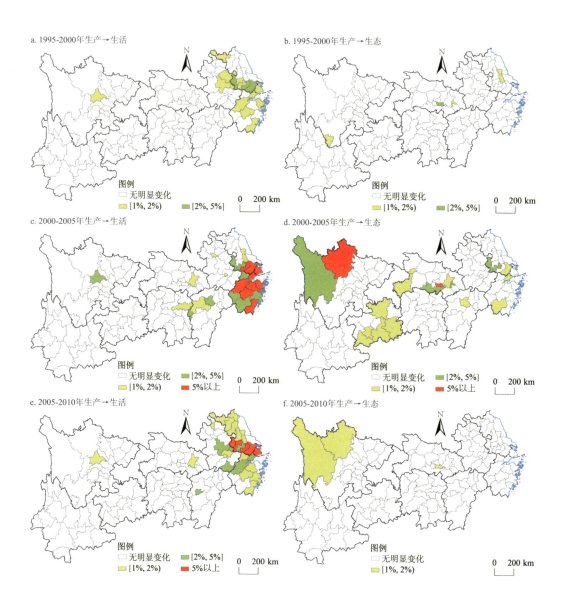

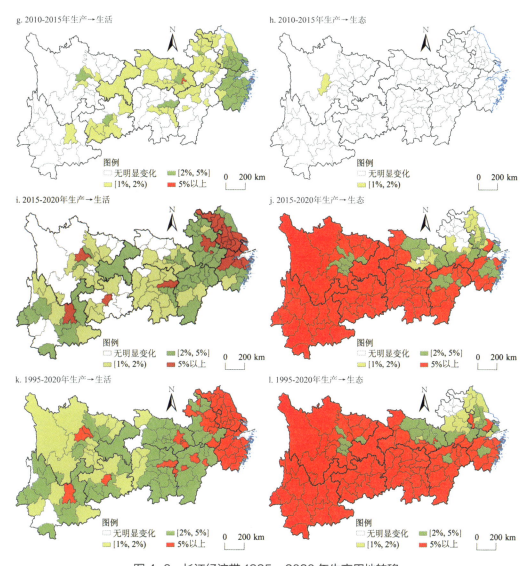

图 4-6 长江经济带 1995—2020 年生产用地转移

（2）生活用地呈"断崖式"转移。图 4-7 显示，1995—2015 年，生活用地向生产用地、生态用地转化程度较小，仅分布于长江旅游带上游文山壮族苗族自治州、昭通市及宜宾市区域，从整体上看，无明显性退化现象。2015—2020 年，生活用地转化呈"断崖式"剧增，范围遍布长江旅游带全域。生活用地转换为生态用地转移程度较为严重的区域主要分布于成都市和重庆市为中心的长江旅游带上游成渝城市群、以武汉为中心的长江旅游带中游城市群。此外，长江旅游带中、上游转移程度明显高于下游转移程度，其主要受西部大开发战略及中部地区崛起战略的影响，致使中上游社会经济得到快速发展，一定程度上反映了城市化与工业化发展速度越快，土地利用强度增幅越大。

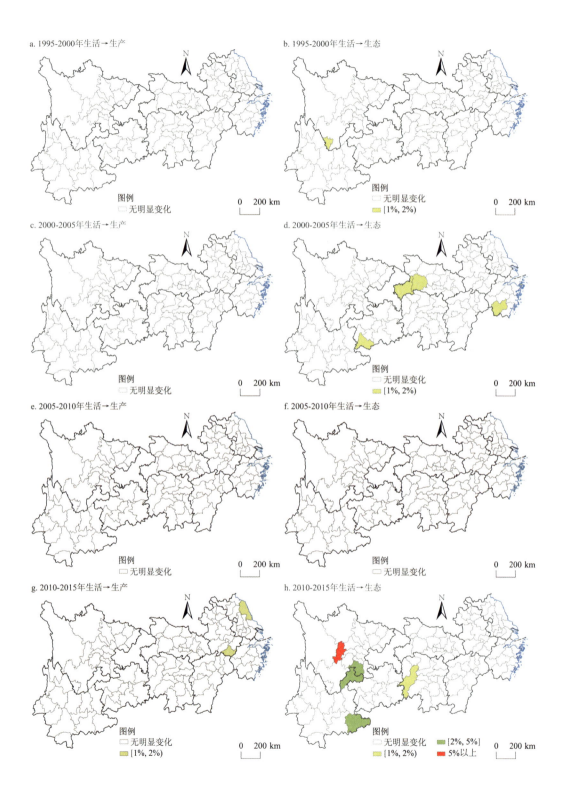

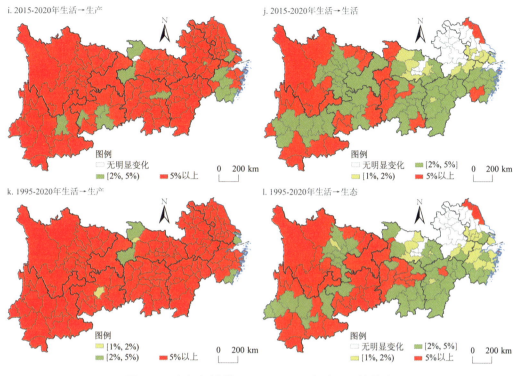

图 4-7 长江经济带 1995—2020 年生活用地转移

（3）生态用地呈阶段性、区域性退化。图 4-8 显示，1995—2005 年，生态用地退化程度严重（5% 以上）区域主要分布在长江旅游带下游盐城市及阜阳市，退化程度一般（2%~5%）区域分布于长江旅游带上游绵阳市及铜陵市、中游以武汉市为中心的城市也有部分涉及。2005—2015 年，长江旅游带生态用地均无明显退化现象。2015—2020 年，生态用地退化范围剧增，其中，生态用地转化为生产用地区域尤为明显，涉及长江旅游带上、中、下游大范围面积，退化程度严重区域主要分布于上游成渝城市群、下游沿海区域，退化程度一般区域主要分布于长江旅游带下游盐城市、南通市等北部城市，南部城市较少涉及其中浙江省生态用地退化现象几乎未涉及，其原因是浙江省对造林和高标准平原绿化等生态建设工程高度重视，实行生态保护制度，包括林业生产责任制、限额采伐等一系列措施。生态用地转化为生活用地范围主要分布在长江旅游带下游北部盐城市、上海市及南通市等沿海区域，中、上游均有小部分涉及。从总体上看，生态用地转化具有明显的阶段性特征，且呈现一定程度的区域性变化。

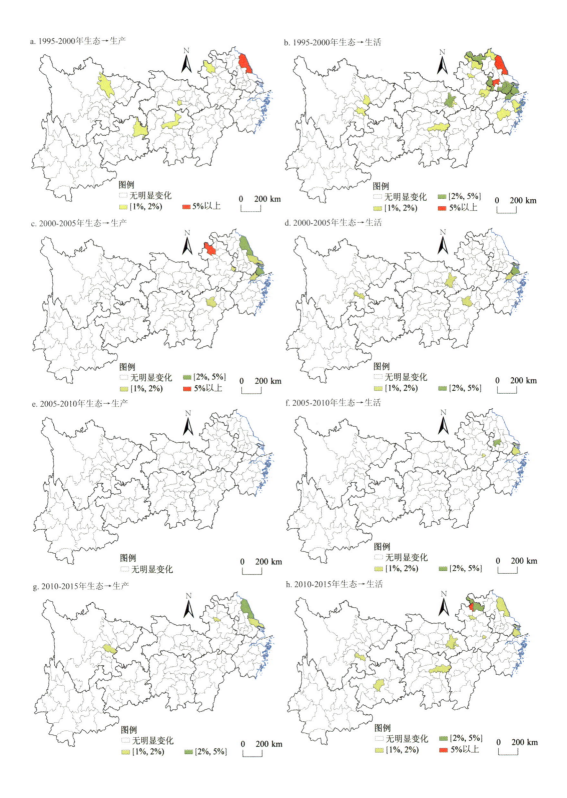

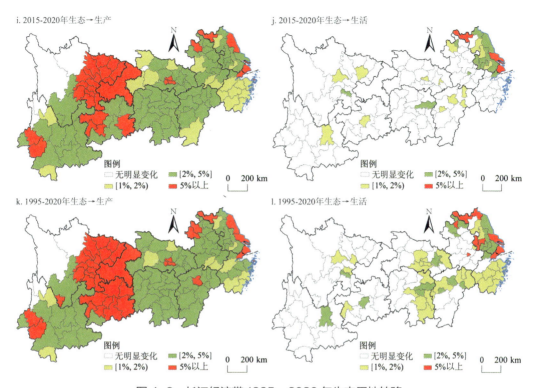

图 4-8　长江经济带 1995—2020 年生态用地转移

第三节　三大城市群的土地利用生态系统时空演化

一、三大城市群概况

　　长江旅游带的战略定位即依托长三角城市群、长江中游城市群、成渝城市群（见图 4-9），以这三大流域型城市群为长江旅游带发展提供强有力的支撑。三大城市群地形复杂，气候条件多样，土地利用类型丰富，拥有丰富的生物资源、自然资源及人文资源，为长江旅游带的发展提供了得天独厚的先天条件。

　　长三角城市群地处长江经济带东部，是战略核心地位。多年来，长江旅游带东部一直处于整个国家经济发展的火车头位置，是"一带一路"与长江经济带的重要交汇地带，其范围横跨上海市、江苏省、浙江省和安徽省四省市，包括 26 个城市：上海、南京、无锡、常州、苏州、南通、扬州、镇江、盐城、泰州、杭州、宁波、湖州、嘉兴、绍兴、金华、舟山、台州、合肥、芜湖、马鞍山、铜陵、安庆、滁州、池州、宣城。《中华人民共和国 2022 年国民经济和社会发展统计公报》显示，2022 年区域生产总值达 29.03 万亿元，接近全国总产值的 24%。不容忽视的是，工业的快速发展在给区域带来巨大经济利益的同时，发展所带来的城市废气、噪声、沿海地带水质等环

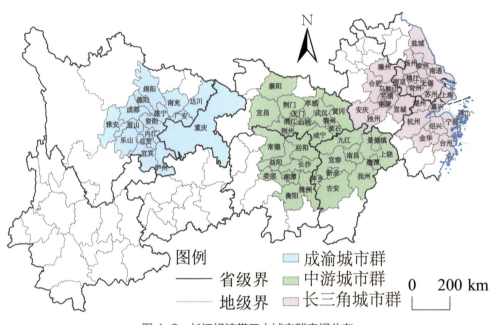

图 4-9　长江经济带三大城市群空间分布

境形势也愈加严峻。

长江中游城市群是以武汉、长沙、南昌三大城市为中心的超特大城市群组合，涵盖以武汉城市圈、环长株潭城市群、环鄱阳湖城市群、江淮城市群为主体形成的特大型城市群，包括 31 个城市：武汉、黄石、鄂州、黄冈、孝感、咸宁、仙桃、潜江、天门、襄阳、宜昌、荆州、荆门、长沙、株洲、湘潭、岳阳、益阳、常德、衡阳、娄底、南昌、九江、景德镇、鹰潭、新余、宜春、萍乡、上饶、抚州、吉安。《中华人民共和国 2022 年国民经济和社会发展统计公报》显示，2022 年区域生产总值达 13.45 万亿元，接近全国总产值的 11.1%。为响应"十三五"规划，加强生态建设，采取了"三个统筹""三个提升"战略，提升区域发展质量、提升资源环境效率、提升环境管理能力；统筹推进城乡生态建设、统筹推进工农业污染治理、统筹推进三生空间建设。建设绿色农村、绿色城镇，统筹城乡发展格局，合理推进城市化进程，治理工业污染，以形成生产空间集约高效、生活空间安全可靠、生态空间保障有力的新格局。与此同时，长江中游城市群还大力发展生态农业，以优化工业结构，积极谋求绿色转型发展。

成渝城市群坐落在四川盆地腹地，位于我国东西结合、南北交汇处，长江旅游带

的西部，是我国自然资源富集区之一，已形成以汽车、化工医药、冶金、机电、能源、旅游等为支柱的经济体系，是西部地区重要的经济中心。成渝城市群具体范围包括 16 个城市：成都、自贡、泸州、德阳、绵阳、遂宁、内江、乐山、南充、眉山、宜宾、广安、达州、雅安、资阳、重庆。《中华人民共和国 2022 年国民经济和社会发展统计公报》显示，2022 年区域生产总值达 13.5 万亿元，接近全国总产值 11.2%。

　　三大城市群具有重要的战略地位，社会经济发展在长江流域甚至全国具有明显的带动作用，生态环境是长江流域高质量发展的重要前提和本底资源，是推动区域高质量可持续发展的动能引擎。因此，为深入了解长江旅游带的生态安全情况，本节内容重点分析三大城市群的土地利用时空演变特征。

二、长三角城市群土地利用时空演变

　　长三角洲城市群位于长江入海之前的冲积平原，包括上海、江苏省、浙江省、安徽省内的 26 个城市。随着经济的日益发展，长三角城市群作为长江经济带的腹地，凭借着独特的地理位置，城镇化发展越发成熟，中国城市现代化发展进程加快。在城市化发展的进程中，长三角城市群的土地利用情况也发生了众多变化，实时掌握地区土地利用类型数量和结构的变化特征，分析其变化原因，对地区生产、生态和人民生活的调控有着重要作用。

（一）长三角城市群土地利用数量变化

1. 土地利用数量的时间演变

　　在长三角城市群城镇化的快速发展进程中，区域城市的土地利用结构也正在发生变化。为全面反映长三角城市群的土地利用变化特征，本书将分别从生产用地、生活用地、生态用地三个方面分析土地数量变化的时间特征。长三角城市群各类型土地的面积以及所占比例具体可见表 4-5，长三角城市群各类型土地在某一时期的变化速率的详细情况则可见表 4-6。综合长三角城市群整体和各省市地区的各类型土地利用的空间分布，可以发现在城镇化快速发展的 25 年期间，长三角城市群的生产、生活、生态用地均有变化，且各类型土地在利用数量、结构以及变化速率方面均有着显著特点，各类型土地的面积占比由高到低依次是生产用地、生态用地和生活用地，在大趋势上主要表现为建设用地的增长以及农业生产用地、生态用地的减少，初步可以认为这是建设用地急速扩张而占用农用地和生态用地的结果。从时间演变的视角分析，具体变化情况如下。

　　（1）生产用地：其仍然占据长三角城市群土地利用类型的主要地位，以耕地为主，其面积占比始终保持在 46% 以上。但生产用地显现出不断减少的趋势，1995—

表4-5 长三角城市群1995—2020年土地利用类型面积

土地利用类型	1995年 面积(km²)	1995年 比例(%)	2000年 面积(km²)	2000年 比例(%)	2005年 面积(km²)	2005年 比例(%)	2010年 面积(km²)	2010年 比例(%)	2015年 面积(km²)	2015年 比例(%)	2020年 面积(km²)	2020年 比例(%)
耕地	110690.09	53.84	109394.16	53.21	106033.02	51.57	103521.37	50.35	101504.08	49.37	96565.73	46.95
城乡建设用地	14867.19	7.23	16090.69	7.83	19239.02	9.36	21769.93	10.59	23994.59	11.67	28303.85	13.76
草地	7296.51	3.55	7142.78	3.47	7103.18	3.45	7115.31	3.46	7138.73	3.47	7003.01	3.40
水域	14970.86	7.28	15265.28	7.43	15703.05	7.64	15776.47	7.67	15729.87	7.65	16528.29	8.04
林地	57736.13	28.08	57663.47	28.05	57475.74	27.96	57370.04	27.90	57168.99	27.81	57165.85	27.79
未利用土地	30.46	0.01	34.97	0.02	37.35	0.02	36.93	0.02	53.81	0.03	120.69	0.06
海洋	0.11	0.00	0.00	0.00	0.00	0.00	1.30	0.00	1.29	0.00	1.31	0.00

注：由于四舍五入的小数处理问题，比例总和可能存在±0.1%的误差。

2020 年，耕地变化速率较大，具有面积不断减少的特点，耕地面积占比由 53.84% 减少到 46.95%，下降了 6.89%，共计减少了 14124.36 km² 的耕地面积。其中，长三角城市群的生产用地在 2015—2020 年的下降速度最快，降速达 0.97%，说明在此段时间中，长三角城市群的城镇化速度加快，对生产用地的侵占更加严重。

（2）生活用地：以城乡建设用地为主，相比于生产、生态用地，其占比较小，只有 10% 左右的面积占比。但生活用地的变化幅度最大，并呈现出连年增长的趋势，1995—2020 年的五个时间段内，城乡建设用地面积占比分别为：7.23%、7.83%、9.36%、10.59%、11.67%、13.76%，占比逐年增长了 6.53%，共计增长了 13436.66 km² 的生活用地面积，属于面积增长最大的用地类型。且其在 2000—2005 年的时间中增速最快，速率达 3.59%。

（3）生态用地：以林地为代表，面积占比达到 28%。但近 25 年来，生态用地面积呈现出不断减少的趋势。其中，林地的减速较大，面积占比则由 1995 年的 28.08% 下降至 2020 年的 27.79%，下降了 0.29%，减少了 570.28 km² 的面积。草地面积虽然变化平缓，但其面积占比也具有减少的态势，从 1995 年的 3.55% 下降至 2020 年的 3.40%，面积减少了 293.51 km²。水域面积有所增长，面积占比由 1995 年的 7.28% 增长至 2020 年的 8.04%，面积增长了 1557.43 km²。未利用面积的变化幅度较大，且在 2015—2020 年的占比增长较快。海洋用地基本保持不变，这种细微的变化也可能与不同年份的降水量而导致的水域面积轻微变化有关。但总体来说，长三角城市群生态用地面积呈现出下降态势。

根据以上结论，进一步结合表 4-6 的土地利用动态度和图 4-10 分析可知，1995—2020 年，除了未利用土地和海洋这 2 类占比极小的用地外，长三角城市群城乡建设用地增速较快，呈现正向增长，表明其面积都是呈逐年增长的趋势。耕地、林地则呈现负向变化，说明其面积都是呈逐年下降的趋势，也表明耕地、林地资源等被其他土地利用类型占用。说明近年来，随着城市化和工业化的发展，长三角城市群作为中国城镇化速度最快的地区之一，各类型土地利用的数量和变化速度均发生了显著的变化，其中一个重要表现就是：地区对于城乡建设土地的需求不断加大，以城乡建设用地为主的生活用地面积动态度最高，变化幅度最大，并呈现出明显的增加趋势，具有较为明显的时空分布特征，2020 年城乡建设用地的面积接近达到 1995 年的 2 倍，这是中国积极推动城镇化发展带来的必然结果。生活用地面积增加的直接后果就是各类生产用地和生态用地数量的减少，这也给各个地区的生态环境保护带来了不小的压力。

表 4-6　长三角城市群各土地利用类型单一动态度（%）

三生类型	土地利用类型	1995—2000年	2000—2005年	2005—2010年	2010—2015年	2015—2020年	1995—2020年
生产用地	耕地	−0.23	−0.61	−0.47	−0.39	−0.97	−0.51
生活用地	城乡建设用地	1.65	3.91	2.63	2.04	3.59	3.62
生态用地	草地	−0.42	−0.11	0.03	0.07	−0.38	−0.16
	水域	0.39	0.57	0.09	−0.06	1.02	0.42
	林地	−0.03	−0.07	−0.04	−0.07	0.00	−0.04
	未利用土地	2.96	1.36	−0.22	9.14	24.86	11.85
	海洋	−20.00	0.00	0.00	−0.15	0.31	43.64

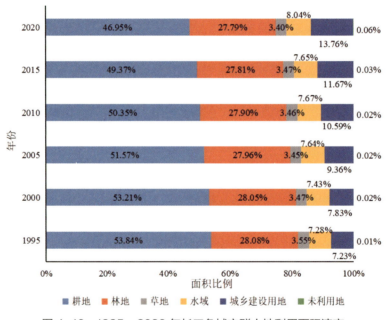

图 4-10　1995—2020 年长三角城市群土地利用面积演变

2. 土地利用数量的空间演变

长三角城市群各个地区和城市的土地利用情况，具体可见图 4-11 至图 4-14。在研究年限的 25 年里，本书将对长三角城市群各类型土地利用的转移情况进行梳理总结。长三角城市群各类型土地的面积占比在整体结构上保持着较高的稳定性，面积占比始终是生产用地＞生态用地＞生活用地。下面将进一步从空间分布的视角探究长三角城市群各类型土地的利用情况。

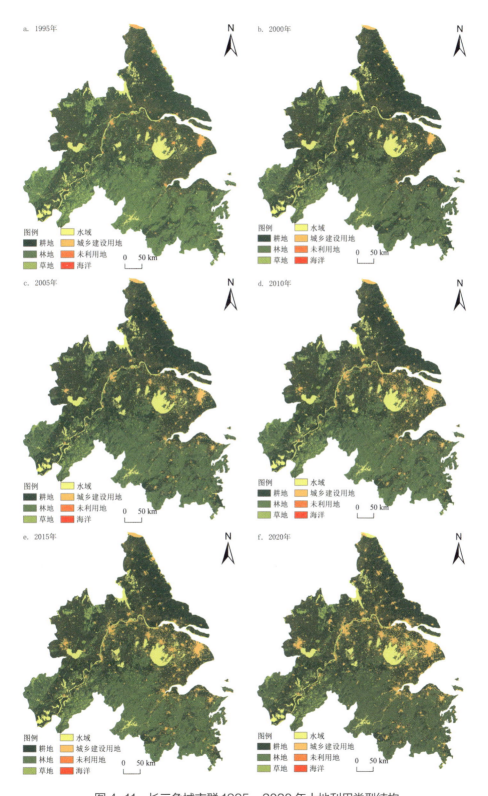

图 4-11　长三角城市群 1995—2020 年土地利用类型结构

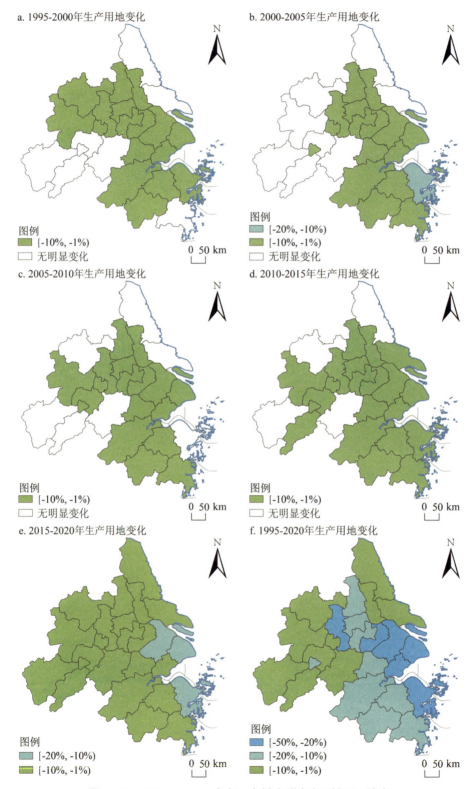

图 4-12　1995—2020 年长三角城市群生产用地面积演变

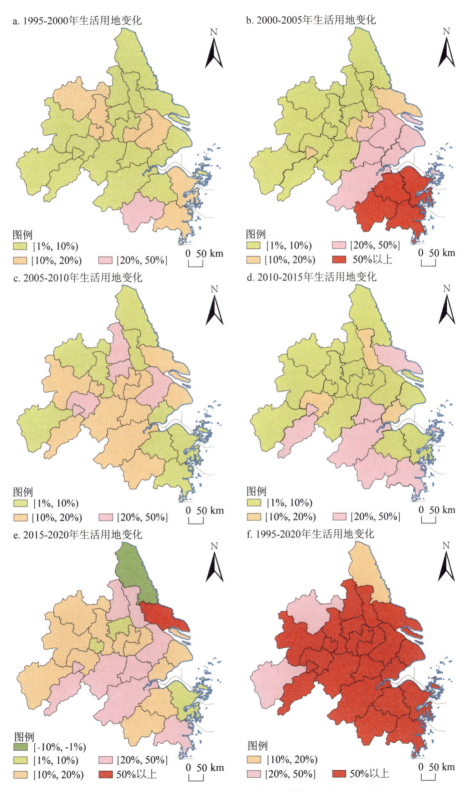

图 4-13　1995—2020 年长三角城市群生活用地面积演变

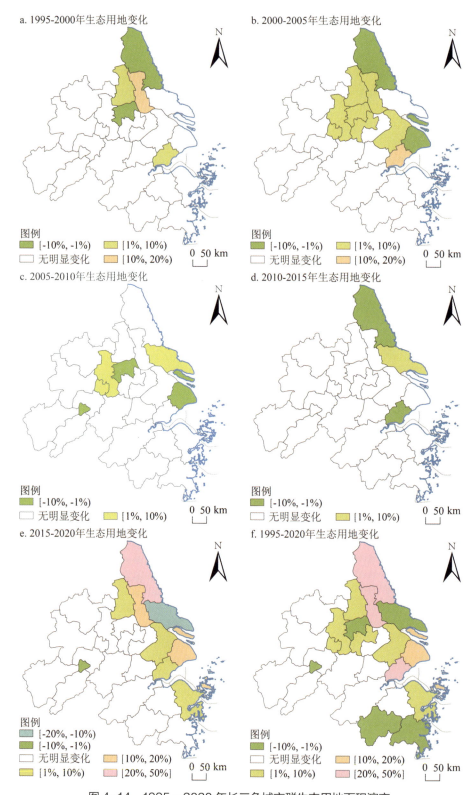

图 4-14 1995—2020 年长三角城市群生态用地面积演变

（1）生产用地：根据图 4-12 所示，长三角城市群的土地利用类型中，生产用地面积最大，以农耕地为代表，其面积占比在总体上呈现全局减少的态势，且主要集中于长江以北的北部和西北部地区，如连云港、徐州、亳州、阜阳等城市。近二十多年来，上海、南京、苏州、杭州、宁波等现代化程度较高的城市，其耕地面积整体减少了 20%~50%，区域内其余城市的耕地面积则普遍减少了 10% 左右。

（2）生活用地：根据图 4-13 所示，以城乡建设用地为主的生活用地占比最少，但呈现出逐年增长态势。其主要分布在经济基础较好的城市地区，并且以上海、杭州、南京、苏州等经济发达的城市为中心，生活用地向周围地区不断扩张。

（3）生态用地：根据图 4-14 所示，以林地为代表，其多聚集在长江以南的地区，主要分布在黄山、衢州、金华等城市。虽然近几年部分发达地区，如上海、宁波、苏州等城市的生态用地面积有所增加，但长三角城市群的生态用地总面积仍在不断减少，尤其以台州、温州、丽水、金华、南京、宿迁、宿州等城市为典型，普遍减少 1%~10%。由此可知，尽管绿色发展理念在全国范围内不断盛行，但环境治理效果仍不尽如人意，需要政府、企业、人民的不断努力，才能进一步促进地区绿色高质量发展。

根据以上结论，总结得出，在整个研究年限 1995—2020 年，长三角城市群的生产和生态用地面积在总体上呈现全局减少的态势。农业耕地作为生产用地始终是长三角城市群面积占比最大的土地利用类型，其主要分布在上海市、江苏省和安徽省，但近二十年来长三角城市群的耕地面积持续减少，共计减少了 14124.36 km²，为 1995 年耕地面积的 12.76%。林地作为长三角城市群面积占比第二大的土地利用类型，近年来呈现不断减少的态势，其主要分布在浙江省的南部地区和安徽省的南部以及西南部地区，例如，安徽省的池州市、宣城市以及安庆市的西北部地区。在研究年限期间，长三角城市群的草地面积占比不断减少，但减幅呈现逐渐减小的态势，草地多分布在江苏省北部地区、安徽省北部以及西南部地区，且大多与林地、耕地交替分布。与此同时，以城乡建设用地的生活用地不断增加，且其分布由上海、杭州、南京、合肥等省会城市向丽水、温州、宿州、南通等地级市蔓延，呈现出由东向西逐渐扩张的特点，且大多分布在沿河流域和水域附近，在空间上具有区域集聚特征。

通过结论进一步分析可知，受城镇化影响，以耕地为主的生产用地转出率最大，其次是以林地、草地为主的生态用地，且大部分面积都向以城乡建设用地为主的生活用地转变，目的是承载当地的经济社会发展。1995 年至 2020 年，各类型土地之间的转变更加频繁，也从侧面说明这 25 年间长三角城市群区域的人类活动和生态演替过程都更加频繁和显著。根据图 4-12 至图 4-14 可知，大部分转出的区域主要分布在江苏省和浙江省，尤其是以江苏省的苏锡常城市圈、浙江省的宁波都市圈以及杭州都市圈为中心向周边扩张。除此了生产、生活、生态用地之间的转换，还有生态用地内部的转换。例如，草地向林地的转换，这些部分主要集中于安徽省的西部地区和浙江省的南部地区。究其原因，可能主要与之前浙江绍兴市与金华市的大面积草地被私人或集体承包有关，为了追求更高的经济利益，这里的草地大多被更具有经济价值的乔木或人工竹林取代（任群，2018）。

根据本书研究表明，长三角城市群在1995—2020年经历了城镇化和工业化的快速发展，主要体现在生产用地的持续性减少和退化而生活用地不断增加，尤其以上海市和江苏省的变化最为明显。长三角城市群的中心城市辐射外扩效应明显，城市分布相对集中。同时，长三角边缘地区的城镇化程度不断加强，城市建设用地不断增加，仍具有较大的发展空间。但该地区城镇化程度差异较大，分布也较为分散，如台州、衢州、亳州等城市。此外，地区之间城镇化程度的差异也说明，自然、社会、经济等基础条件的不同和各地区城镇化扩张的规模、速度的不同，导致地区间土地利用类型的差异逐渐加大。随着地区经济的进一步发展，发达城市建设用地面积增速趋于平稳，规模面积也逐步稳定，地区之间的土地利用差异开始缩小。除此之外，以耕地为主的生产用地作为地区农作物的主要提供者，已被生活用地大面积侵占。另外，长三角地区作为全国粮食的重要供应地，城乡建设用地对于农耕地的大面积侵占给地区的粮食供应带来了巨大压力。尽管在城镇化发展的进程之中，生活用地对其他类型的土地侵占已是必然现象，但是地区仍需守住基本的生产用地底线，减少出现地区违法违规占用农田的现象，以此来保证长三角地区社会、经济、生态系统的供需平衡。

（二）长三角城市群土地利用结构变化

本书将长三角城市群1995—2020年共25年的土地利用情况数据进行收集、整理，以5年为一个间隔期进行统计分析，将生产、生活、生态用地转化达5%及以上的定义为"十分明显"，1%~2%及2%~5%的定义为"较为明显"。

1. 土地利用结构的时间演变

从时间节点来看，整体而言，如表4-7所示，1995—2020年，长三角城市群生态用地转入总用地为4114.01 km²，生活用地转入总用地15205.72 km²，生产用地转入总用地3359.48 km²；生态用地转出总用地3383.84 km²，生活用地转出总用地1808.60 km²，生产用地转出总用地17486.78 km²。这表明整体上，长三角城市群生态用地有所增加，但增幅不大；生活用地数量大大增加，并且少有转出；生产用地转入量较少，而转出量剧增。长三角城市群在25年的发展过程中，较多的生产用地转变成了生活用地，这种情况出现的原因可能是长三角城市群人口不断积聚，人们对生活用地、住房的需求不断增加，由此带来城市的"寸土寸金"，较多制造业、加工业等产业部门无法支付高额租金，不得不选择外迁。

表 4-7　长三角城市群 1995—2020 年三生用地类型转移矩阵

年份	三生用地	生态用地		生活用地		生产用地		转出总用地	
		面积（km²）	变动比例（%）	面积（km²）	变动比例（%）	面积（km²）	变动比例（%）	面积（km²）	变动比例（%）
1995—2000	生态用地	—	—	103.03	0.13	104.47	0.13	207.50	0.26
	生活用地	1.58	0.01	—	—	0.12	0.00	1.70	0.01
	生产用地	278.35	0.25	1122.16	1.01	—	—	1400.51	1.26
	转入总用地	279.93	0.26	1225.19	1.14	104.59	0.13	—	—
2000—2005	生态用地	—	—	218.50	0.27	199.47	0.25	417.97	0.52
	生活用地	11.28	0.07	—	—	8.44	0.05	19.72	0.12
	生产用地	619.44	0.57	2949.44	2.70	—	—	3568.88	3.27
	转入总用地	630.72	0.64	3167.94	2.97	207.91	0.30	—	—
2005—2010	生态用地	—	—	146.74	0.18	6.89	0.01	153.63	0.19
	生活用地	1.95	0.01	—	—	0.79	0.00	2.74	0.01
	生产用地	132.37	0.12	2386.96	2.25	—	—	2519.33	2.37
	转入总用地	134.32	0.13	2533.70	2.43	7.68	0.01	—	—
2010—2015	生态用地	—	—	282.98	0.35	68.82	0.09	351.80	0.44
	生活用地	27.40	0.13	—	—	77.21	0.35	104.61	0.48
	生产用地	117.17	0.11	2046.04	1.98	—	—	2163.21	2.09
	转入总用地	144.57	0.24	2329.02	2.33	146.03	0.44	—	—

续表

年份	三生用地	生态用地		生活用地		生产用地		转出总用地	
		面积（km²）	变动比例（%）	面积（km²）	变动比例（%）	面积（km²）	变动比例（%）	面积（km²）	变动比例（%）
2015—2020	生态用地	—	—	709.40	0.89	1879.85	2.35	2589.25	3.24
	生活用地	712.84	2.97	—	—	1694.08	7.06	2406.92	10.03
	生产用地	2547.94	2.51	5967.69	5.88	—	—	8515.63	8.39
	转入总用地	3260.78	5.48	6677.09	6.77	3573.93	9.41	—	—
1995—2020	生态用地	—	—	1276.36	0.13	2107.49	0.13	3383.84	0.26
	生活用地	556.60	0.01	—	—	1251.99	0.00	1808.60	0.01
	生产用地	3557.41	0.25	13929.37	1.01	—	—	17486.78	1.26
	转入总用地	4114.01	0.26	15205.72	1.14	3359.48	0.13	—	—

注：由于四舍五入的小数处理问题，比例总和可能存在 ±0.1% 的误差。

（1）生产用地：整体上来看，1995—2020 年，长三角城市群的生产用地均向生活用地、生态用地发生转变；生产用地与生活用地呈现出"双向"的转化，而生产用地与生态用地更多地呈现为单向的生产用地向生态用地的转变。在生产用地的转出方面，生产用地向生态用地的转变数量较少，变化较不明显，2005—2010 年、2010—2015 年生产用地没有发生向生态用地明显的转化；生产用地向生活用地的转变则更加明显，从 1995 年开始，长三角城市群每年都有较多的生产用地转化为生活用地，2000—2005 年、2005—2010 年及 2015—2020 年的 3 个时间段内较多的地区出现了十分明显（5% 以上）的转化情况。在生产用地的转入方面，1995—2000 年、2000—2005 年、2005—2010 年、2010—2015 年、2015—2020 年等几个时间段里，长三角城市群的生态用地均或多或少、不同程度地转变为生产用地；而除 2015—2020 年外，其他年份几乎没有发生生活用地转化为生产用地的情况。

（2）生活用地：整体上来看，1995—2020 年，长三角城市群生活用地同生态用地、生产用地均发生过相互转化的情况。在生活用地的转出方面，生活用地向其他用地的转变集中出现在 2015—2020 年，此阶段内，大量的生活用地转变为生产用地和生态用地，但较于生活用地向生态用地的转变情况，生活用地向生产用地转变的数量更多，变化更加明显；此外，除 2000—2005 年长三角城市群发生过少量的生活用地转为生态用地及 2010—2015 年少量的生活用地转变为生产用地的情况外，研究期内其他时间段的生活用地转出情况发生很少。在生活用地的转入方面，对比生态用地在各个年份向生活用地转变的情况来说，生产用地做出的贡献更大，在 1995—2000 年、2000—2005 年、2005—2010 年、2010—2015 年、2015—2020 年这五个时间段内，长三角城市群大量的生产用地均发生了不同程度的向生活用地的转变。

（3）生态用地：整体上来看，1995—2020 年，长三角城市群生态土地与生产用地、生活用地都进行了转换，但更多地表现为生态用地单方向地向生产用地、生活用地的转变。在生态用地的转出方面，即在生态用地向生产土地、生活用地的转换过程中，相同点在于：生态用地向其他两类用地的转换均集中发生在 2015—2020 年这一时间段内，即在 2015—2020 年，较多的生态用地转变成了生产用地与生活用地。不同之处主要体现在：在生态用地向生产用地的转换上，生态用地向生活用地的转化在各个时间段内均出现过，且除 2015—2020 年外，每年的转化情况较为稳定，可以称为"稳定的变化"；而生态用地向生产用地的转换在每个时间段内并不稳定，出现过 1995—2000 年的生态用地向生产用地转化十分明显的情况，也出现过 2005—2010 年生态用地向生产用地无明显变化的情况，因此可以称之为'不稳定的跳跃变化'。在生态用地的转入方面，研究期内，生活用地、生产用地均在不同程度上发生了向生态用地的转变，生态用地变动比例最大的年份为 2015—2020 年，表明生产用地和生活用地向生态用地的转变仍然集中在 2015—2020 年，但在其他时间段内，对比于生活用地几乎没有向生态用地转变的情况，生产用地在 1995—2000 年、2000—2005 年均发生了向生态用地的转变，这也说明，在生态用地的转入方面，生产用地比生活用地做出了更大的贡献。

2. 土地利用结构的空间演变

从空间土地利用演变结果来看，1995—2020 年，长三角城市群的生产、生活、生态用地均发生了变化，其中，生产用地、生活用地之间的相互转化、变化情况最明显。

（1）生产用地：根据图 4-15 所示，整体上来看，1995—2020 年，长三角城市群生产用地发生了较为明显的变化。从生产用地向生活用地的转化来看，大部分城市的生产用地都发生了向生活用地的转变；从生产用地向生态用地的转化来看，变化情况最明显的城市主要包括苏州、南京及浙江省的绝大部分城市（杭州、绍兴、宁波、台州、温州、丽水等）。1995—2000 年，生产用地向生活用地转化较为明显的城市主要有徐州、滁州、合肥、南京、镇江、无锡、苏州、上海等；生产用地向生态用地转化并不明显。2000—2005 年，生产用地向生活用地转化最明显的城市为无锡、苏州、上海、嘉兴、杭州、绍兴、宁波、金华、温州；生产用地向生态用地转变较为明显的城市有嘉兴、苏州、常州、南京。2005—2010 年，长三角城市群生产用地向生活用地转变最明

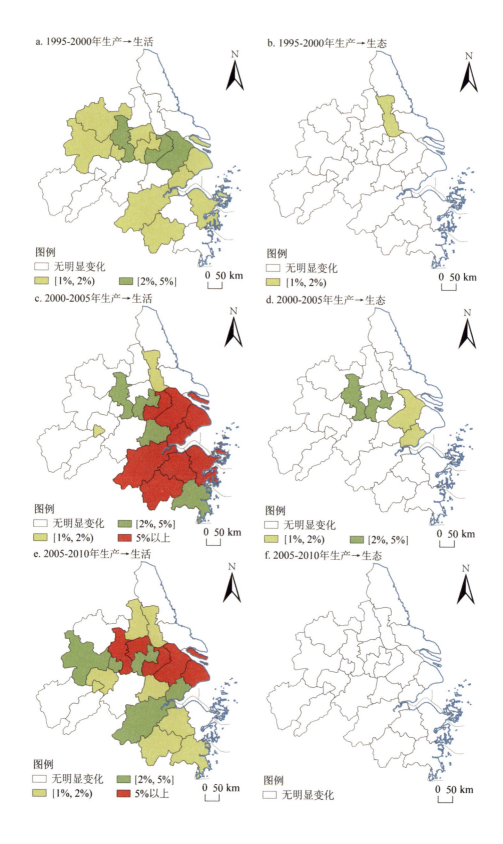

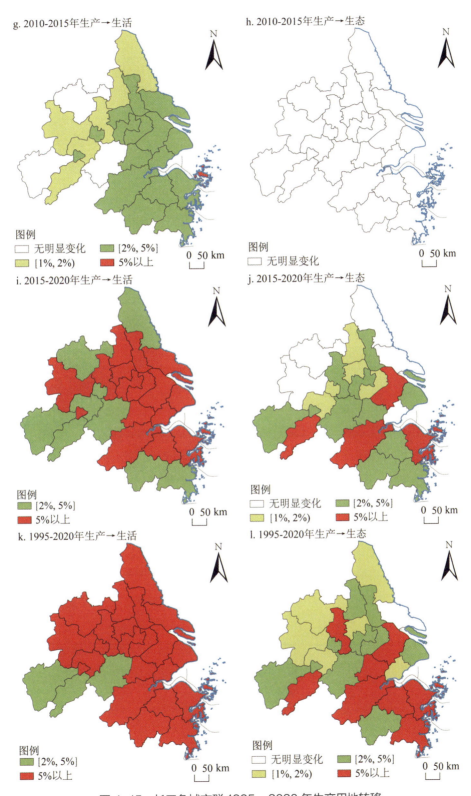

图 4-15　长三角城市群 1995—2020 年生产用地转移

显的城市有上海、苏州、无锡、镇江、南京，其次是嘉兴、杭州、湖州、黄山、马鞍山、合肥等；而生产用地向生态用地转化不明显。2010—2015年，江苏省、浙江省的绝大多数城市及安徽省的部分城市，其生产用地向生活用地发生了转变；生产用地向生态用地转变不明显。2015—2020年，江苏省绝大多数城市的生产用地向生活用地转变十分明显（转化率达5%及以上），安徽省及浙江省生产用地向生活用地转变较为明显（转化率在2%~5%）；生产用地向生态用地转化最明显的城市有杭州、衢州、丽水、温州、宁波、苏州，安徽偏北城市和江苏偏北地区生产用地向生态用地转变不明显。

（2）生活用地：根据图4-16所示，整体上来看1995—2000年、2000—2005年、2005—2010年、2010—2015年这四个时间段内，长三角城市群的生活用地基本没有发生变化，生活用地与生产用地、生态用地的转化不明显。2015—2020年是长三角城市群生活用地转变最明显的时期，在此时间段内，长三角城市群几乎所有省市的生活用地都明显地转变为生产用地，连云港、盐城、丽水三个城市的生活用地转化为生态用地的情况也较为明显。

（3）生态用地：根据图4-17所示，整体上来看，1995—2020年，长三角城市群生态用地转为生产用地最为明显的城市主要包括盐城、南通、上海、徐州、亳州、阜阳；生态用地转为生活用地最为明显的城市包括淮北、徐州、连云港、南通、上海、嘉兴、镇江、南京、铜陵。1995—2000年，长三角城市群生态用地转为生产用地最典型的城市代表为江苏省的盐城，变化十分明显；生态用地转为生活用地较为明显的是盐城和镇江。变化率在5%以上，其次是无锡、苏州、上海、徐州、南京，变化率在2%~5%。2000—2005年，生态用地转为生产用地最明显的是亳州，其次是盐城、南通、上海、嘉兴及南京；生态用地转为生活用地较为明显的城市有两个，分别是上海、嘉兴。2005—2010年，生态用地转化为生产用地不明显，少数几个城市的生态用地转化为生活用地，包括上海、南京及铜陵。2010—2015年，生态用地变化仍然较小，小部分生态用地转化为生产用地，如盐城、南通、淮南；还有部分生态用地转化为生活用地，较为明显的城市是淮北，其次为宿州、盐城、上海、嘉兴、淮南等。2015—2020年是研究期内长三角城市群生态用地变化最明显的阶段，生态用地转为生产用地最明显的城市为盐城、上海、嘉兴、亳州，同时长三角其余城市均发生了较小的变化；生态用地转为生活用地最明显的城市为南通、上海与徐州，其次是淮北、连云港、盐城、苏州、嘉兴、湖州等。

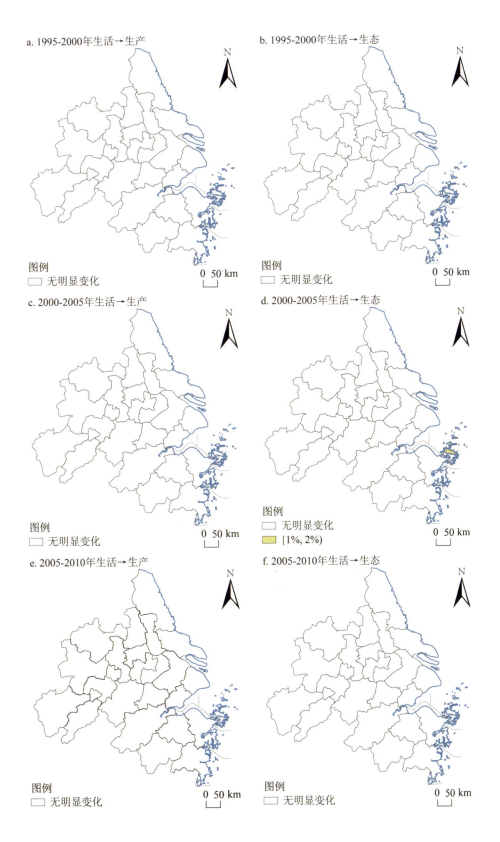

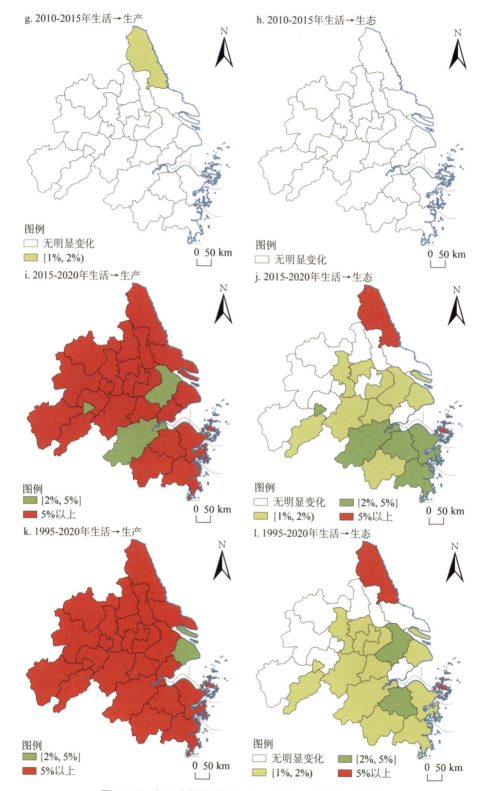

图 4-16　长三角城市群 1995—2020 年生活用地转移

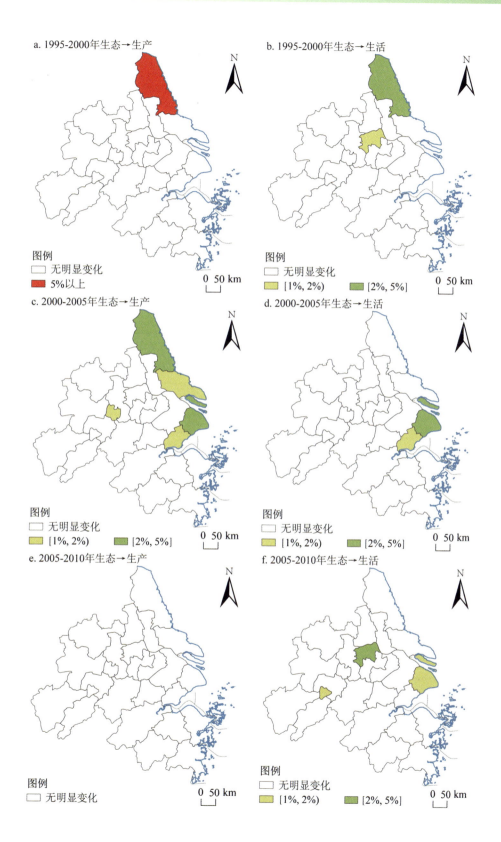

全域旅游视野下长江旅游带生态安全格局构建研究

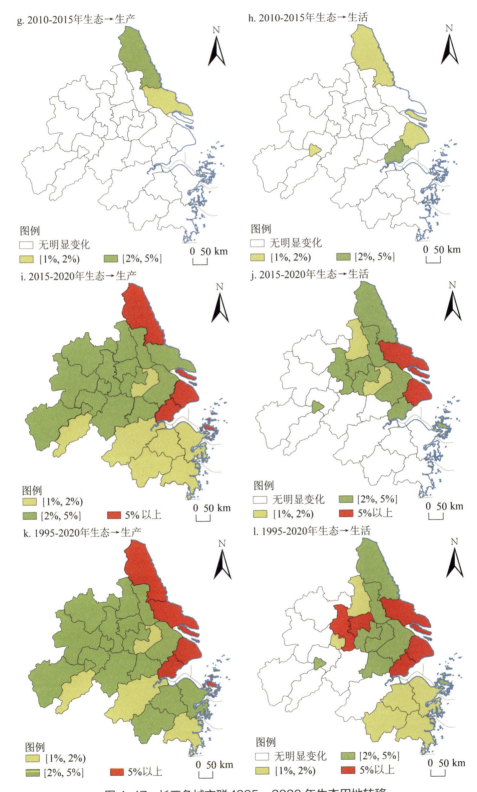

图 4-17　长三角城市群 1995—2020 年生态用地转移

三、长江中游城市群土地利用时空演变

根据《长江中游城市群发展规划》，长江中游城市群是以武汉城市圈、环长株潭城市群、环鄱阳湖城市群为主体形成的特大型城市群。长江中游城市群位于我国的中部地区，是长江经济带的重要组成部分，具有承东启西、连南接北的重要作用。同时，长江中游城市群也是落实中部地区崛起战略、全面深化改革和推动城镇化深入发展的关键地区。随着长江中游城市群的日益崛起，现代化引致土地利用结构、数量发生变化，人地矛盾升级。因此，厘清长江中游城市群地区土地利用类型的变化，不仅对该地区高质量发展具有重要意义，还对我国国土空间优化及资源集约高效利用大有裨益。

（一）长江中游城市群土地利用数量变化

1. 土地利用数量的时间演变

在长江中游城市群城镇化的快速发展进程中，区域城市的土地利用结构也有所变化。为进一步全面反映长江中游城市群的土地利用变化特征，本书将分别从生产用地、生活用地、生态用地三个方面分析地区土地数量变化的时间特征。1995 年—2020 年长江中游城市群各类型土地的面积以及所占比例可见表 4-8，长江中游城市群各个土地类型在某一时期利用的变动情况可见表 4-9。综合长江中游城市群整体和各省市地区的各类型土地利用的空间分布，可以发现在区域城市化、工业化快速发展的这 25 年，长江中游城市群的生产用地、生活用地、生态用地均发生了不同程度的变化，且各类型土地在利用数量、结构以及变动情况方面均呈现一定规律。长江中游城市群的各类土地占比按照从大到小排序为：生态用地、生产用地、生活用地。其中，耕地、城乡建设用地、林地、草地的变化幅度较大。其变化在规律上主要表现为建设用地的增长，农业生产用地和生态用地的减少，由此可推测这是生活用地急速扩张而导致耕地、林地等土地被占用的结果。从时间演变的视角分析，结合图 4-18，得出的具体变化情况如下。

（1）生产用地：其面积占地区总面积的第二，以耕地为主，其面积占比保持在 37% 左右，但生产用地仍显现出不断减少的趋势。1995—2020 年，耕地变化速率较大，耕地面积由 37.87% 减少到 36.42%，减少 1.45%，共计减少了 5038.48 km² 的耕地面积。其中，长江中游城市群的生产用地在 2010—2015 年的减少速度最快，降速达 0.29%，说明在这段时间中，长江中游城市群的城市化进程变快，对生产用地的空间挤压较大。

（2）生活用地：以城乡建设用地为主，相比于生产用地、生态用地，其占比最小。但生活用地的变化幅度最大，并呈现出连年增长的趋势，1995—2020 年的 5 个时间段内，城乡建设用地面积占比分别为：2.63%、2.69%、2.97%、3.15%、3.91%、4.50%，占比逐年增长了 1.87%，共计增长了 6522.53 km² 的生活用地面积，属于面积

表 4-8 长江中游城市群 1995—2020 年土地利用类型面积

土地利用类型	1995 年		2000 年		2005 年		2010 年		2015 年		2020 年	
	面积（km²）	比例（%）	面积（km²）	比例（%）	面积（km²）	比例（%）	面积（km²）	比例（%）	面积（km²）	比例（%）	面积（km²）	比例（%）
耕地	132034.33	37.87	131928.48	37.83	130587.70	37.45	130011.64	37.29	128126.21	36.74	126995.85	36.42
城乡建设用地	9165.78	2.63	9388.57	2.69	10353.93	2.97	10977.66	3.15	13651.21	3.91	15688.31	4.50
草地	9276.73	2.66	9306.05	2.67	9173.25	2.63	8970.57	2.57	9148.66	2.62	8929.70	2.56
水域	22339.36	6.41	22332.47	6.40	23302.84	6.68	23324.72	6.69	23488.63	6.74	23409.07	6.71
林地	173877.09	49.86	173665.49	49.80	173540.32	49.77	173541.70	49.77	172505.82	49.47	171792.48	49.27
未利用土地	2002.40	0.57	2074.63	0.59	1737.65	0.50	1869.41	0.54	1775.16	0.51	1877.63	0.54
海洋	0.00	0.00	0.00	0.00	0.00	0.00	0.00	0.00	0.00	0.00	0.00	0.00

注：由于四舍五入的小数处理问题，比例总和可能存在 ±0.1% 的误差。

增长最大的用地类型。由此可知，近年来，生产用地、生态用地逐渐向生活用地转变。且其在 2010—2015 年增速最快，速率达 4.87%。

（3）生态用地：以林地为代表的生态用地占比最大，面积占比达土地总面积的 49.66%，其余生态用地所占的比例为 9.97%。但近 25 年来，生态用地面积呈现出不断减少的趋势。其中，林地的减速较大，占比由 1995 年的 49.86% 下降至 2020 年的 49.27%，下降了 0.59%，减少了 2084.61 km² 的面积。草地面积虽然变化较为平缓，但其面积占比同样呈现出减少的特点，从 1995 年的 2.66% 下降至 2020 年的 2.56%，面积减少了 347.03 km²。未利用土地、水域等生态用地则变化不大，且呈现不规律的变化趋势。总体来看，生态用地占比整体上减少了 0.43%，进一步证实了长江中游城市群的生态用地面积减少的论证。以林地和草地为代表，其中林地在 2010—2015 年减速最快，达到 0.12%，草地在 2015—2020 年减速最快，达到 0.48%。

根据得出的结论，进一步分析发现：在 2010—2015 年和 2015—2020 年这两个时间段中，地区的生产、生活、生态土地动态度变化最为显著。生产用地和生态用地变化呈负向变化，生活用地则始终保持正向增长态势，但近些年来增长速度变缓。这说明，长江中游城市群的城镇化从刚开始的快速发展，到现如今发展态势逐渐稳定，也反映出地区城市发展逐渐向高质量发展转变，发展态势良好，发展潜力大。除此之外，根据地区的生活用地在各土地利用类型中的占比可知，长三角城市群的城乡建筑用地于 2000—2010 年增长最快，而长江中游城市群的城乡建筑用地则于 2010—2015 年增长最快。由此可知，相比于长三角城市群，长江中游城市群的城市化现代化进程要晚 5~10 年的时间，说明长江中游城市群的发展空间较大，未来将充分利用区域资源，进一步发展区域经济，促进地区城市化工业化发展。

表 4-9 长江中游城市群各土地利用类型单一动态度（%）

区间	类型	1995—2000年	2000—2005年	2005—2010年	2010—2015年	2015—2020年	1995—2020年
生产用地	耕地	−0.02	−0.20	−0.09	−0.29	−0.18	−0.15
生活用地	城乡建设用地	0.49	2.06	1.20	4.87	2.98	2.85
生态用地	草地	0.06	−0.29	−0.44	0.40	−0.48	−0.15
	水域	−0.01	0.87	0.02	0.14	−0.07	0.19
	林地	−0.02	−0.01	0.00	−0.12	−0.08	−0.05
	未利用土地	0.72	−3.25	1.52	−1.01	1.15	−0.25
	海洋	0.00	0.00	0.00	0.00	0.00	0.00

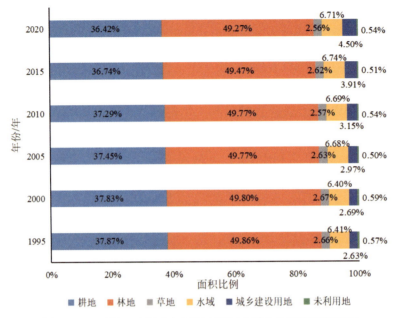

图 4-18　1995—2020 年长江中游城市群土地利用面积演变

2. 土地利用数量的空间演变

长江中游城市群各个地区和城市 1995—2020 年的各类土地利用情况,具体可见图 4-19 至图 4-22。通过图表可知,在研究年限的 25 年里,本书将对长江中游城市群各类型土地利用的转移情况进行梳理总结。长江中游城市群的各类型土地的面积占比在整体结构上保持着较高的稳定性,面积占比始终是生态用地>生产用地>生活用地。下面将进一步从空间分布的视角探究长江中游城市群各类型土地的利用情况。

(1)生产用地:根据图 4-20 可知,在长江中游城市群的土地利用中,生产用地面积占比第二,以农业耕地为代表,主要聚集在长江以北的西北地区和沿岸地区,包括荆州、岳阳、襄阳等城市,近二十多年来,生产用地面积占比在总体上呈现逐年减少的态势。其中,仙桃市、鄂州市城市耕地面积整体减少了 10%~20%,其余城市的耕地面积则普遍减少了近 10% 的面积。

(2)生活用地:根据图 4-21 可知,以城乡建设用地为主的生活用地占比最少,但呈现出逐年增长态势。其多集中于经济基础较好的北部和中部的城市地区,且多沿河、湖等水域分布,如武汉、长沙、衡阳、南昌等城市,并且以这些经济较为发达的城市为中心,生活用地向周围地区不断扩张。

(3)生态用地:根据图 4-22 可知,生态用地在长江中游城市群的土地利用中占地最大,以林地为代表,其多集中于长江以南的地区,主要有宜春、吉安、怀化、赣

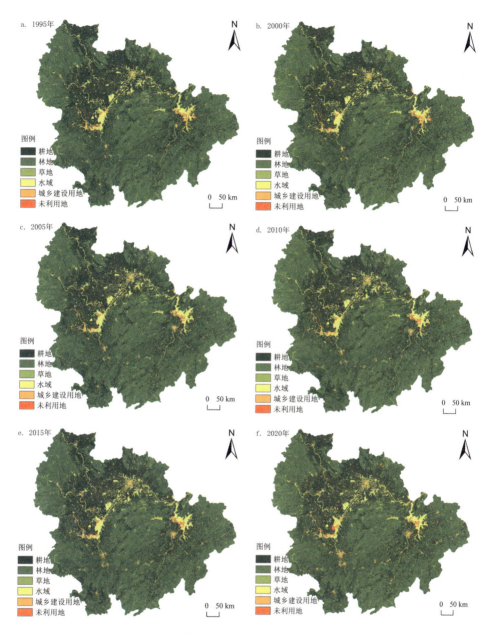

图 4-19　长江中游城市群 1995—2020 年土地利用类型结构

州等城市。近年来，虽然部分城镇化基础较好的城市，如湖南省的常德市，湖北省的荆州市、天门市、潜江市、孝感市、鄂州市等地区的生态用地面积有所增加，增长比例普遍在 1%~10%，但总体而言，长江中游城市群的生态用地总面积仍然不断减少，尤其以岳阳市、长沙市、益阳市、宜春市、南昌市、上饶市等城市为典型，普遍减少1%~10%。由此可知，距离地区绿色高质量发展的目标仍有距离，长江中游城市群的环境治理仍需较大努力。

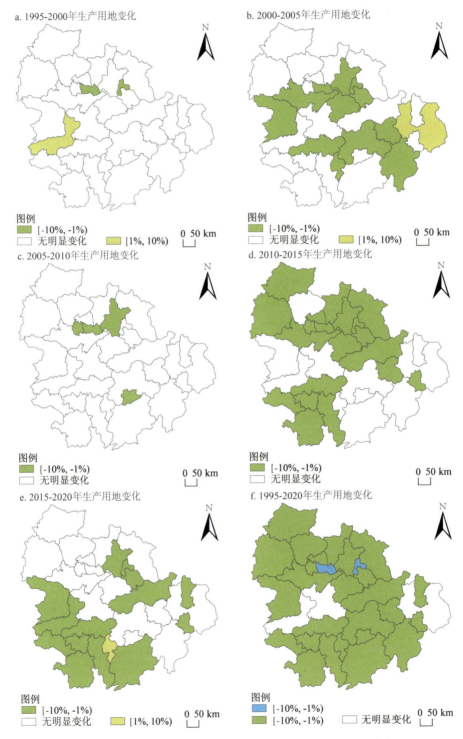

图 4-20　1995—2020 年长江中游城市群生产用地面积演变

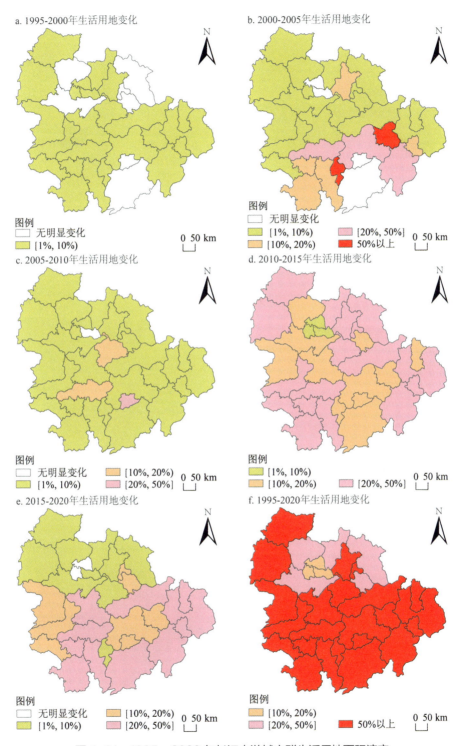

图 4-21　1995—2020 年长江中游城市群生活用地面积演变

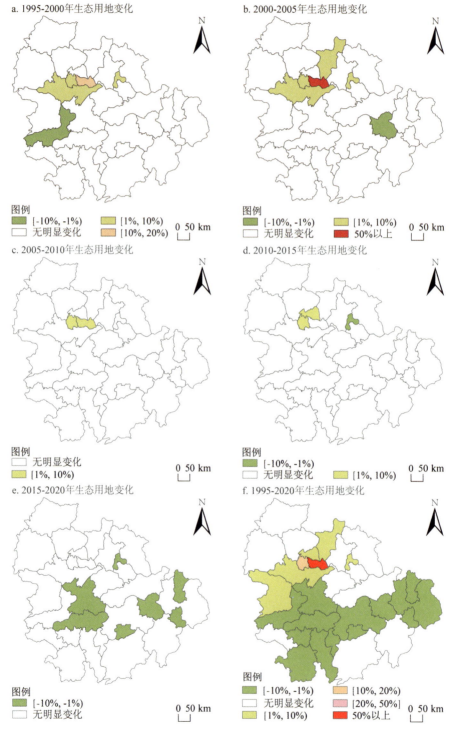

图 4-22　1995—2020 年长江中游城市群生态用地面积演变

根据所得的结论进一步分析可知，从分布情况来看，长江中游城市群主要以耕地、林地、水域和城乡建设用地为主，而草地、未利用地面积相对较小。其中，耕地集中分布在沿河靠湖的平原地区，如江汉平原、洞庭湖平原以及环鄱阳湖平原地区；林地则多分布在城市群的外围；水域则主要分布在洞庭湖、鄱阳湖等湖泊水系；城乡建设用地则多汇集在城市地区，并且随着城镇化发展，呈现出以武汉市、南昌市、长沙市为中心的集聚发展趋势。也就是说，以武汉市、长沙市、南昌市等经济基础较好的城市为中心，并且这些城市因城镇化基础好，而具有一定的辐射能力，生活用地向城市周边地区不断扩张。从分布形状来看，生活用地大多呈现块状分布，少部分沿河地区，如岳阳、益阳、宜昌等城市则具有线状分布的特点。还有部分南部地区因生活用地分布较为零散，而呈现点状分布，如衡阳市、宜春市、抚州市等城市，这也体现这些地区带动周边发展的能力相对不足。从不同地区的城镇化水平来看，长江中游城市群山林地区的城镇化水平明显低于平原地区，即城镇化水平以武汉市、长沙市、南昌市和宜昌市等地级市为核心向周边地区逐渐减弱。由此说明，区域的城镇化发展与地形密切相关，南部地区因为地理环境的限制，能够进行开发利用的土地面积较少，所以其城镇化进度相对落后，土地利用的程度相对偏低。但沿河和沿湖分布的城市如岳阳、常德、景德镇、荆州等，平原面积较多，可用于生活、生产活动的土地面积大，土地开发潜力也相对较高。从空间区位的角度来看，长江中游城市群城市化的扩张方向不仅受到地形的影响，同时还会受到社会区位的影响，并且，社会区位的影响程度总体高于自然区位。通常来说，城市经济基础好、人口密度大、交通便利的区域的城市化水平越高，如区域西北、中部、东北和东部地区的部分城市，如宜昌市、景德镇市、宜春市等城市。从土地利用转移情况来看，以城乡建设用地为代表的生活用地增加面积最大，以耕地为主的生产用地是其主要的转化来源。生态用地作为生活用地的第二转化来源，其内部也在进行转换：林地大多转换为城乡建设用地；草地除了转换为耕地，还转换为了林地；水域则主要转换为城乡建设用地；未利用土地则大多转为农耕地和城乡建设用地。

根据以上研究总结得出，从1995—2020年的25年里，在城镇化快速发展的背景下，长江中游城市群围林、围湖建地的需求日益旺盛，该地区的林地、水域面积等生态用地不断减少，生活用地面积则快速增加。以经济发达城市为中心，城乡建设用地向周围地区不断拓展，但增加情况仍然不够显著。这说明目前长江中游地区城市化的发展动力仍然不足，城市化的发展水平不够均衡，城市化的发展空间和潜力较大。除此之外，在城镇化发展的过程中，长江中游城市群仍需坚守生态、生产用地红线，明白"经济发展不能以牺牲生态环境为代价"的原则，加强对区域内生态资源的保护，提高区域的土地利用效率，以此构建绿色、高质量的生态安全格局。为此，长江中游城市群土地利用需要进一步加强生态文明建设，持续加大区域的生态环境保护力度，并加强地方相关法律法规的完善，强化相关主体的监管职责，促进生态、社会、经济三者的协调健康发展。

（二）长江中游城市群土地利用结构变化

长江中游城市群以武汉、长沙、南昌三个核心城市为中心，辐射范围涵盖湖北、湖南、江西三个省份，中游城市群是武汉都市圈、长沙都市圈、南昌都市圈的集聚体。将长江中游城市群 1995—2020 年共 25 年的土地利用情况的相关数据进行收集、整理，时间上以 5 年为一个间隔期进行统计分析，空间上从生产用地、生活用地、生态用地变化顺序罗列。

1. 土地利用结构的时间演变

从时间节点来看，整体而言，如表 4-10 所示，1995—2020 年，长江中游城市群生产用地、生活用地、生态用地三者均发生两两之间的转化，三者转入总用地的变动比例分别为 12.49%、5.04%、7.97%，转出总用地的变动比例分别为：9.17%、12.07%、4.26%。长江中游城市群土地利用类型转化的情况集中出现在 2015—2020 年，长三角城市群城镇化发展迅速，这与居民对物质生活环境要求不断提高有关。一方面，人们要求更好的生活环境，对生活环境要求的提高也将不断增大对生活用地的需求，同时更好的生活环境要求一定的工厂数量，避免出现较多的污染；另一方面，长江中游城市群经济迅速发展的同时，也会致使在该区域办厂成本的提高，迫使某些生产用地的减少。

表 4-10　长江中游城市群 1995—2020 年三生用地类型转移矩阵

年份	三生用地	生态用地		生活用地		生产用地		转出总用地	
		面积（km²）	变动比例（%）	面积（km²）	变动比例（%）	面积（km²）	变动比例（%）	面积（km²）	变动比例（%）
1995—2000	生态用地	—	—	67.25	0.03	468.02	0.23	535.27	0.26
	生活用地	0.99	0.01	—	—	0.01	0.00	1.00	0.01
	生产用地	417.34	0.32	156.54	0.12	—	—	573.88	0.44
	转入总用地	418.33	0.33	223.79	0.15	468.03	0.23		
2000—2005	生态用地			307.49	0.15	258.66	0.12	566.15	0.27
	生活用地	18.91	0.20			4.17	0.04	23.08	0.24
	生产用地	922.65	0.70	680.96	0.52			1603.61	1.22
	转入总用地	941.56	0.90	988.45	0.67	262.83	0.16		

续表

年份	三生用地	生态用地		生活用地		生产用地		转出总用地	
		面积（km²）	变动比例（%）	面积（km²）	变动比例（%）	面积（km²）	变动比例（%）	面积（km²）	变动比例（%）
2005—2010	生态用地	—	—	199.42	0.10	97.22	0.05	296.64	0.15
	生活用地	4.10	0.04	—	—	1.51	0.01	5.61	0.05
	生产用地	244.89	0.19	429.92	0.33	—	—	674.81	0.52
	转入总用地	248.99	0.23	629.34	0.43	98.73	0.06		
2010—2015	生态用地	—	—	1008.28	0.49	46.70	0.02	1054.98	0.51
	生活用地	10.86	0.10	—	—	0.03	0.00	10.89	0.10
	生产用地	256.00	0.20	1676.17	1.29	—	—	1932.17	1.49
	转入总用地	266.86	0.30	2684.45	1.78	46.73	0.02		
2015—2020	生态用地	—	—	1233.27	0.60	5634.58	2.72	6867.85	3.32
	生活用地	373.90	2.74	—	—	1186.88	8.69	1560.78	11.43
	生产用地	5586.53	4.36	2364.67	1.85	—	—	7951.20	6.21
	转入总用地	5960.43	7.10	3597.94	2.45	6821.46	11.41		
1995—2020	生态用地	—	—	2644.80	1.27	6199.48	2.99	8844.28	4.26
	生活用地	235.83	2.57	—	—	870.45	9.50	1106.28	12.07
	生产用地	7123.72	5.40	4984.07	3.77	—	—	12107.79	9.17
	转入总用地	7359.55	7.97	7628.87	5.04	7069.93	12.49		

注：由于四舍五入的小数处理问题，比例总和可能存在 ±0.1% 的误差。

（1）生产用地：1995—2020 年，长江中游城市群生产用地转为生态用地 7123.72 km²，生产用地转为生活用地 4984.07 km²，生产用地转出总用地 12107.79 km²，生产用地转入总用地 7069.93 km²。长江中游城市群的生产用地是三种土地利用类型中转出量最多的，生产用地转出量约为转入量的两倍，这表明长江中游城市群大量的生产用地转为生态用地和生活用地。从生产用地的转出来看，生产用地向生活用地的转变在各个时间段内均有发生并逐年增加，且在 2010—2015 年与 2015—2020 年较为明显；而生产用地向生态用地的转变则随着时间表现出"不规则"变化，1995—2010 年，均出现较少、较不明显的生产用地向生态用地的转化，而二者在 2010—2015 年也没有出现较为明显的转变，但 2015—2020 年生产用地较多且较明显地转变为生态用地，且长江中游城市群的南部出现较多的转化十分明显的城市。在生产用地的转入方面，1995—2015 年生态用地、生活用地转为生产用地的情况均不明显，但相对而言，2015—2020年生活用地向生产用地转化更加明显。

（2）生活用地：长江中游城市群生活用地转为生态用地235.83 km²，生活用地转为生产用地870.45 km²，生活用地转出总用地1106.28 km²，生活用地转入总用地7628.87 km²；整体来看，1995—2020年，长江中游城市群生活用地总量呈现较大幅度的增加，转入总用地将近转出总用地的7倍。在生活用地的转出方面，无论是生活用地向生产用地转化，还是生活用地向生态用地转化，生活用地的转出量都较小。1995—2015年，生活用地几乎没有发生转出，2015—2020年，生活用地向生产用地和生态用地转出量较多，土地利用类型变化较为明显，且较于生活用地向生态用地的转化来说，生活用地向生产用地的转化数量更多，转化情况更加明显。在生活用地的转入方面，1995—2020年，长江中游城市群出现了生态用地向生活用地转变的情况，但这一转变并不十分明显。相比之下，生产用地自1995年起逐步向生活用地转变，尽管规模在部分阶段有所波动，整体上仍呈现出显著的增长趋势。特别是在2010—2015年和2015—2020年，长江中游城市群内土地利用类型转变尤为显著，部分城市的转型过程十分突出。

（3）生态用地：1995—2020年，长江中游城市群生态用地转为生活用地2644.80 km²，生态用地转为生产用地6199.48 km²，转出总用地8844.28 km²，转入总用地7359.55 km²，转入总用地小于转出总用地，说明在1995—2020年，总体上长江中游城市群的生态用地总量呈现减少的趋势。在生态用地的转出方面，生态用地向生产用地的转变与生态用地向生活用地的转变都不是特别明显，且生态用地向其他两类土地的转变集中发生在2015—2020年。但相较于生态用地向生活用地的转变，生态用地向生产用地的转变数量更多、转换情况更加明显，同时出现生态用地向生产用地转换十分明显的城市。在生态用地的转入方面，2015—2020年，长江中游城市群出现较为明显的生活用地向生态用地的转变，其他年份几乎没有生活用地转变生态用地的情况；而生产用地向生态用地的转化情况出现较早，自1995年以来，除2010—2015年外，1995—2000年、2000—2005年、2005—2010年、2015—2020年每个时间段内均有生产用地向生态用地转变的情况发生，并整体上呈现出转化规模逐步增多的趋势。总体来说，研究期内，长江中游城市群的生态用地与生活用地更多地表现为生态用地向生活用地的"单向"转化，生态用地与生产用地则更多地表现为"双向"的交换。

2. 土地利用结构的空间演变

从空间土地利用演变结果来看，1995—2020年，长江中游城市群的生态用地、生活用地、生产用地均发生了变化，其中生产用地、生活用地之间的相互转化结果最明显。

（1）生产用地：根据图4-23所示，整体上来看，1995—2020年，长江中游城市群生产用地发生了较为明显的变化。从生产用地向生活用地的转化来看，生产用地向生活用地转变十分明显的城市包括武汉、鄂州、黄石、南昌、鹰潭、新余、萍乡、长沙，此外，其他城市也都发生了较为明显的生产用地向生活用地转化的情况。从生产用地向生态用地的转化来看，长江中游城市群超过2/3的城市生产用地向生态用地的转化十分明显（5%及以上），剩余城市的生产用地向生态用地的转化也较为明显。1995—2000年，长江中游城市群没有生产用地向生活用地转化较为明显的城市；除鄂州、仙桃外，中游城市群也没有生产用地向生态用地转化较为明显的城市。2000—2005年，生产用地向生活用地转化较为明显的城市包括：武汉、南昌、宜春、萍乡、长沙；生产用地向生态用地转化较为明显的城市有武汉、鄂州、仙桃、荆州、南昌、恩施及神农架林区。2005—2010年，生产用地向生活用地转变较为明显的城市仅包括武汉与新余两个城市，生产用地向生态用地转变较为明显的城市仅有仙桃一个城市。2010—2015年，生产用地向生活用地转化较为明显的城市增多，其中，鄂州转变最为明显，其次，武汉、长沙及湖北偏东北地区的城市生产用地向生活用地的转化也较为明显；该时间段内，没有城市出现明显的生产用地向生态用地的转化。2015—2020年，长沙的生产用地向生活用地的转化十分明显，其余城市如江西全省、湖南全省（除张家界外）及湖北偏东南的地区，均出现生产用地向生活用地较为明显的转化；在生产用地向生态用地的转化上，除天门、潜江外，长江中游城市群其他所有城市均出现较为明显的转变。

　　（2）生活用地：根据图4-24所示，从整体上看，1995—2020年，从生活用地向生产用地的转化来看，长江中游城市群大部分城市的生活用地向生产用地转变十分明显；从生活用地向生态用地的转化来看，长江中游城市群生活用地向生态用地转化最明显的城市包括南昌、长沙、益阳、常德、吉首、怀化，主要集中在湖南省西部城市，此外，除襄阳、孝感、天门、潜江、仙桃外，长江中游城市群其他城市的生活用地向生态用地的转化也较为明显。1995—2000年、2005—2010年，这两个时间段内，长江中游城市群生活用地没有出现明显地向生产用地、生态用地转化的情况。2000—2005年，中游城市群的生活用地没有明显地向生产用地转变；除宜昌与恩施外，生活用地也没有明显地向生态用地转变。2010—2015年，中游城市群没有发生生活用地明显地向生产用地转变的情况，除怀化外，其他城市的生活用地没有明显地向生态用地转变。2015—2020年是长江中游城市群生活用地与生产用地、生态用地转化较为明显的阶段，除神农架林区外，所有城市均呈现出生活用地向生产用地明显的转变；除孝感、天门、潜江、仙桃外，其他所有城市均呈现出生活用地向生态用地较为明显的转化。

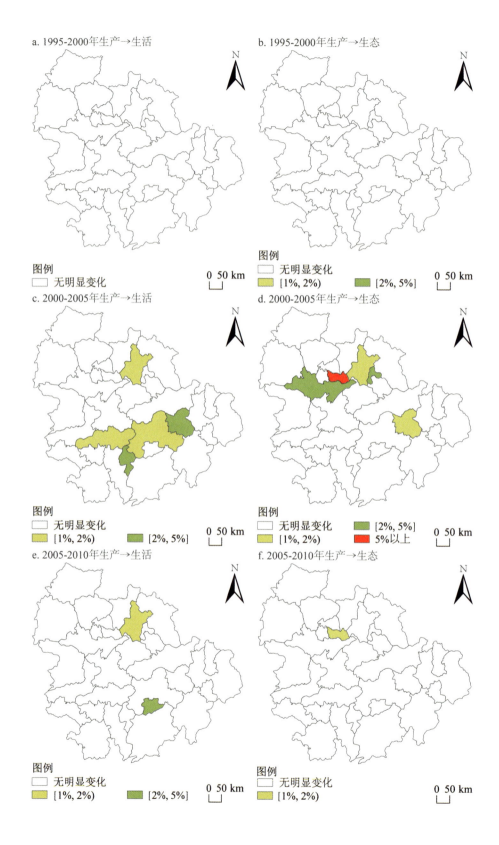

a. 1995-2000年生产→生活

b. 1995-2000年生产→生态

图例
无明显变化

图例
无明显变化 [1%, 2%) [2%, 5%]

0 50 km

c. 2000-2005年生产→生活

d. 2000-2005年生产→生态

图例
无明显变化 [1%, 2%) [2%, 5%]

图例
无明显变化 [2%, 5%] [1%, 2%) 5%以上

0 50 km

e. 2005-2010年生产→生活

f. 2005-2010年生产→生态

图例
无明显变化 [1%, 2%) [2%, 5%]

图例
无明显变化 [1%, 2%)

0 50 km

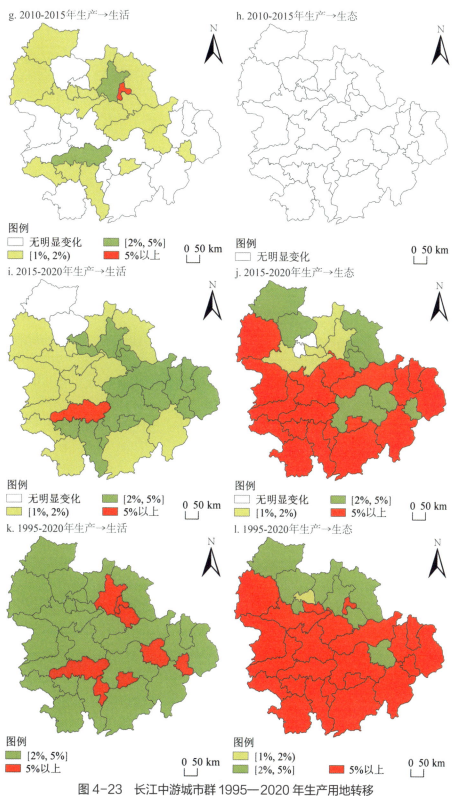

图 4-23　长江中游城市群 1995—2020 年生产用地转移

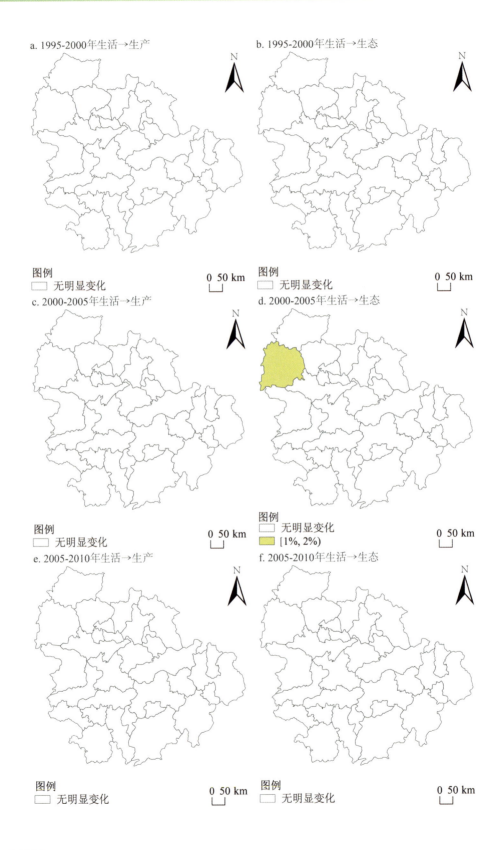

a. 1995-2000年生活→生产

图例
□ 无明显变化

0 50 km

b. 1995-2000年生活→生态

图例
□ 无明显变化

0 50 km

c. 2000-2005年生活→生产

图例
□ 无明显变化

0 50 km

d. 2000-2005年生活→生态

图例
□ 无明显变化
▨ [1%, 2%)

0 50 km

e. 2005-2010年生活→生产

图例
□ 无明显变化

0 50 km

f. 2005-2010年生活→生态

图例
□ 无明显变化

0 50 km

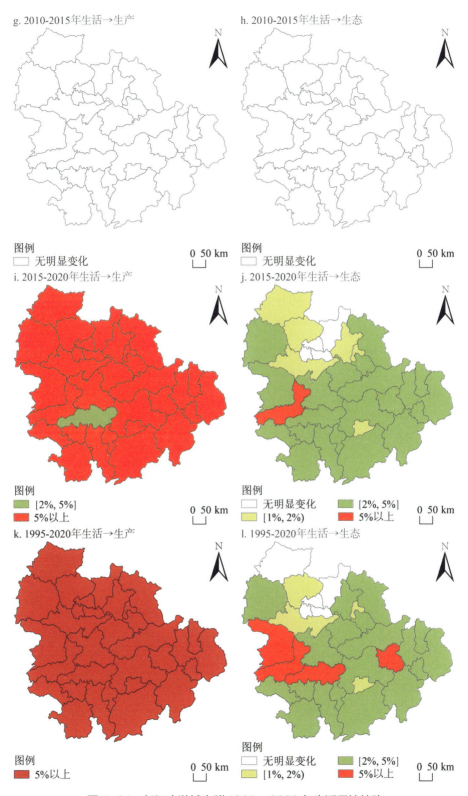

图 4-24　长江中游城市群 1995—2020 年生活用地转移

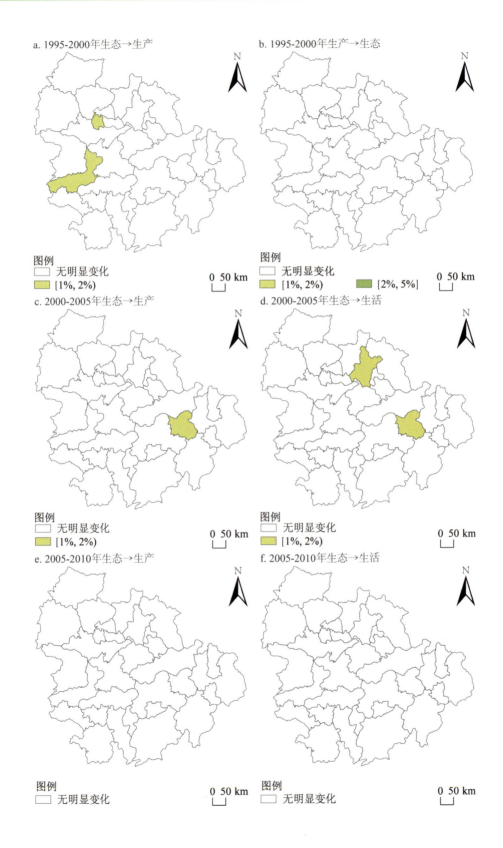

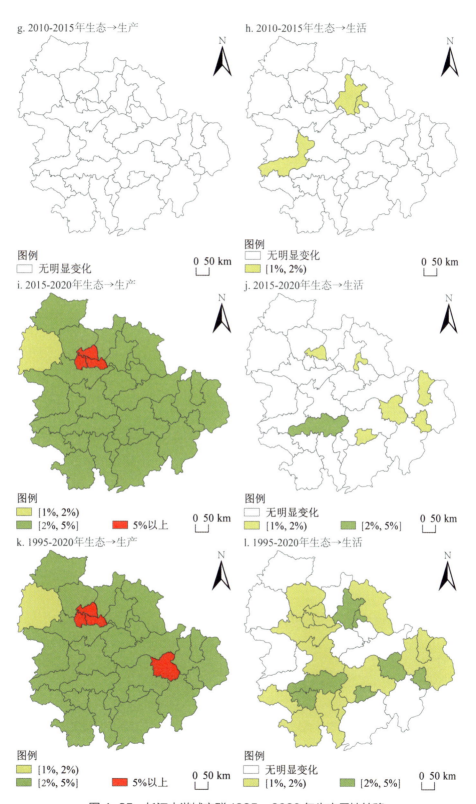

图 4-25　长江中游城市群 1995—2020 年生态用地转移

（3）生态用地：根据图 4-25 所示，整体上来看，1995—2020 年，长江中游城市群生态用地转为生产用地最为明显的城市主要包括南昌、天门、潜江、仙桃，同时湖南、湖北、江西的其他城市也均发生了较为明显的生态用地转为生产用地的情况；生态用地转为生活用地较为明显的城市包括武汉、南昌、鹰潭、新余，部分湖南东部城市及湖北东南部城市也发生了生态用地向生活用地的转变。1995—2000 年，长江中游城市群生态用地向其他用地的转变并不明显，少数城市如益阳、潜江出现生态用地向生产用地转化的情况；没有出现生态用地向生活用地的转化。2000—2005 年，长江中游城市带仅有南昌的生态用地向生产用地转化，南昌与武汉的生态用地较为明显在向生活用地转变。2005—2010 年，长江中游城市群生态用地向其他用地的转变不明显。2010—2015 年，生态用地向生产用地转变不明显；仅武汉与长沙的生态用地向生活用地发生较为明显的转化。2015—2020 年是长江中游城市群的生态用地向生产用地转化的主要时期，其中，以南昌、天门、潜江的变化最为明显，同时，湖北、湖南、江西其他城市的生态用地也出现较为明显的转化；而生态用地向生活用地的转化不是很明显，除去少部分城市如长沙、南昌、鹰潭、新余、鄂州、黄石、天门、潜江、仙桃外，大部分城市没有出现明显的生态用地向生活用地转化的情况。

四、成渝城市群土地利用时空演变

成渝城市群地处四川盆地，以成都、重庆为核心，包括四川省的 15 个地级市和重庆市的 29 个区县，是中西部经济发展的战略高地，同时也是国家积极推进的新型城镇化重要示范区。成渝城市群作为国家"十四五"规划重点鼓励的发展对象，城市化和工业化进程不断加快，人们对土地的需求日益增加，人地矛盾也逐渐突出。土地利用作为城市变化发展的重要组成部分，了解该地区各土地的利用数量、结构以及变动情况，能够更好地协调经济、社会、生态的发展，促进地区高质量发展，缩小区域发展差距。

（一）成渝城市群土地利用数量变化

1. 土地利用数量的时间演变

在成渝城市群新型城市化的快速发展进程中，区域城市的土地利用结构也在不断变化。为了全面反映成渝城市群土地利用变化特征，本书分别从生产用地、生活用地、生态用地三个方面分析土地数量变化的时间特征。成渝城市群各类型土地的面积以及所占比例具体可见表 4-11，成渝城市群各类型土地在某一时期的变动情况则可见表 4-12。综合成渝城市群整体和各个城市地区的不同类型土地利用的空间分布情况可知，各类型土地的面积占比由高到低依次是生产用地、生态用地和生活用地。同

表4-11　成渝城市群1995—2000年土地利用类型面积

土地利用类型	1995年 面积（km²）	1995年 比例（%）	2000年 面积（km²）	2000年 比例（%）	2005年 面积（km²）	2005年 比例（%）	2010年 面积（km²）	2010年 比例（%）	2015年 面积（km²）	2015年 比例（%）	2020年 面积（km²）	2020年 比例（%）
耕地	131200.26	55.03	130963.64	54.93	129865.91	54.47	129113.89	54.16	127706.61	53.57	127130.44	53.33
城乡建设用地	2710.94	1.14	3151.59	1.32	3813.13	1.60	4311.96	1.81	5778.28	2.42	7663.66	3.21
草地	24027.50	10.08	24574.81	10.31	24357.92	10.22	24225.51	10.16	24170.73	10.14	19997.74	8.39
水域	2930.22	1.23	2947.36	1.24	2978.43	1.25	3129.34	1.31	3283.45	1.38	3607.02	1.51
林地	77325.73	32.43	76557.39	32.11	77182.62	32.37	77349.21	32.44	77192.27	32.38	79690.25	33.43
未利用土地	218.24	0.09	218.09	0.09	214.86	0.09	282.97	0.12	281.54	0.12	304.54	0.13
海洋	0.00	0.00	0.00	0.00	0.00	0.00	0.00	0.00	0.00	0.00	0.00	0.00

注：由于四舍五入的小数处理问题，比例总和可能存在±0.1%的误差。

其他城市群的发展类似，成渝城市群的用地类型变化在大趋势上仍然可以表现为生活用地不断增长，生产用地和生态用地减少，究其原因是城乡建设用地的急速扩张导致农用耕地和生态用地不断被挤压。从时间演变的视角分析，结合图 4-26，具体变化情况如下。

表 4-12　成渝城市群各土地利用类型单一动态度（%）

区间	类型	1995—2000年	2000—2005年	2005—2010年	2010—2015年	2015—2020年	1995—2020年
生产用地	耕地	−0.04	−0.17	−0.12	−0.22	−0.09	−0.12
生活用地	城乡建设用地	−0.20	0.16	0.04	−0.04	0.65	0.12
生态用地	草地	0.46	−0.18	−0.11	−0.05	−3.45	−0.67
	水域	0.12	0.21	1.01	0.98	1.97	0.92
	林地	3.25	4.20	2.62	6.80	6.53	7.31
	未利用土地	−0.01	−0.30	6.34	−0.10	1.63	1.58
	海洋	0.00	0.00	0.00	0.00	0.00	0.00

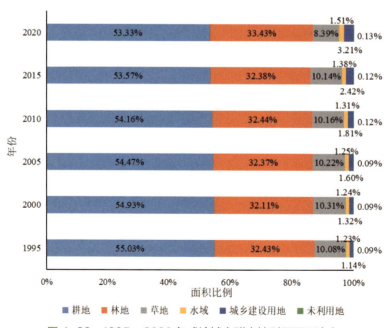

图 4-26　1995—2020 年成渝城市群土地利用面积演变

（1）生产用地：其仍然占据成渝城市群的土地利用类型的主要地位，以耕地为主，耕地的面积占比始终保持在54.25%左右。但生产用地仍显现出不断减少的态势，1995—2020年，耕地的变化速率逐渐变大，且具有面积不断减少的特点，耕地面积占比由55.03%下降到53.33%，下降了1.70%，共计减少了4069.82 km²的耕地面积。其中，成渝城市群的生产用地在2010—2015年下降速度最快，降速达到0.22%，说明在此段时间中，成渝城市群的城镇化速度加快，对生产用地的挤占情况更为严重。

（2）生活用地：以城乡建设用地为主，相比于生产用地、生态用地，其占比最小。但生活用地的变化幅度最为剧烈，并呈现出连年增长的趋势，1995—2020年的五个时间段内，城乡建设用地面积占比分别为1.14%、1.32%、1.60%、1.81%、2.42%、3.21%，占比逐年增长了2.07%，共计增长了4952.72 km²的生活用地面积，属于面积增长最大的用地类型。且其在2010—2015年增速最快，速率达6.80%。

（3）生态用地：1995—2020年，成渝城市群拥有的生态用地总面积呈现出总体下降态势，其平均比例为43.84%，由1995年的43.83%减少至2020年的43.46%，下降0.37%。但近25年来，生态用地面积呈现出不断减少的趋势。其中，草地的减速较快，占比则由1995年的10.08%下降至2020年的8.39%，下降了1.69%，减少了4029.76 km²的面积，且在2015—2020年占比下降速度最快，降速达到3.45%。林地面积虽然在1995—2015年有所下降，但2015—2020年有增长趋势，其面积占比由最初的32.43%上升到33.43%，上升了1%，面积也增加了2364.52 km²。水域则是25年间唯一持续增长的生态用地，其面积占比由1995年的1.23%增长至2020年的1.51%，面积增长了676.80 km²。未利用土地也呈现增长态势，但变化不大。总体来看，长三角城市群生态用地面积呈现出下降态势。

总而言之，1995—2020年，成渝城市群的社会经济不断发展，城市人口数量不断增加，人口聚集度也在不断提升。随着地区新型城镇化的进程加快，成渝城市群的土地利用数量也发生了重要变化，区域土地利用结构也随之发生巨大改变。成渝城市群的生产用地、生活用地、生态用地三者之间不断转变，并且主要以耕地、城乡建设用地以及林地三者之间转换为主。由此可知，在近三十年的发展时间里，成渝城市群的城镇化得到快速发展，相当比例的生态用地因城市化扩张而转为生活用地和生产用地。与此同时，成渝城市群在退耕还林、生态保护工作的实行过程中虽然取得了一定成效，近年来林地和水域面积也有所增加，但生态用地总面积仍在不断减少。由此说明，成渝城市群在环境保护方面的工作仍需努力，要进一步平衡好经济、社会以及生态发展之间的关系，以此促进区域新型城镇化的发展，加强地区绿色高质量全面发展。

2. 土地利用数量的空间演变

成渝城市群各个地区和城市的土地利用情况，如图 4-27 所示。在研究年限的 25 年里，本书将对成渝城市群各类型土地利用的转移情况进行梳理总结。成渝城市群的各类型土地的面积占比在整体结构上保持着较高的稳定性，面积占比始终是生产用地＞生态地态＞生活用地。下面将进一步从空间分布的视角探究成渝城市群各类型土地的利用情况。

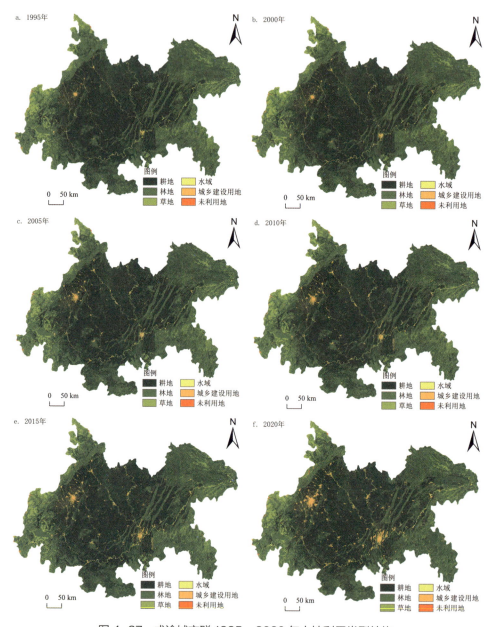

图 4-27　成渝城市群 1995—2020 年土地利用类型结构

（1）生产用地：根据图 4-28 所示，生产用地在成渝城市群的土地利用中面积占比最大，以农耕地为代表，其面积占比在总体上呈现全局减少的态势，且主要分布在长江以北的成都平原，大多属于四川省境内，如眉山市、资阳市、成都市、遂宁市等，还有重庆市西部和西南部的小部分地区。近二十多年来，成都市耕地面积减少最为严重，减少面积达到 10%~20%，其余城市如重庆市、眉山市、德阳市、宜宾市等普遍减少 1%~10% 的耕地面积。还有小部分城市如雅安市和自贡市，耕地面积呈现增长态势，尤其是自贡市，近年来其耕地面积增长了 10%~20%。

（2）生活用地：根据图 4-29 所示，以城乡建设用地为主的生活用地占比最少 t，其面积占比不仅具有逐年增长的态势，还呈现出全域增长的特点。城乡建设用地主要分布在经济基础较好的城市地区以及河流沿岸地区，如成都市、重庆市、乐山市等，以这些城市为核心，生活用地向周围地区不断扩张。

（3）生态用地：根据图 4-30 所示，以林地为代表，其多聚集在长江以南的重庆地区，林地多沿着城市的边远地区分布，且多分布在重庆地区的北部和东南部地区，以及四川省的南部和西部地区，如雅安市、宜宾市、乐山市等。草地则混合着林地、耕地分布在城市的四周。近年来，部分城市生态用地有所增加，如成都市、宜宾市、资阳市、南充市等，特别是资阳市和南充市，其生态用地增加了 10%~20% 的面积。也有不少城市的生态用地面积呈减少态势，如重庆市、自贡市、绵阳市、达州市等，特别是自贡市，生态用地减少了 20%~50% 的面积。由此可知，尽管生态文明建设理念在全国范围内兴起，但成渝城市群的环境治理行动仍须加强。

由此可知，成渝城市群土地利用的空间变化较为显著。高强度的生产经济活动多集中于经济发达、产业基础好、人口密集的成都和重庆，并以此作为"双核"不断向周边地区进行城市化扩张。较高强度以及中等强度的经济活动多分布于中部的平原地区，如乐山、绵阳等城市。而成都以西靠近西藏的城市边缘区则以为林地为主、以经济强度低的生产活动为主，如阿坝藏族羌族自治州和甘孜藏族自治州。总而言之，地区的土地利用情况与人类活动、城市发展情况联系紧密，且具有相互影响的作用。1995—2020 年，在城镇化加速发展的过程中，土地利用发生转变，人类的生产经济活动也随之受到影响。体现人类活动强度的生活用地逐渐增加，并在空间上呈现出"双核圈层模式"的分布特点。同时，城市化的快速推进导致了成渝城市群的"双核核心区"效应增强，表现在重庆、成都的"双核地区"面积不断增大，人类活动强度加大，产业经济效应进一步集聚。在经济发展的同时，成渝城市群的生态用地面积整体减少。近年来，经济基础较好的城市生态用地面积普遍减少。以成都为代表，其生态用地面积减少了 20%~50%。其余城市如重庆、德阳、绵阳、乐山等，生态用地则普遍减少了 10% 左右。由此可知，尽管成渝城市群的水域、林地面积有所增加，但其环境治理效

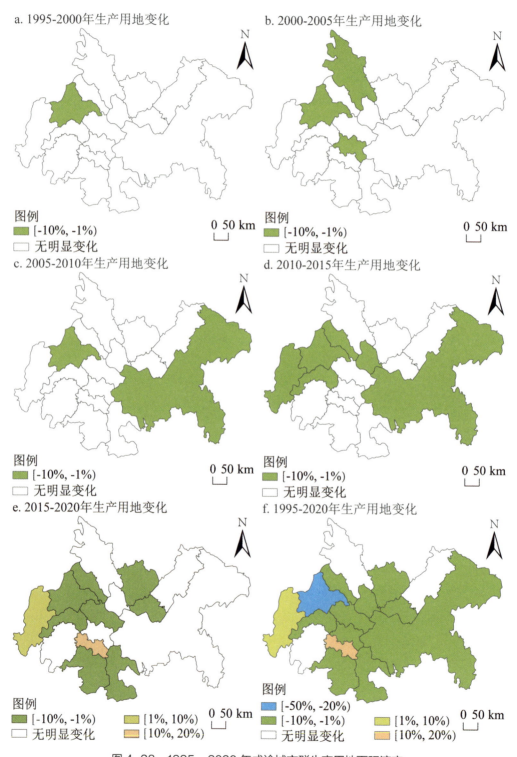

图 4-28 1995—2020 年成渝城市群生产用地面积演变

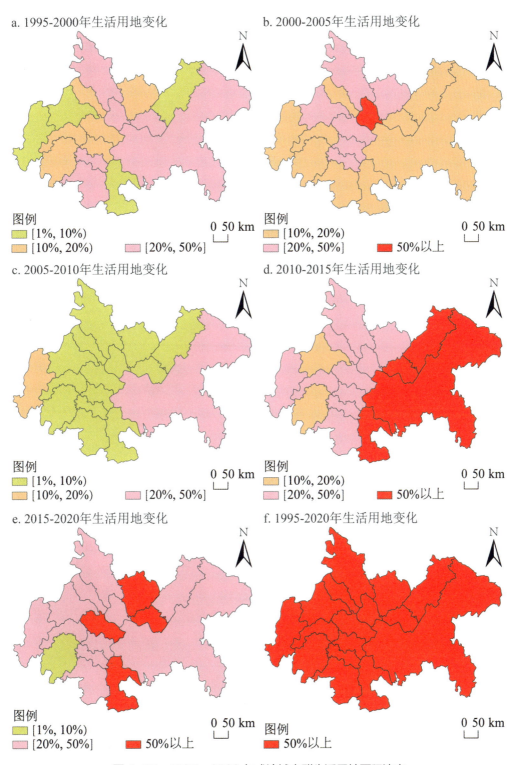

图 4-29　1995—2020 年成渝城市群生活用地面积演变

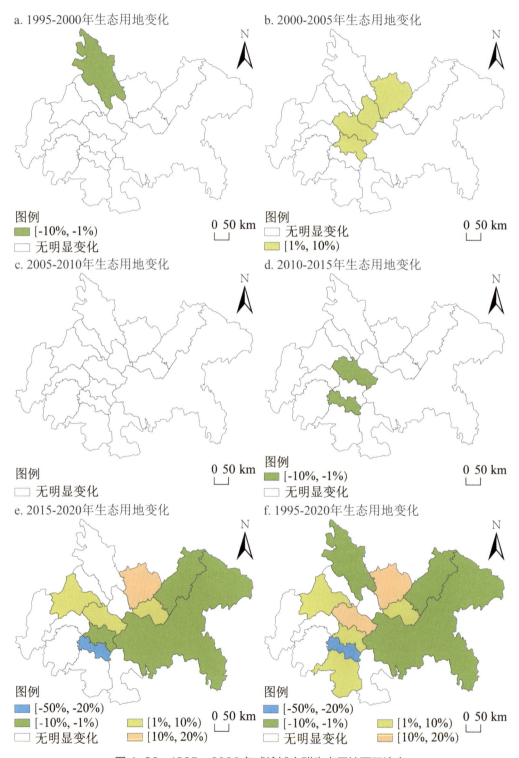

图 4-30　1995—2020 年成渝城市群生态用地面积演变

果仍不尽如人意，地区需要增强对生态文明建设的认识，保护好美丽的绿水青山。

（二）成渝城市群土地利用结构变化

成渝城市群是指以成都和重庆两大城市为核心，延伸包含重庆、四川、贵州、云南三省一市的城市群，是西部经济基础最好、经济实力最强的区域之一。将成渝城市群 1995—2020 年共 25 年的土地利用情况的相关数据进行收集、整理，时间上以 5 年为一个间隔期进行统计分析，空间上从生态用地、生活用地、生产用地变化顺序罗列。

1. 土地利用结构的时间演变

从时间节点来看，整体而言，如表 4-13 所示，1995—2020 年，成渝城市群生态用地转出总用地 11440.42 km^2，生活用地转出总用地 596.28 km^2，生产用地转出总用地 15412.83 km^2；生态用地转入总用地 10549.93 km^2，生活用地转入总用地 5548.99 km^2，生产用地转入总用地 11350.61 km^2。这表明，研究期内，成渝城市群生态用地转入量小于转出量，但差值不大；生活用地转入量远远大于转出量，表明成渝城市群的生活用地增加较为明显；生产用地转出量大于转入量，表明成渝城市群的生产用地大部分转变成了生态用地与生活用地。

表 4-13　成渝城市群 1995—2020 年三生用地类型转移矩阵

年份	三生用地	生态用地		生活用地		生产用地		转出总用地	
		面积（km^2）	变动比例（%）	面积（km^2）	变动比例（%）	面积（km^2）	变动比例（%）	面积（km^2）	变动比例（%）
1995—2000	生态用地	—	—	20.67	0.02	244.25	0.23	264.92	0.25
	生活用地	0.05	0.00	—	—	0.18	0.01	0.23	0.01
	生产用地	60.87	0.05	420.22	0.32	—	—	481.09	0.37
	转入总用地	60.92	0.05	440.89	0.34	244.43	0.24	—	—
2000—2005	生态用地	—	—	39.30	0.04	146.88	0.14	186.18	0.18
	生活用地	2.60	0.08	—	—	0.01	0.00	2.61	0.08
	生产用地	619.75	0.47	624.84	0.48	—	—	1244.59	0.95
	转入总用地	622.35	0.55	664.14	0.52	146.89	0.14	—	—
2005—2010	生态用地	—	—	38.29	0.04	7.37	0.01	45.66	0.05
	生活用地	9.90	0.26	—	—	0.00	0.00	9.90	0.26
	生产用地	288.92	0.22	470.43	0.36	—	—	759.35	0.58

年份	三生用地	生态用地		生活用地		生产用地		转出总用地	
		面积（km²）	变动比例（%）	面积（km²）	变动比例（%）	面积（km²）	变动比例（%）	面积（km²）	变动比例（%）
2005—2010	转入总用地	298.82	0.48	508.72	0.40	7.37	0.01	—	—
2010—2015	生态用地	—	—	156.57	0.15	14.00	0.01	170.57	0.16
	生活用地	11.60	0.27	—		1.60	0.04	13.20	0.31
	生产用地	99.96	0.08	1322.92	1.02	—		1422.88	1.10
	转入总用地	111.56	0.35	1479.49	1.17	15.60	0.05	—	—
2015—2020	生态用地	—		375.96	0.36	10614.48	10.12	10990.44	10.48
	生活用地	186.12	3.22	—		866.29	14.99	1052.41	18.21
	生产用地	9487.52	7.43	2561.86	2.01	—		12049.38	9.44
	转入总用地	9673.64	10.65	2937.82	2.37	11480.77	25.11	—	—
1995—2020	生态用地	—		566.08	0.54	10874.34	10.41	11440.42	10.95
	生活用地	120.01	4.43	—		476.27	17.57	596.28	22.00
	生产用地	10429.92	7.95	4982.91	3.80	—		15412.83	11.75
	转入总用地	10549.93	12.38	5548.99	4.34	11350.61	27.98	—	—

注：由于四舍五入的小数处理问题，比例总和可能存在 ±0.1% 的误差。

（1）生产用地：1995—2020 年，成渝城市群的生产用地转为生态用地 10429.92 km²，生产用地转为生活用地 4982.91 km²，转出总用地 15412.83 km²，转入总用地 11350.61 km²，转出总用地高于转入总用地，在生产用地与其他用地的转化过程中，成渝城市群的生产用地发生实质性的减少。从成渝城市群生产用地向生态、生活用地的转出来看，表现出的相同之处在于 2015—2020 年是生产用地向其他两种类型土地的转化数量最大、转化程度最深的一个时间段；不同之处表现在于生产用地向生活用地的转化整体上随着时间呈现数量逐年增加、转化逐渐明显的趋势，但生产用地向生活用地转化特别明显的城市较少；而生产用地向生态用地的转化体现在 2010—2015 年与 2015—2020 年这两个时间段内，2010 年以前，生产用地没有出现过向生态用地的转化。从生产用地的转入来看，相似之处表现为成渝城市群的生活用地和生态用地向生产用地的转化集中发生在 2015—2020 年，且在该时间段内，成渝城市群几乎全部的城市都呈现出十分明显的转化情况，但其他时间段生产用地的增加却十分有限；不同之处表现为成渝城市群的生活用地仅在 2015—2020 年出现过向生产用地的转化，也就是说在其他时间段内，成渝城市群很少出现生活向生产用地转变的情况；而生态用地在 1995—2000 年及 2010—2015 年的时间段内曾出现过少量城市的生态用地向生产用地转化的情况。

（2）生活用地：1995—2020 年，成渝城市群的生活用地转为生态用地 120.01 km²，生活用地转为生产用地 476.27 km²，生活用地转出总用地 596.28 km²，生活用地转入总用地 5548.99 km²，生活用地转入量远远超过转出量，表明较多的生态用地、生产用地转为生活用地，但较少的生活用地转为其他土地类型，生活用地数量整体上有了较大的增加。从生活用地的转出来看，1995—2015 年，生活用地转向生态用地和生产用地均较少，而 2015—2020 年则是生活用地向其他两类土地转化数量较多、程度较深的阶段。生活用地向生态用地、生产用地转变的不同之处主要包括两点：一是 2010—2015 年生活用地没有发生向生产用地的转变，却出现了向生态用地的转变；且出现一个城市发生生活用地向生态用地十分明显的转变，二是 2015—2020 年，生活用地开始向生产用地转变，且成渝城市群的所有城市均出现十分明显的变化，而生活用地向生态用地转化十分明显的城市仅有两个。从生活用地的转入来看，生态用地向生活用地的转化数量少、程度低，截至 2015—2020 年，也仅仅有 3 个城市出现较为明显的生态用地向生活用地转变的情况；与之形成鲜明对比的是生产用地向生活用地的转化，从 1995 年开始成渝城市群就陆续有城市出现生产用地向生活用地转化的情况，发生转化的城市随着时间不断增多，截至 2020 年，成渝城市群出现生产用地向生活用地转化十分明显的城市。

（3）生态用地：1995—2020 年，成渝城市群生态用地转为生活用地 566.08 km²，生态用地转为生产用地 10874.34 km²，转出总用地 11440.42 km²，转入总用地 10549.92 km²，转出总用地略多于转入总用地，但大致保持平衡。从生态用地的转出来看，较多的生态用地转为生产用地，较少的生态用地转为生活用地；1995—2000 年、2000—2005 年、2005—2010 年及 2010—2015 年，生态用地向生产用地、生态用地向生活用地的转变均不甚明显；而 2015—2020 年，较于生态用地向生活用地转化仍然不是特别明显的情况，生态用地向生产用地的转变数量更多、转化情况更加明显，且成渝城市群几乎所有城市的生态用地向生产用地的转变十分明显。从生态用地的转入来看，相同的是 1995—2010 年内，无论是生活用地还是生产用地，向生态用地的转化程度都比较低且转化不明显；不同的是尽管 2010—2015 年，成渝城市群已经出现一个生活用地向生态用地转变较明显的城市，但没有出现生产用地向生态用地转化明显的城市，但从最后的时间节点看，成渝城市群中生产用地转化为生态用地十分明显的城市数量远远多于生活用地转化为生态用地十分明显的城市数量。这表明，生态用地与生产用地、生活用地都出现过转化情况，并且具体转化过程是"双向"的，但生态用地与生产用地的相互转化数量更多、转化程度更深。

2. 土地利用结构的空间演变

从空间土地利用演变结果来看，1995—2020 年，成渝城市群的生产用地、生活用地、生态用地均发生了变化，具体变化情况如下。

（1）生产用地：根据图 4-31 所示，整体上来看，1995—2020 年，成渝城市群生产用地发生了较为明显的变化。从生产用地向生活用地的转化来看，生产用地向生活用地转变十分明显的城市主要有成都、德阳、贵阳、昆明；除怒江州与普洱外，剩余城市也都发生了较为明显的生产用地向生活用地转化的情况。从生产用地向生态用地的转化来看，成渝城市群除四川省的德阳、遂宁、广安、资阳、内江、自贡 6 个城市出现生产用地向生态用地较为明显的转化外，其余城市生产用地向生态用地的变化十分明显（5% 及以上）。1995—2000 年，成渝城市群除成都外，没有生产用地向生活用地转化较为明显的城市；除攀枝花外，没有生产用地向生态用地转化较为明显的城市。2000—2005 年，成渝城市群除成都外，没有生产用地向生活用地转化较为明显的城市；生产用地向生态用地转化十分明显的城市为阿坝藏族羌族自治州，较为明显的城市有甘孜藏族自治州、遵义、黔东南苗族侗族自治州、黔南布依族苗族自治州、安顺、黔西南布依族苗族自治州。2005—2010 年，生产用地向生活用地转变较为明显的城市为成都；生产用地向生态用地转变较为明显的城市仅有阿坝藏族羌族自治州、甘孜藏族自治州。2010—2015 年，生产用地向生活用地转化明显的城市包括眉山、成都、德阳、遂宁、重庆、铜仁、黔南布依族苗族自治州、贵阳、安顺、六盘水、黔西南布依族苗族自治州；生产用地向生态用地转化明显的城市仅有雅安。2015—2020 年，成渝城市群生产用地向生活用地的转变十分明显的城市为成都、贵阳、昆明三个省会城市，其余城市如重庆市，四川省东部城市，除怒江傈僳族自治州、临沧、普洱外的云南省全部城市及贵州省的六盘水、安顺、黔西南布依族苗族自治州等城市，均出现生产用地向生活用地较为明显的转变；在生产用地向生态用地的转化上，除德阳、遂宁、广安、眉山、资阳、内江、自贡共 7 个城市的生产用地向生态用地出现较为明显的转化外，其他城市的生产用地向生态用地的转化均十分明显。

（2）生活用地：根据图 4-32 所示，从整体上看，1995—2020 年，从生活用地向生产用地的转化来看，成渝城市群所有城市的生活用地向生产用地转变十分明显，除贵阳较为明显（2%~5%）外，剩余所有城市生活用地向生产用地的转化十分明显

（5% 及以上）。从生活用地向生态用地的转化来看，成渝城市群所有城市也表现出明显的的生活用地向生态用地转变的情况。1995—2000 年、2000—2005 年、2005—2010 年、2010—2015 年，这四个时间段内，成渝城市群所有城市的生活用地均没有发生明显的向生产用地转化的情况。1995—2000 年，仅有攀枝花一个城市出现明显的生活用地向生态用地的转化；2000—2005 年，仅有黔西南布依族苗族自治州一个城市出现生活用地向生态用地明显的转化；2005—2010 年，成渝城市群没有城市出现生活用地向生态用地明显的转化；2010—2015 年，成渝城市群生活用地向生态用地明显转化的城市为雅安，较为明显的城市有宜宾、昭通及文山壮族苗族自治州。2015—2020 年，成渝城市群大部分城市出现生活用地向生产用地转化十分明显的情况，少部分城市（黔南布依族苗族自治州、贵阳、六盘水、昆明）出现生活用地向生产用地较为明显的转化；四川省西南部、云南省南部及贵州省东部等城市出现生活用地向生态用地转化十分明显的情况，其他城市也均出现生活用地向生态用地较为明显的转化。

（3）生态用地：根据图 4-33 所示，整体上来看，1995—2020 年，从生态用地向生产用地的转化来看，成渝城市群除四川省的阿坝壮族羌族自治州、甘孜藏族自治州、迪庆藏族自治州、怒江傈僳族自治州外，其余城市均表现出明显的生态用地向生产用地的转化，其中，重庆市，贵州省，云南省的保山、临沧，四川省偏东的城市（绵阳、德阳、成都、眉山、乐山以东）以及攀枝花的生态用地均出现明显的向生产用地转变的情况。生态用地向生活用地转化明显的城市包括四川省的成都、遂宁、内江、自贡，贵州省的贵阳、六盘水及云南省的昆明。1995—2000 年，成渝城市群生态用地转为生产用地较为明显的城市为绵阳，生态用地转为生活用地均不明显2000—2005 年，成渝城市群没有城市出现生态用地向生产用地明显转化的情况，仅有自贡一个城市出现生态用地向生活用地的转化。2005—2010 年，成渝城市群生态用地向生产用地、生活用地的转换均不明显。2010—2015 年，仅有资阳一个城市的生态用地明显地向生产用地转变，仅有自贡、贵阳两个城市的生态用地明显地向生活用地转变。2015—2020 年，成渝城市群生态用地向生产用地转变的城市较多，除阿坝藏族羌族自治州、甘孜藏族自治州、迪庆藏族自治州及怒江傈僳族自治州之外，剩余城市均出现了明显的生态用地向生产用地转变的情况；但仅有成都、南充、自贡、贵阳、昆明 5 个城市的生态用地向生活用地转化。

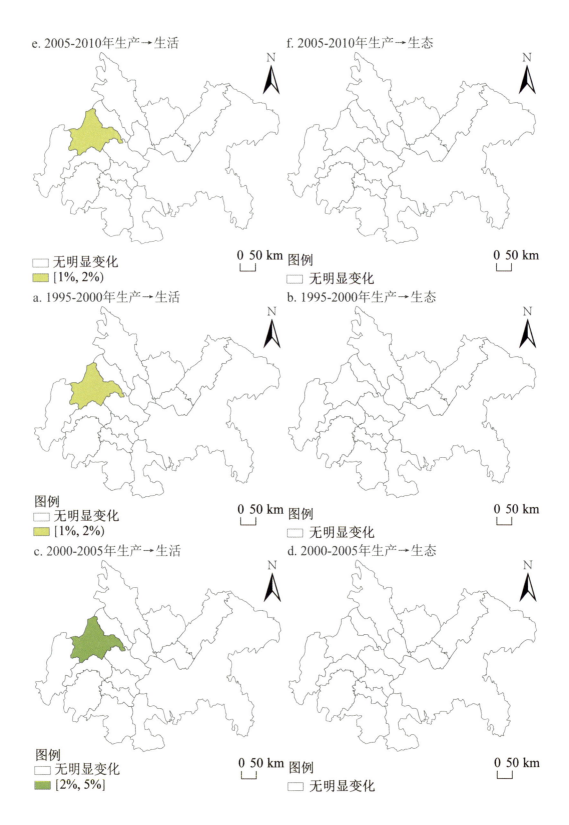

e. 2005-2010年生产→生活

图例
□ 无明显变化
▨ [1%, 2%)

0 50 km

f. 2005-2010年生产→生态

图例
□ 无明显变化

0 50 km

a. 1995-2000年生产→生活

图例
□ 无明显变化
▨ [1%, 2%)

0 50 km

b. 1995-2000年生产→生态

图例
□ 无明显变化

0 50 km

c. 2000-2005年生产→生活

图例
□ 无明显变化
▨ [2%, 5%)

0 50 km

d. 2000-2005年生产→生态

图例
□ 无明显变化

0 50 km

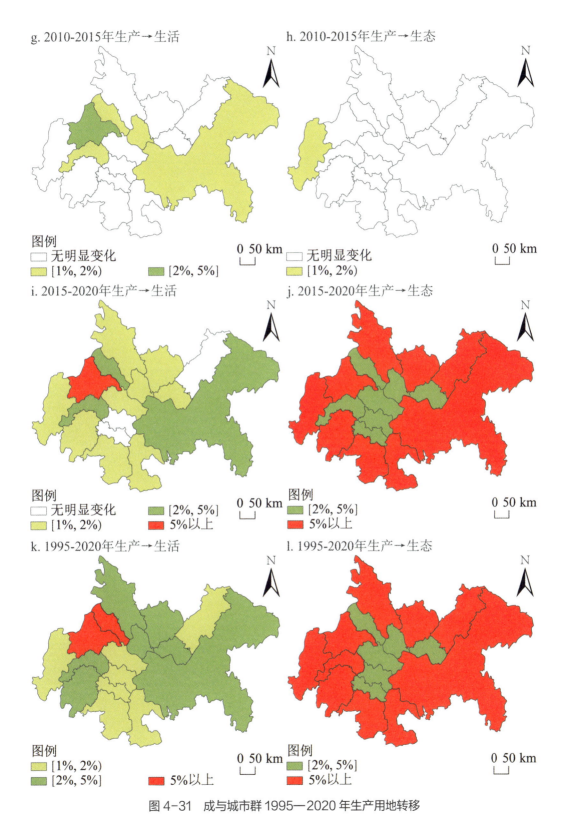

图 4-31 成与城市群 1995—2020 年生产用地转移

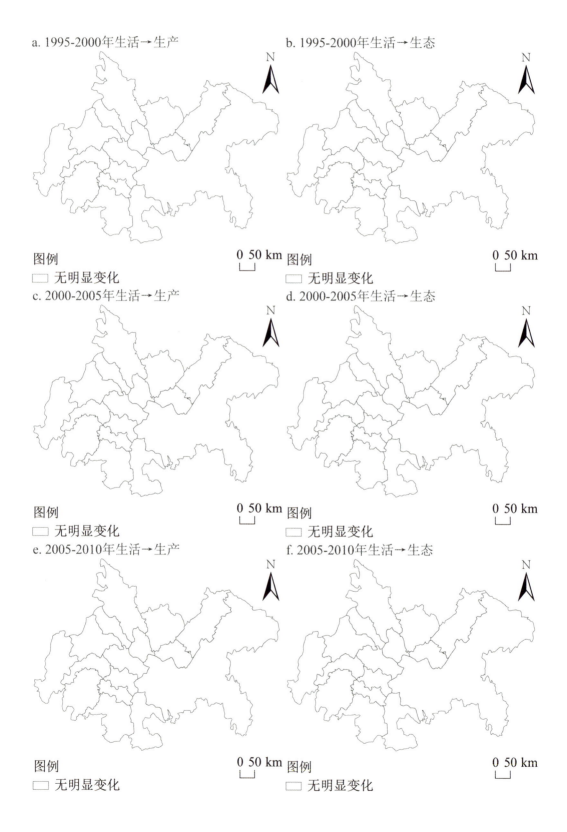

a. 1995-2000年生活→生产

N

图例
☐ 无明显变化

0 50 km

b. 1995-2000年生活→生态

N

图例
☐ 无明显变化

0 50 km

c. 2000-2005年生活→生产

N

图例
☐ 无明显变化

0 50 km

d. 2000-2005年生活→生态

N

图例
☐ 无明显变化

0 50 km

e. 2005-2010年生活→生产

N

图例
☐ 无明显变化

0 50 km

f. 2005-2010年生活→生态

N

图例
☐ 无明显变化

0 50 km

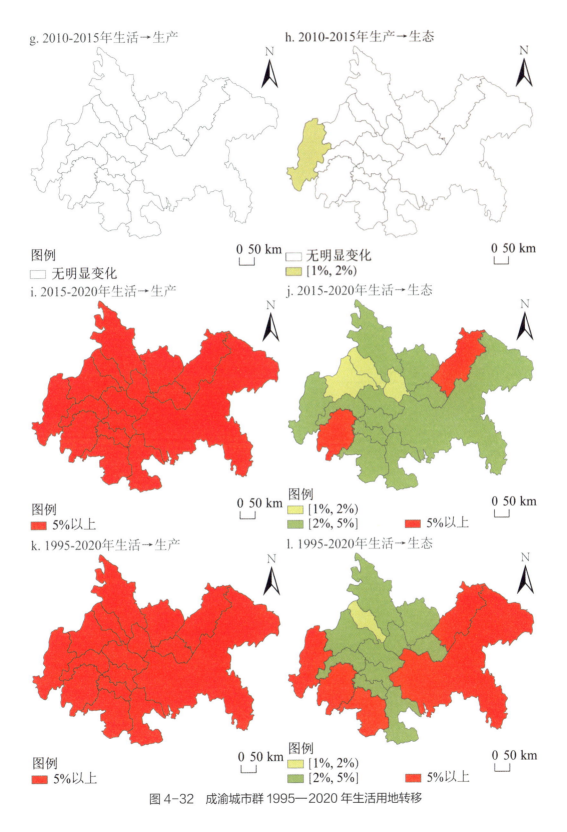

g. 2010-2015年生活→生产

h. 2010-2015年生产→生态

图例
☐ 无明显变化

0 50 km

☐ 无明显变化
☐ [1%, 2%)

0 50 km

i. 2015-2020年生活→生产

j. 2015-2020年生活→生态

图例
■ 5%以上

图例
☐ [1%, 2%)
■ [2%, 5%]
■ 5%以上

0 50 km

k. 1995-2020年生活→生产

l. 1995-2020年生活→生态

图例
■ 5%以上

图例
☐ [1%, 2%)
■ [2%, 5%]
■ 5%以上

0 50 km

图 4-32　成渝城市群 1995—2020 年生活用地转移

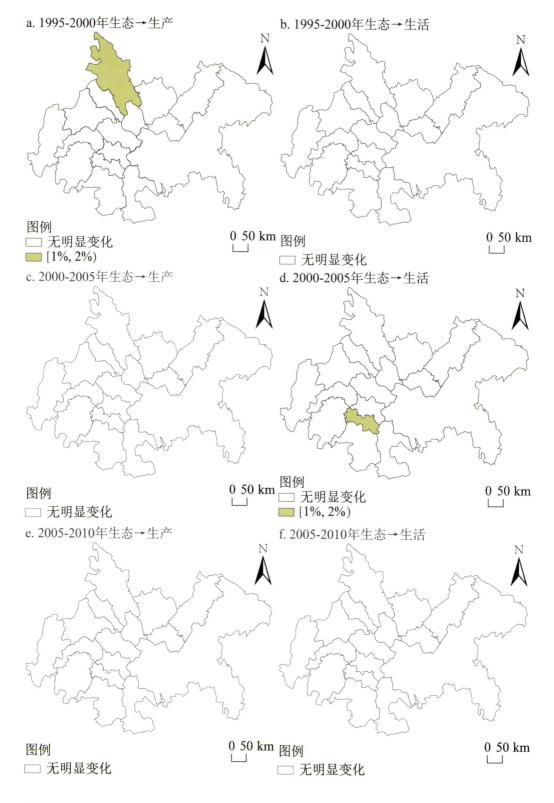

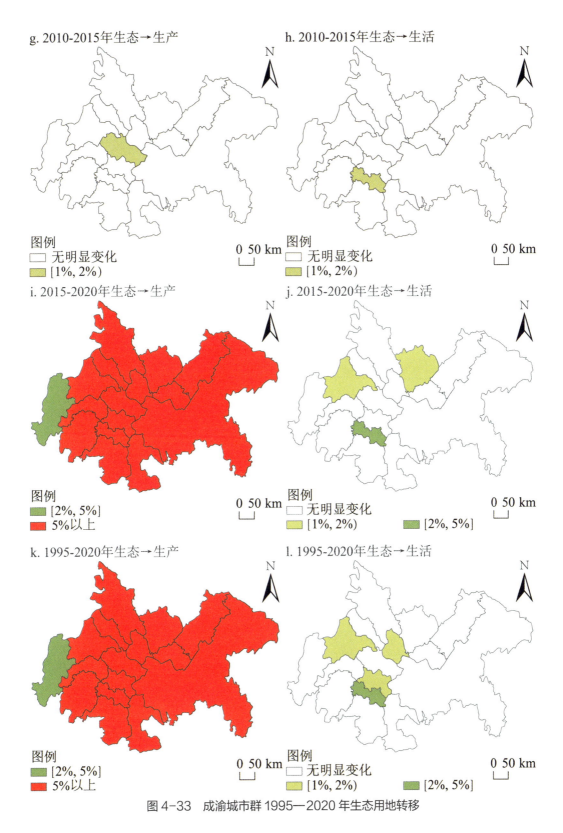

图 4-33　成渝城市群 1995—2020 年生态用地转移

一、三大城市群土地利用数量变化对比分析

（一）土地利用数量的时间演变

为更加清晰、直观地研究三大城市群土地利用数量的时间演变特特征，本书将从生产用地、生活用地、生态用地三大土地类型出发，根据表4-14和图4-34，对比分析长三角城市群、长江中游城市群及成渝城市群三大城市群在1995—2020年，土地利用数量时间演变的差异。三大城市群生产用地、生活用地、生态用地土地利用数量的时间演变特征如下。

1. 生产用地

（1）三大城市群生产用地土地利用数量时间演变方面的相同之处

第一，1995—2020年，在三大城市群中，生产用地一直是三大土地利用类型中占比较大的土地类型。成渝城市群生产用地占比是三大城市群中最大的，1995—2020年，成渝城市群生产用地占比一直保持在50%以上。长三角城市群生产用地占比次之，1995—2010年，长三角城市群生产用地占比达到50%以上，尽管2015年与2020年，长三角城市群生产用地占比有所下降，但生产用地占比仍然是三大土地利用类型中占比最大的。长江中游城市群是三大城市群中生产用地占比最小的，但生产用地占比仍然远大于其生活用地占比。第二，三大城市群生产用地数量时间演变趋势一致。具体而言，随着时间的推移，三大城市群生产用地数量均呈现出不断减少的趋势，生产用地占比也呈现出不断下降的趋势。1995—2020年，长三角城市群、长江中游城市群及成渝城市群的生产用地面积都呈现出逐年减少的趋势，且中间年份无波折情况出现。长三角城市群生产用地面积由110690.09 km² 减少至96565.73 km²，生产用地占比由53.84%下降至46.95%；长江中游城市群生产用地面积由132034.33 km² 减少至126995.85 km²，生产用地占比由37.87%下降至36.42%；成渝城市群生产用地面积由131200.26 km² 减少至127130.44 km²，生产用地占比由55.03%下降至53.33%。

（2）三大城市群生产用地土地利用数量时间演变方面的不同之处

第一，生产用地比例大小存在较大差异，在不同时间节点三大城市群生产用地面积大小排序发生变化。1995—2020年，中游城市群生产用地占比始终较小，占比在36%~38%，中游城市群山地面积多、耕地面积少，长三角城市群和成渝城市群的生产用地面积占比较为相似，占比在46%~56%。第二，三大城市群生产用地面积变化

幅度不同。长三角城市群生产用地动态度为 –0.51%，是三大城市群中生产用地面积动态度最大的；其次是长江中游城市群，动态度为 –0.15%；成渝城市群生产用地面积动态度最小，为 –0.12%。这表明，在三大城市群中，长三角城市群生产用地面积变化幅度最大，其生产用地面积数量变化较陡；其次是中游城市群，其生产用地面积数量变化较为平缓；而成渝城市群生产用地面积变化幅度最小，表现为生产用地面积数量变化最平缓。总之，在三大城市群中生产用地均减少，总体呈现出长三角城市群生产面积占比高、减少幅度快，成渝城市群生产面积占比高、减少幅度慢，中游城市占比面积低、减少幅度较快等特征。

2. 生活用地

（1）三大城市群生活用地土地利用数量时间演变方面的相同之处

第一，1995—2020 年，在三大城市群中，生活用地是三大土地利用类型中占比最小的土地类型。长三角城市群是三大城市群生活用地占比最大的城市群，但该城市群生活用地占比仍然远远达不到总用地的 1/3；其次是长江中游城市群，其生活用地占比不足该城市群总用地的 5%；成渝城市群生活用地占比是三大城市群中最低的，1995—2015 年，其生活用地占比不足该城市群总用地的 3%。第二，就生活用地面积变化趋势而言，整体上三大城市群的生活用地面积具有相同的变化趋势。一方面，1995—2020 年，长三角城市群、长江中游城市群及成渝城市群的生活用地面积都呈现出逐年增加的趋势。长三角城市群生活用地面积从 14867.19 km² 增加到 28303.85 km²；长江中游城市群生活用地面积从 9165.78 km² 增加到 15688.31 km²；成渝城市群生活用地面积从 2170.94 km² 增加到 7663.66 km²。另一方面，研究期内，三大城市群生活用地占比不断提高。长三角城市群生活用地占比从 7.23% 提高至 13.76%；长江中游城市群生活用地占比从 2.63% 提高至 4.50%；成渝城市群生活用地占比从 1.14% 提高至 3.21%。相关数据表明，研究期内，随着城镇化程度的加快，三大城市群都在不断扩大城市规模，生活用地面积逐年增加，生活用地占比不断提高。

（2）三大城市群生活用地土地利用数量时间方面的不同之处

第一，生活用地面积比例存在较大差异。1995—2020 年，三大城市群生活用地比例由大到小排序为长三角城市群＞长江中游城市群＞成渝城市群。长三角城市群生活用地比例远高于其他城市群，从 1995 年的 7.23% 增长至 2020 年的 13.76%；其次是长江中游城市群，从 1995 年的 2.63% 增长至 2020 年的 4.50%；而成渝城市群生活用地占比长期较低，从 1995 年的 1.14% 增长至 2020 年的 3.21%。第二，三大城市群生产用地面积变化幅度不同。从表中数据可见，长三角城市群城市建设用地面积动态度为 3.62%，是三大城市群中变化幅度最大的；其次是长江中游城市群，动态度为 2.85%；成渝城市群城市建设用地面积动态度最小，仅为 0.12%。这表明，长三角城市群城市建设用地面积变化幅度最大，其城市建设用地面积增长曲线较为陡峭且起始比例较高；长江中游城市群城市建设用地面积增长幅度次之，增长相对平稳；成渝城市群城市建设用地面积变化幅度最小，其增长速度较为缓慢且变化幅度有限。总体来看，三大城市群的城市建设用地比例均呈现增长趋势，但具有不同特征：长三角城市群城市建设用地比例最高，且增长速度最快；长江中游城市群城市建设用地比例适中，增长速度相对较慢；成渝城市群城市建设用地比例最低，且增长速度最慢。这反映了三大城市群在经济发展和土地利用结构调整中的显著差异性。

3. 生态用地

（1）三大城市群生态用地土地利用数量时间演变方面的相同之处

三大城市群生态用地面积呈现出相似的时间演变特征，无论是生态用地实际面积还是生态用地在各城市群的面积占比，在研究期内都长期保持在一个相对平稳的固定状态；三大城市群中生态用地占比最大的均是林地。第一，就生态用地实际面积而言，1995—2020 年，长三角城市群生态面积基本保持在 80000~81000 km² 之间，长江中游城市群生态用地面积基本保持在 206000~208000 km² 之间，成渝城市群生态用地面积基本保持在 103000~105000 km² 之间。就生态用地在三大土地利用类型中的占比而言，1995—2020 年，长三角城市群生态用地在三大土地利用类型的占比保持在 38%~40% 的稳定水平，长江中游城市群生态用地在三大土地利用类型的占比保持在 59%~60% 的稳定水平，成渝城市群生态用地在三大土地利用类型的占比保持在 43%~44% 的稳定水平。第二，从生态用地的组成而言，林地一直是三大城市群中生态用地的重要组成部分，长三角城市群林地对生态用地的贡献率达到 70% 以上，长江中游城市群林地对生态用地的贡献率达到 83% 以上；成渝城市群林地对生态用地的贡献率达到 73% 以上。

（2）三大城市群生态用地土地利用数量时间演变方面的不同之处

第一，生态用地实际面积占比存在较大差异。1995—2020 年，三大城市群生态用地面积占比由大到小排序为：长江中游城市群＞成渝城市群＞长三角城市群。长江中游城市群生态用地比例长期稳定在 59% 左右，成渝城市群生态用地比例长期稳定在 43% 左右，长三角城市群生态用地比例长期稳定在 39% 左右。第二，三大城市群生态用地较为稳定，变动幅度均不高，相比于 1995 年生态用地比例来说，2020 年，长三角城市群生态用地比例有略微增长，中游城市群和成渝城市群略微下降。总之，在三大城市群中生态系统变化较为稳定，变动幅度均较低，长三角城市群生态系统有上升趋势。

综上，三大城市群生态系统较为稳定，生产用地下降、生活用地上升趋势明显。与其他城市群相比，长三角城市群有生态系统上升趋势，但长三角城市群生活用地挤压生产用地最为明显。长三角城市群城镇化进程速度快、阶段成熟，在长三角一体化政策支持下，绿色生态成为发展本底，生态系统不仅没有退化，反而呈现出生态经济化，即以生态代价最小和社会成本最低来发展经济，通过整合和发挥区域生态资源的价值，促进社会经济增长、增加居民生活福祉，提升区域社会经济价值。

表 4-14　1995—2020 年三大城市群土地利用数量对比

土地利用类型	长三角城市群			中游城市群			成渝城市群		
	1995 年（％）	2020 年（％）	动态度（％）	1995 年（％）	2020 年（％）	动态度（％）	1995 年（％）	2020 年（％）	动态度（％）
耕地	53.84	46.95	-0.51	37.87	36.42	-0.15	55.03	53.33	-0.12
城乡建设用地	7.23	13.76	3.62	2.63	4.50	2.85	1.14	3.21	0.12
草地	3.55	3.40	-0.16	2.66	2.56	-0.15	10.08	8.39	-0.67
水域	7.28	8.04	0.42	6.41	6.71	0.19	1.23	1.51	0.92
林地	28.08	27.79	-0.04	49.86	49.27	-0.05	32.43	33.43	7.31
未利用土地	0.01	0.06	11.85	0.57	0.54	-0.25	0.09	0.13	1.58
海洋	0.00	0.00	43.64	0.00	0.00	0.00	0.00	0.00	0.00

注：由于四舍五入的小数处理问题，比例总和可能存在 ±0.1% 的误差。

（二）土地利用数量的空间演变

研究长三角城市群、长江中游城市群与成渝城市群三大城市群的土地利用数量空间演变的异同，需要剥离掉三大城市群在发展过程中由时间影响导致的土地利用数量变化，即需要保证在相同时间段内，完成三大城市群土地利用数量空间演变的差异对比研究。因此，本书以每 5 年为一个时间节点将 1995—2020 年进行划分，划分得到：1995 年、2000 年、2005 年、2010 年、2015 年、2020 年共 6 个时间节点。最终通过每一时间节点上三大城市群各类型土地面积占比差异对比与各类型土地空间分布情况差异对比两方面，完成三大城市群土地利用数量空间演变的对比研究。根据图 4-12 至图 4-14、图 4-20 至图 4-22、图 4-28 至图 4-29，具体结果如下。

1. 生产用地

（1）从生产用地的空间分布来看，三大城市群的相同之处在于生产用地均是城市群中土地空间分布较为广泛的土地类型；不同之处在于三大城市群的生产用地具体空间分布范围大小及分布位置存在部分差异。长三角城市群生产用地分布面积较广，是三大土地类型中空间占比最大的；长三角城市群生产用地基本以"块状"分布在该城市群的北部、中部区域，同时，长三角南部部分区域也存在零散分布的生产用地，生产用地分布空间占该城市群超过一半的区域。长江中游城市群生产用地较长三角城市群来说，空间分布范围更小，生产用地在长江中游城市群排名第二；长江中游城市群生产用地基本集中分布在该城市群的西北部分，中部、南部生产用地分布较少。成渝城市群生产用地占比是三大城市群中最大的，因此成渝城市群生产用地分布更为广泛；成渝城市群生产用地基本分布在该城市群的中部区域，呈现出四周被其他土地类型环绕、中间生产用地集中分布的空间格局。

（2）从生产用地的空间演变来看，三大城市群的相同之处在于生产用地空间变化范围表现出不断扩大的趋势，生产用地演化程度呈现出不断加深的趋势；不同之处在于生产用地面积演化方向存在差异。长三角城市群而言，产用地空间演化范围从1995年的中东部区域扩展到2020年的城市群的全域范围；该城市群生产用地演化程度主要表现为"负向加深"的趋势，这表明随着时间的发展，长三角城市群生产用地表现出持续减少的趋势，同时，部分城市（上海、嘉兴、苏州、无锡、南京、宁波、舟山等）的生产用地减少程度较深（-50%~-20%）。长江中游城市群生产用地演化面积范围不断扩大，1995年，该城市群仅有仙桃、鄂州、益阳3个城市出现生产用地的变化，2020年，该城市群除益阳、岳阳、上饶3个城市外，其他城市均发生了不同程度的生产用地转化情况；1995—2005年及2015年，长江中游城市群中益阳、上饶、萍乡等城市出现过生产用地"正向演化"的趋势，其余年份，该城市群生产用地呈现"负向演化"的趋势。成渝城市群生产用地演化范围同样呈现出不断扩大的趋势，从1995年的1个城市（成都）发展到2020年除绵阳、达州、乐山外的19个城市；1995—2015年，成渝城市群基本呈现出生产用地"负向演化"的趋势，2015—2020年，成渝城市群的部分城市（雅安和自贡）出现生产用地的"正向演化"的趋势。

2. 生活用地

（1）从生活用地的空间分布来看，三大城市群的相同之处在于生活用地均是城市群中土地空间分布最少的土地类型，三大城市群的生活用地基本以"点状"形态分布在各自所在的城市群；不同之处在于三大城市群生活用地具体空间分布范围大小及分布位置存在部分差异。就生活用地的空间分布而言，三大城市群中，生活用地面积最大、分布最广的是长三角城市群。早期长三角城市群的生活用地基本分布在该城市群的北部，随着时间演变呈现出向南演化的特征；分布格局由1995年的"一核心、多卫星"的分布格局演变为2020年的"多核心、多卫星"、全面开花的分布格局，1995年的"一核心"指的是生活用地主要集中在上海，2020年的"多核心"则指长三角城市群的生活用地主要集中上海、杭州、无锡、苏州、南京、合肥等多个城市及其附近的卫星城市。长江中游城市群的生活用地早期主要集中在"倒V"形水域的两个端点及一个顶点处，之后，在端点与顶点处开始拓展、延伸，形成形似于"等腰直角三角形"的分布格局，"等腰直角三角形"的三个顶点即为长江中游城市群生活用地分布最多的区域，分别是江西省的南昌市、湖北省的武汉市及湖南省的长沙市。成渝城市群的生活用地则呈现处"双核心"的分布格局，"双核心"分别是四川省成都市及重庆市的西南部，此外，还有部分生活用地零星地分散在河流的附近。

（2）从生活用地的空间演变来看，三大城市群的相同之处在于生活用地空间变化范围表现出不断扩大的趋势，生产用地演化程度呈现出不断加深的趋势，且三大城市群的大部分城市生活用地面积演化方向基本一致；三大城市群的不同之处在于生活用地早期演化基础不同，且极个别城市出现过生活用地的"负向演化"。就长三角城市群而言，1995 年，生活用地空间变化范围就涉及该城市群的全部城市，且宁波、台州、温州、苏州、无锡、南京、马鞍山、滁州等城市的生活用地变化程度较深；2020年，该城市群除盐城外的其他城市均出现生活用地较为强烈和十分强烈的变化；此外，长三角城市群的盐城是三大城市群中唯一发生过生活用地"负向演化"的城市。长江中游城市群生活用地早期演化基础较薄弱，是早期三大城市群中唯一没有全部城市发生生活用地变化的城市群，1995 年，长江中游城市群的黄冈、鄂州、黄石、荆门、荆州、新余、吉安等城市的生活用地没有明显变化；2020 年，该城市群生活用地演变程度不断加深，除潜江、仙桃、天门外的其他城市均表现为生活用地较为强烈和十分强烈的变化。成渝城市群同长三角城市群一样，早在 1995 年，该城市群的生活用地已经在全域范围内发生发生，除达州、成都、雅安、泸州发生生活用地的较小（1%~10%）变化外，其他城市均表现为比较强烈（10%~20% 及 20%~50%）的变化；截至 2020 年，该城市群的全部城市已经表现出十分强烈（50% 以上）的生活用地的变化。

3. 生态用地

（1）从生态用地的空间分布来看，三大城市群的相同之处在于生态用地的具体类型都比较丰富，三大城市群生态用地均包含林地、草地、水域、未利用土地四种类型，且生态用地的主要组成部分林地与草地以"片状"及"块状"形态分布在各自所在的城市群；不同之处在于三大城市群生态用地具体土地类型的具体空间分布范围大小及分布位置存在部分差异。长三角城市群生态用地中的林地与草地以"块状"分布在该城市群的南部，尤其分布在长三角城市群的西南部；水域则主要呈现出一条线性河流主干与多个点状湖泊水域的分布格局，河流主干即长江主干，多个湖泊主要包括浙江省的四大湖（杭州西湖、绍兴东湖、嘉兴南湖、宁波东钱湖）与安徽省的巢湖、太平湖、南漪湖等。长江中游城市群的生态用地是三大城市群中占比最大的，生态用地中的林地与草地以"片状"集中分布在长江中游城市群的西北角及中南部；长江中游城市群水域则呈现出一条主干、多条支流的分布格局，主干河流呈现"倒 V"形，此外还存在较多的点状、块状水域集中在长江主干河流附近。成渝城市群生态用地中的草地与林地基本分布在该城市群的四周；成渝城市群水域则主要呈现出 4 条西北—

东南方向的河流及 1 条西南—东北方向的河流的分布格局，点状水域分布较少，湖泊较少。

（2）从生态用地的空间演变来看，三大城市群的相同之处在于早期三大城市群生态用地空间变化均是所在城市群三大土地利用类型中空间变化范围最小的，且三大城市群生态用地的"正向演化"特征与"负向演化"特征同时出现。例如，1995—2000 年，长三角城市群仅有盐城、泰州、扬州、镇江、嘉兴 5 个城市出现生态用地的变化，其中，泰州、扬州、嘉兴表现为生态用地的"正向演化"特征，盐城与镇江表现为生态用地的"负向演化"特征。2000—2005 年，长江中游城市群生态用地出现变化的城市主要包括鄂州、孝感、荆州、潜江、仙桃、南昌，其中，除南昌表现为生态用地的"负向演化"特征外，其他 5 个城市表现为生态用地的"正向演化"特征。2015—2020 年，成渝城市群生态用地发生变化的城市主要包括重庆、达州、广安、南充、资阳、成都、内江、自贡，其中，重庆、达州、内江、自贡表现为生态用地的"负向演化"达州，南充、广安、资阳、成都表现为生态用地的"正向演化"达州。三大城市群的不同之处在于生态用地演化剧烈程度不同。1995—2020 年，长三角城市群仅有盐城、泰州、嘉兴出现生态用地较为强烈的演变（20%~50%），成渝城市群中的自贡同样表现为较为生态用地强烈（–50%~–30%）的演化，但其演化方向是负向的，而中游城市群中的仙桃则出现生态用地十分强烈的演变（50% 以上）。

二、三大城市群土地利用结构变化对比分析

（一）土地利用结构的时间演变

长三角城市群、长江中游城市群及成渝城市群三大城市群的土地利用结构的时间演变对比研究主要包括以下三部分：三大城市群生产用地时间演变对比分析、三大城市群生活用地时间演变对比分析、三大城市群生态用地时间演变对比分析。

1. 生产用地

（1）三大城市群的生产用地在时间演变过程中呈现的共性特征主要包括以下几个方面。第一，三大城市群生产用地同其他用地的转化更频繁、转换更明显。较于三大城市群生态用地、生活用地与的转出情况而言，长三角城市群、长江中游城市群、成渝城市群的生产用地向其他用地的转化更加频繁、转化强度更深。在 1995—2000 年、2000—2005 年、2005—2010 年、2010—2015 年及 2015—2020 年，每个时间段内，无论是生产用地向生活用地的转化，还是生产用地向生态用地的转化均有发生。第二，三大城市群的生产用地均表现出整体上的减少。1995—2020 年，长三角城市群转出总用地 17486.78 km²，转入总用地 3359.48 km²，转出总用地为转入总

用地的 5 余倍；长江中游城市群转出总用地 12107.79 km²，转入总用地 7069.93 km²，转出总用地将近转入总用地的 2 倍；成渝城市群转出总用地 15412.83 km²，转入总用地 11350.61 km²，二者的差值虽然比其他两大城市群小，但转出总用地仍然超过转入总用地。因此，长三角城市群、长江中游城市群、成渝城市群的生产用地的大量转出与少量转入直接导致三大城市群生产用地的总量减少。第三，三大城市群生产用地向生活用地的转化随着时间的发展均呈现出逐年增长、加深的趋势。1995—2000年，长三角城市群与成渝城市群的部分城市开始出现生产用地向生活用地转化的情况；2000—2005 年，长三角城市群开始出现生产用地向生活用地转化较为明显和十分明显的区域；2005—2020 年，三大城市群生产用地向生活用地转化的城市均不断增加。第四，三大城市群生产用地的转出集中发生在 2015—2020 年。与三大城市群生态用地及生活用地的转出情况一致的是，三大城市群生产用地向其他用地转化最频繁、转化互动程度最深的时间段仍然为 2015—2020 年。

（2）不同之处主要体现在：不同城市群生产用地向生态用地和生活用地转化的侧重点不同。三大城市群中，在长三角城市群生产用地的转出中，转为生活用地的部分比转为生态用地的部分多，转为生活用地的生产用地占生产用地总转出的比重更大；而在长江中游城市群与成渝城市群生产用地的转出中，更多的生产用地转为生态用地，较少的生产用地转为生活用地。第二，成渝城市群生产用地向生态用地的转化较其他两大城市群而言，程度更深。1995 年，成渝城市群就开始出现生产用地向生态用地的转化；2000—2005 年，成渝城市群出现生产用地向生态用地转化十分明显的城市；2005—2010 年，成渝城市群拥有生产用地向生态用地转化更多的城市数量；2010—2015 年，在其他两大城市群没有出现生产用地向生态用地的转化时，成渝城市群是三大城市群中唯一发生生产用地向生态用地转化的城市。因此，无论是从整个时间段看，还是从每个具体的时间段分析，成渝城市群都是三大城市群中生产用地向生态用地转化最频繁、转化强度最深及转化情况最明显的一个城市群。

2. 生活用地

（1）三大城市群的生活用地时间演变过程中呈现的共性特征主要包括两个方面。第一，1995—2020 年，三大城市群生活用地总量均呈现增加趋势，且增加幅度明显。研究期内，长三角城市群生活用地转出总用地 1808.60 km²，转入总用地 15205.72 km²，转入面积远多于转出面积；长江中游城市群生活用地转出总用地 1106.28 km2，转入总用地 7628.87 km²，转入总用地约是转出总用地的 7 倍；成渝城市群生活用地转出总用地 596.28 km²，转入总用地 5548.99 km²，转入总用地总量远多于转出总用地。从以上数据可以看出，三大城市群生活用地总量均得到增加，生活用地转入量与转出量差值最小的长三角城市群生活用地就增加了 1223.49 km²，三大城市群生活用地的增加幅度总体上都比较大。第二，生活用地向生产用地、生态用地的转化具有时间上的一致性，生活用地的转出集中在 2015—2020 年。1995—2000 年、2000—2005 年、2005—2010 年及 2010—2015 年的四个时间段内，长三角城市群、长江中游城市群及成渝城市群的生活用地向生产用地、生态用地的转出发生较少，尤其是 1995—2000 年及 2005—2010 年的两个时间段内几乎没有发生明显的生活用地转出情况。

（2）不同之处则体现在以下几个方面。第一，各个城市群生活用地开始向其他用地类型转出的初始时间有所差别，1995—2000 年成渝城市群首先出现生活用地向生态用地转化的情况，之后长江中游城市群及长三角城市群陆续出现生活用地向生态用地的转化；2010—2015 年长三角城市群首次出现生活用地向生产用地的转变。第二，三大城市群生活用地转出的主要方向有所区别。例如，长三角城市群生活用地更多地转化为生产用地，生态用地向生活用地转出强度较于其他城市群更低；而长江中游城市群与成渝城市群的生活用地向生态用地的转化活动更加频繁、转化程度更加明显。

3. 生态用地

（1）三大城市群的生态用地在演变过程中体现的共性特征包括以下几个方面。第一，三大城市群生态用地转入、转出面积基本持平。1995—2020 年，长三角城市群生态用地转出总用地 3383.84 km²，生态用地转入总用地为 4114.01 km²，这表明长三角城市群生态用地略有增加，但增加面积较少；长江中游城市群生态用地转出总用地 8844.28 km²，转入总用地 7359.55 km²，表明长江中游城市群生态用地总量有所减少；成渝城市群生态用地转出总用地 11440.42 km²，转入总用地 10549.93 km²，表明成渝城市群生态用地面积减少。因此，从现有数据来看，尽管三大城市群生态用地或有增加、或有减少，但整体上，三大城市群生态用地转入总量与转入总量相差较小，呈现出基本持平的状态。第二，三大城市群生态用地的转化呈现一定的时间规律性，转化集中发生在关键时间阶段。早期三大城市群生态用地向生活用地、生产用地的转出活动较少，呈现出零散的、小范围区域的转化特点；三大城市群生态用地的转出现象集中发生在 2015—2020 年的关键时间段内，无论是生态用地向生产用地的转化还是生态用地向生活用地的转化，均以 2015—2020 年的变化强度最为明显。第三，三大城市群均出现过生态用地向生产用地转化不明显的时间段。2005—2010 年，三大城市群生态用地无论是向生产用地还是向生活用地的转化强度都比较低，甚至在该时间段内，三大城市群生态用地向生产用地的转化呈现出全域内的无明显变化特征。第四，三大城市群整体上生态用地向生产用地的转化强度要高于生态用地向生活用地转化的强度。从 2015—2020 年的全时间段内看，三大城市群几乎各个时间节点的生态用地向生产用地的转化都比生态用地向生活用地的转化更加频繁，同时生态用地向生产用地的转化出现更多的转化十分明显的城市。

（2）不同之处体现在以下几个方面。第一，各城市群之间的转入、转出面积差值较大。尽管各个城市群生态用地转入、转出的差值不大，但三个城市群之间的转入面积及转出面积的差值却比较大，如长三角城市群转入用地为 3383.84 km^2，而成渝城市群的转入面积却超过 10000 km^2，是长三角城市群转入用地面积的 3 余倍。第二，各个时间段内，长三角城市群较其他两大城市群而言，生态用地向生活用地的转化强度更大。尽管从整体而言，各个城市群生态用地向生产用地的转化均比自身生态用地向生活用地转化强度更大，但三大城市群之间，长三角城市群生态用地向生活用地的转变强度明显高于其他老大城市群生态用地转化为生活用地。

（二）土地利用结构的空间演变

研究长三角城市群、长江中游城市群与成渝城市群三大城市群的土地利用结构空间演变的异同，需要剥离掉三大城市群在发展过程中由于时间影响导致的土地利用结构变化，即需要保证在相同时间段内，完成三大城市群土地利用结构空间演变的差异对比研究。因此，本书以每 5 年为一个时间节点将 1995—2020 年进行划分，划分得到 1995 年、2000 年、2005 年、2010 年、2015 年、2020 年共 6 个时间节点。

1. 三大城市群生产用地空间演变对比分析

（1）从生产用地向生活用地的转出来看，第一，在生产用地向生活用地发生转化的城市数量及转化强度上，整体上长三角城市群是三大城市群中同时间段内发生生产用地向生活用地转化城市数量最多、转化强度最大的城市群；而成渝城市群则是三大城市群中出现生产用地向生活用地转化城市最少的城市群。例如，2000—2005 年，长三角城市群已经出现生产用地向生活用地转化十分明显的城市（上海、苏州、无锡、嘉兴、杭州、金华、绍兴、宁波等），而成渝城市群仅有成都一个城市表现出较为明显的生产用地向生活用地的转化。第二，在生产用地向生活用地不同转化强度的城市空间分布上，在三大城市群中，长三角城市群生产用地向生活用地转化十分明显的城市是三大城市群中最多的，且这些城市基本上分布于长三角城市群的中东部，西部的长三角城市群生产用地向生活用地转化十分明显的城市虽少，但所有的城市均出现了不同转化强度的生产用地向生活用地的转化。长江中游城市群除恩施外，其余城市均出现生产用地向生活用地的转化，尤其是武汉、鄂州、黄石、南昌、鹰潭、长沙、株洲、新余等城市呈现出十分明显的生产用地向生活用地的转化。相比前两个城市群而言，成渝城市群出现十分明显的生产用地向生活用地转化的城市较少，主要包括成都、贵阳、昆明等省会城市。

（2）从生产用地向生态用地的转出来看，第一，在生产用地向生态用地发生转化的城市数量及转化强度上，整体上，同时间段内的长江经济带三大城市群呈现出自西向东递减的趋势。例如，2000—2005 年，除成渝城市群的阿坝藏族羌族自治州出现生产用地向生态用地十分明显的转化外，成渝城市群的甘孜藏族自治州、遵义、安顺、黔西南布依族苗族自治州、黔南布依族苗族自治州及黔东南苗族侗族自治州均出现生产用地向生态用地较明显的转化；长江中游城市群的恩施土家族苗族自治州、荆州、仙桃、武汉、鄂州也出现生产用地向生态用地的转化，其中，仙桃生产用地的转化十分明显；而同期的长三角城市群仅有嘉兴、苏州、常州、温州出现较为明显的生产用地向生态用地的转化。第二，在生产用地向生态用地不同转化强度城市的空间格局分布上，三大城市群呈现不同的特征。成渝城市群绝大多数的城市出现十分明显的生产用地向生态用地的转变，转化十分明显的城市以环形包围着广安、遂宁、德阳、资阳、眉山、内江、自贡等几个转化较为明显的城市；长江中游城市群生产用地向生态用地转化十分明显的城市主要分布在该城市群的西部及南部；长三角城市群生产用地向生态用地转化十分明显的城市数量排在三大城市群最末，主要分布在除金华以外的杭州以南的部分，同时长三角城市群的西北部还存在部分城市并没有发生生产用地向生态用地的转化。

2. 三大城市群生活用地空间演变对比分析

（1）从生活用地向生产用地的转出来看，第一，在生活用地向生产用地发生转化的城市数量及转化强度上，整体上长三角城市群、长江中游城市群及成渝城市群在 1995—2000 年、2000—2005 年、2005—2010 年内，三大城市群均没有发生任何数量及程度的生活用地的转出活动；而在 2010—2015 年，长三角城市群是唯一的发生生活用地向生产用地转出的城市群。第二，在生活用地向生产用地不同转化强度城市的空间分布上，三大城市群基本全部为生活用地向生产用地转化十分明显的城市，成渝城市群中除贵阳表现为生活用地向生产用地较为明显的转变外（1%~2%），其余城市全部表现为生活用地向生产用地转化十分明显（5% 以上）；长江中游城市群除十堰、神农架、恩施外，其余城市表现出十分明显的生活用地向生产用地的转化；长三角城市群除上海和温州外，其余城市也属于生活用地向生态用地转化十分明显的区域。

（2）从生活用地向生态用地的转出来看，第一，在生活用地向生态用地发生转化的城市数量及转化强度上，整体上，成渝城市群是三大城市群中同时间段内表现最佳的城市群。1995—2000 年，对比长江中游城市群与长三角城市群还没有出现生活用地向生态用地转化的情况，成渝城市群中攀枝花的生活用地已经发生向生态用地的转变。2010—2015 年，成渝城市群中雅安出现十分明显的生活用地向生态用地的转变，宜宾、昭通、文山壮族苗族自治州也出现较为明显的生活用地向生态用地的转变，而同时期的长三角城市群却没有出现生活用地向生态用地转变的城市。第二，在生活用地向生态用地不同转化强度城市的空间格局分布上，三大城市群呈现不同的特征。成渝城市群较多的城市出现十分明显的生活用地向生态用地的转变，转化十分明显的城市以"倒 A"形分布在成渝城市群的南部、西北部及东北部。长江中游城市群生活用地向生态用地转化十分明显的城市则主要分布在该城市群的偏西位置。长三角城市群生活用地向生态用地转化十分明显的城市数量最少，主要包括连云港和盐城两个城市，同时长三角城市群的西北部有较多城市没有出现生活用地向生态用地的转化。

3. 三大城市群生态用地空间演变对比分析

（1）长江经济带整体上生态用地变化幅度相近。据表 4-15 显示，除了未利用土地和海洋这 2 类占比极小的用地外，三大城市群林地、草地、水域所占比例分别变动 0.04%、0.59%、0.42%，其他城市变动比例分别为 0.06%、0.55%、0.31%，与前者近乎持平。研究期间，三大城市群与其他城市生态用地变化方向及幅度一致，但三大城市群未利用地变化方向与其他城市存在阶段性差异，总体上前者正向增长 0.01%，后者负向增长 0.03%，表明在此期间其他城市对于未利用地的开发工作更为重视，相较于三大城市群工作效果更为显著。

（2）三大城市群生活用地扩张幅度远超其他城市。据表 4-15 显示，研究期间，三大城市群城乡建设用地所占比例由 1995 年的 3.37% 增加至 2020 年的 6.52%，扩张比例达 3.15%，动态度达 3.37%。而其他城市城乡建设用地变动比例为 0.99%，动态度为 2.59%。研究期间，三大城市群与其他城市城乡建设用地的动态度均处于正向增长态势，但前者增长幅度高于后者，表明在此期间城镇化引致建设用地扩张这一现象，相较于其他城市，三大城市群表现更为明显。

（3）三大城市群生产用地缩减幅度远超其他城市。据表 4-15 显示，研究期间，三大城市群耕地所占比例由 1995 年的 47.17% 减少至 2020 年的 44.24%，缩减比例达 2.94%，动态度达 -0.25%。而其他城市耕地缩减比例为 0.67%，动态度为 -0.12%。研究期间，虽三大城市群与其他城市耕地的动态度均处于缩减态势，但前者缩减幅度高于后者，表明在此期间三大城市群耕地退化现象与其他城市相比更为剧烈，城市发展占用耕地现象更为严重。

第五节　长江旅游带其他城市与三大城市群土地利用生态系统时空演变的对比分析

一、长江旅游带其他城市与三大城市群土地利用数据数量变化对比分析

（一）土地利用数量的时间演变

本书在分离出长江旅游带三大城市群与其他城市土地利用数量数据的基础上，分别计算三生用地动态度，对比分析三大城市群与其他城市群在时间维度上的变化特点，发现生产用地处于缩减态势，生活用地及生态用地二者均处于扩张态势，但呈现出不同变化特征。期间主要变化特征如下。

（1）长江经济带整体上生态用地变化幅度相近。表4-15显示，市群林地、草地、水域所占比例分别变动0.04%、0.59%、0.41%，其他城市变动比例分别为0.06%、0.55%、0.31%，与前者近乎持平。图4-35显示，研究期间，三大城市群与其他城市生态用地变化方向及幅度一致，但三大城市群未利用地变化方向与其他城市的存在阶段性差异，总体上前者正向增长0.01%，后者负向增长0.03%，表明在此期间其他城市对于未利用地的开发工作更为重视，相较于三大城市群工作效果更为显著。

（2）三大城市群生活用地扩张幅度远超其他城市。表4-15显示，研究期间，三大城市群城乡建设用地所占比例由1995年的3.37%增加至2020年的6.52%，扩张比例达3.15%，动态度绝对值达93.15%。而其他城市耕地变动比例为0.98%，动态度绝对值为64.79%，约为前者2/3。图4-35显示，研究期间，三大城市群与其他城市的城乡建设用地土地利用动态度总体上均处于负向增长态势，但前者柱状图增长绝对值显然高于后者柱状图，表明在此期间城镇化引致建设用地扩张这一现象，相较于其他城市，三大城市群表现更为明显。

（3）三大城市群生产用地缩减幅度远超其他城市。表4-15显示，研究期间，三大城市群耕地所占比例由1995年的47.17%减少至2020年的44.24%，缩减比例达2.93%，动态度达6.21%。而其他城市耕地缩减比例为0.67%，动态度为3%。图4-35显示，研究期间，虽三大城市群与其他城市的耕地土地利用动态度均处于正向增长态势，但2015—2020年，前者柱状图显然高于后者柱状图，表明在此期间三大城市群耕地退化现象与其他城市相比更为剧烈，城市发展占用耕地现象更为严重。

表 4-15　1995—2020 年三大城市群与其他城市土地利用数量对比

土地利用类型	三大城市群			其他城市		
	1995 年（%）	2020 年（%）	动态度（%）	1995 年（%）	2020 年（%）	动态度（%）
耕地	47.17	44.24	−0.25	21.22	20.55	−0.12
城乡建设用地	3.37	6.52	3.73	1.53	2.51	2.59
草地	5.12	4.53	−0.46	23.67	23.12	−0.09
水域	5.08	5.49	0.33	1.45	1.76	0.87
林地	38.97	38.93	0.00	50.58	50.52	0.00
未利用土地	0.28	0.29	0.09	1.55	1.52	−0.06
海洋	0.00	0.00	43.64	0.00	0.01	—

注：由于四舍五入的小数处理问题，比例总和可能存在 ±0.1% 的误差；一代表该类型土地利用面积初始值为 0，无法计算出动态度。

（二）土地利用数量的空间演变

根据图 4-36 所示的长江经济带三大城市群与其他城市土地利用结构图，结合图 4-12 至图 4-14、图 4-20 至图 4-22、图 4-28 至图 4-30，总体上看，生产用地和生活用地主要集中在三大城市群，生态用地主要分布在其他城市地域范围内，但其演变呈现不同变化特点。其间，主要变化特征如下。

（1）三大城市群生态用地退化程度远超其他城市。1995—2020 年，长三角城市群、中游城市群、成渝城市群及其他城市生态用地"转入—转出"面积数值分别为 730.17 km²、−1484.73 km²、−890.49 km²、−0.40 km²。综合来看，长江旅游带三大城市群变化绝对值远超其他城市，但仅长三角城市群生态用地有所增加，反应其在生态保护与治理方面的成效，实现了经济发展与环境保护的协调平衡。

（2）三大城市群生活用地扩张现象远超其他城市。1995—2020 年，长三角城市群、中游城市群、成渝城市群及其他城市生活用地"转入—转出"总用地数值分别为 −13397.13 km²、6522.59 km²、4952.71 km²、0.64km²。总体上来看，长江旅游带三大城市及其他城市生态用地变化方向相一致，处于扩张态势，但三大城市群变化绝对值远超其他城市绝对值，表明在此期间三大城市群生活用地扩张现象相较于其他城市更为剧烈，同时反映出社会经济快速发展所引致的生活空间需求日益增加这一现象。

（3）三大城市群生产用地转化数量远超其他城市。1995—2020 年，长三角城市群、中游城市群、成渝城市群及其他城市生活用地"转入—转出"总用地数值分别

为 –14127.29 km^2、–5037.86 km^2、–4062.22 km^2、–0.24 km^2，三大城市群变化绝对值远超其他城市。此外，研究期间，三大城市群生产用地转入、转出生产用地数值均远超生态用地、生活用地转移数量，且均远超其他城市与之相对应的数据，表明生产用地相较于生活用地及生态用地阶段性转化较强。综合分析，以时间轴为衡量尺度，三大城市群生产用地"整体"及"阶段"转化数量均远超其他城市所对应数据。

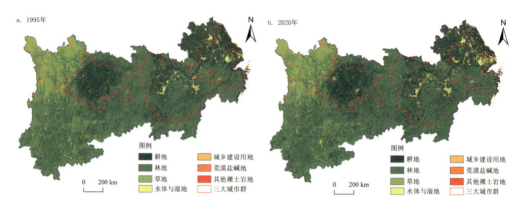

图 4-36 1995—2020 年长江经济带三大城市群与其他城市的生态系统对比

二、长江旅游带其他城市与三大城市群土地利用数据结构变化对比分析

（一）土地利用结构的时间演变

根据表 4-16，并结合表 4-7、表 4-10、表 4-13，本书分别计算出三大城市群与其他城市生态用地、生活用地及生产用地的面积变化幅度，综合分析三大城市群与其他城市土地利用结构演变特征，发现三大城市群与其他城市生态用地、生产用地总体上均处于退化趋势，生活用地处于扩张趋势，但呈现出不同变化特征。其间主要变化特征如下。

（1）三大城市群生态用地退化程度远超其他城市。1995—2020 年，长三角城市群、中游城市群、成渝城市群及其他城市生态用地"转入总用地 – 转出总用地"数值分别为 72.43km^2、–1484.74km^2、–890.51km^2、–0.40km^2，与前三项所对应的"转入总用地 – 转出总用地"变动比例分别为 –0.12%、–2.14%、–6.61%。综合来看，长江旅游带三大城市及其他城市生态用地变化方向相一致，均处于退化态势。但三大城市群变化绝对值远超其他城市，表明在此期间三大城市群生态用地退化现象相较于其他城市更为剧烈，同时反映出社会经济快速发展的背后，对生态空间产生了一定程度上的挤压现象。

（2）三大城市群生活用地扩张现象远超其他城市。1995—2020年，长三角城市群、中游城市群、成渝城市群及其他城市生活用地"转入总用地–转出总用地"数值分别为–175.34 km²、6522.56 km²、4952.65 km²、0.64 km²，与前三项所对应的"转入总用地–转出总用地"变动比例绝对值分别为0.59%、6.98%、9.97%。总体上来看，长江旅游带三大城市及其他城市生态用地变化方向相一致，处于扩张态势，但三大城市群变化绝对值远超其他城市绝对值，表明在此期间三大城市群生活用地扩张现象相较于其他城市更为剧烈，同时反映出社会经济快速发展所引致的生活空间需求日益增加这一现象。

（3）三大城市群生产用地转化数量远超其他城市。1995—2020年，长三角城市群、中游城市群、成渝城市群及其他城市生活用地"转入总用地–转出总用地"数值分别为–1295.95km²、–5037.95km²、–4062.33km²、–0.24km²，与前三项所对应的"转入总用地–转出总用地"变动比例分别为–1.22%、–7.14%、–7.36%，三大城市群变化绝对值远超其他城市。此外，研究期间，三大城市群生产用地转入、转出生产用地数值均远超生态用地、生活用地转移数量，且均远超其他城市与之相对应的数据，表明生产用地相较于生活用地及生态用地阶段性转化较强。综合分析，以时间轴为衡量尺度，三大城市群生产用地"整体"及"阶段"转化数量均远超其他城市所对应数据。

表4-16　1995—2020年长江旅游带其他城市群三生用地类型转移矩阵

年份	三生用地	生态用地（km²）		生活用地（km²）		生产用地（km²）		转出总用地（km²）	
		面积（km²）	变动比例（%）	面积（km²）	变动比例（%）	面积（km²）	变动比例（%）	面积（km²）	变动比例（%）
1995—2000	生态用地	—	—	0.15	0.00	4.62	0.00	4.77	0.00
	生活用地	0.15	0.00	—	—	0.45	0.00	0.60	0.00
	生产用地	4.40	0.00	0.48	0.00	—	—	4.88	0.00
	转入总用地	4.56	0.00	0.63	0.00	5.07	0.00	—	—
2000—2005	生态用地	—	—	0.02	0.00	0.06	0.00	0.08	0.00
	生活用地	0.00	0.00	—	—	0.00	0.00	0.00	0.00
	生产用地	0.07	0.00	0.04	0.00	—	—	0.12	0.00
	转入总用地	0.08	0.00	0.06	0.00	0.06	0.00	—	—
2005—2010	生态用地	—	—	0.01	0.00	—	—	0.02	0.00
	生活用地	0.00	0.00	—	—	—	—	0.00	0.00

续表

年份	三生用地	生态用地（km²）		生活用地（km²）		生产用地（km²）		转出总用地（km²）	
		面积（km²）	变动比例（%）	面积（km²）	变动比例（%）	面积（km²）	变动比例（%）	面积（km²）	变动比例（%）
2005—2010	生产用地	0.04	0.00	0.05	0.00	—	—	0.09	0.00
	转入总用地	0.04	0.00	0.07	0.00	0.00	0.00	—	—
2010—2015	生态用地	—	—	0.09	0.00	0.01	0.00	0.10	0.00
	生活用地	0.00	0.00			0.00	0.00	0.01	0.00
	生产用地	0.02	0.00	0.12	0.00			0.14	0.00
	转入总用地	0.02	0.00	0.21	0.00	0.02	0.00	—	—
2015—2020	生态用地	—	—	0.32	0.00	2.51	0.00	2.83	0.00
	生活用地	0.22	0.00			0.62	0.00	0.84	0.00
	生产用地	2.48	0.00	0.82	0.00			3.30	0.00
	转入总用地	2.70	0.00	1.15	0.00	3.12	0.00	—	—
1995—2020	生态用地	—	—	0.40	0.00	5.13	0.00	5.53	0.00
	生活用地	0.14	0.00			0.55	0.00	0.69	0.00
	生产用地	4.98	0.00	0.94	0.00			5.92	0.00
	转入总用地	5.13	0.00	1.34	0.00	5.68	0.00	—	—

注：由于四舍五入的小数处理问题，比例总和可能存在 ±0.1% 的误差。

（二）土地利用结构的空间演变

图 4-6 至图 4-8 显示，研究期间，三大城市群和其他城市生态用地、生活用地及生产用地之间均发生了一定程度的内部转移，除前文所提及的整体阶段性，三大城市群和其他城市区域内也具有明显的阶段性变化特征。在此基础上，本书进一步对比分析二者的三生用地变化规律，其主要特征如下。

（1）三大城市群生态用地转移现象更为剧烈。图 4-6 显示，1995—2015 年，生态用地向生产用地、生活用地转移主要分布在三大城市群，主要包括上游成渝城市群绵阳市、铜仁市区域，中游城市群湘潭市、常德市部分区域；下游盐城市、南通市及上海市等区域。2015—2020 年，受长江经济带转入国家战略、西部大开发等政策的影响，转移速度明显加快。生态用地转向生产用地较为严重的区域主要分布在上游以成都市、重庆市为中心的成渝城市群，中游城市群荆门市、上饶市，下游长三角城市群盐城市、宁波市及阜阳市区域。生态用地向生活用地转移程度较为严重区域的主要分布在下游长三角城市群南通市、上海市及南京市周边地区。综上所述，生态用地转向生活用地、生产用地较为严重的区域主要分布在三大城市群区域范围内，相较于其他城市转化现象更为严重，表明在此期间三大城市群生态破坏较为严重，生态工作不如其他城市到位。

（2）生活用地转移呈不同转化趋势。图 4-7 显示，1995—2015 年，生活用地向生产用地在三大城市群及其他城市区域内均无明显，向生态用地转化方向在其他城市存在区域性的变化，主要包括上游雅安市、昭通市及文山壮族苗族自治州，中游湖南省怀化市。综合来看，生活用地转移现象主要发生在其他城市区域范围内。2015—2020 年，长江旅游带全局生活用地向生产用地转移程度较为严重，生活用地向生态用地转移程度较为严重时区域主要分布在上游川西地区、云南省南部普洱市及临沧市等地区，以及成渝城市群重庆市、遵义市及周边区域。综合来看，生活用地向生产用地转移分布于全域，三大城市群与其他城市无明显区别。生活用地向生态用地转移主要分布在其他城市区域范围内，三大城市群区域分布较少，转移现象呈不同变化特征。

（3）生产用地转移范围呈相反趋势。图 4-9 显示，1995—2020 年，长江旅游带生产用地向生活用地转化现象，首先出现在下游长三角城市群南京市、上海市及杭州市周边区域，后扩展至以武汉市为中心的中游城市群、以重庆市为中心的成渝城市群，最后扩展至其他城市区域范围内。而生产用地向生态用地转移现象首先出现在其他城市区域范围内的川西阿坝藏族羌族自治州及甘孜藏族自治州、贵州省南部安顺市相邻地区及上游浙江省衢州市，由该区域扩至三大城市群范围内，直至扩展至长江旅游带全域，与向生活用地扩展方向相反。

第六节　本章小结

本章通过构建三生空间分类体系，将林地、草地、水域、未利用地、海洋等用地归于生态用地，在 1995—2020 年研究期内，对研究区长江经济带全域及其内部主要城市群（长三角城市群、长江中游城市群、成渝城市群）的生态用地系统时空演化特征进行深入剖析。具体结论如下：

（1）从长江经济带全域整体来看，① 1995—2020 年，生态用地是长江经济带的主体用地且内部结构（林地、水域、草地和未利用土地）变化稳定，生产用地逐年缩减，往生活用地流入。② 1995—2020 年，生产用地全域减少、生活用地全域增加、生态用地局部增加。生态用地呈"此消彼长"式区域性动态变化，生活用地呈成渝城市群—长三角城市群"首尾夹击式"剧烈增长特征，生产用地呈长三角城市群—中游城市群—成渝城市群"流动式"缩减特征。

（2）从三大城市群对比来看，①三大城市群生态系统较为稳定，生产用地下降、生活用地上升趋势明显。与其他城市群相比，长三角城市群呈现生态系统上升趋势，但长三角城市群生活用地挤压生产用地最为明显。②三大城市群中，生态用地"正向演化"与"负向演化"同时出现，生态用地缩减集中于具有大片水域的城市，增长集中于草地面积较多的城市。生活用地和生产用地呈现明显的全域变动特征，生活用地呈现以省会城市为中心的增长特征，生产用地呈现以省会城市为中心的缩减特征。

（3）从长江经济带其他城市与三大城市群的对比来看，与长江经济带其他城市相比，三大城市群的生态用地分布少，但整体上生态用地变化幅度相似，均较小。三大城市群生活用地扩张幅度、生产用地的缩减幅度均远超其他城市，且变动现象时间早、持续时间长、覆盖范围广。

全域旅游视野下长江旅游带生态安全格局构建研究

STUDY ON THE CONSTRUCTION OF ECOLOGICAL SECURITY PATTERN OF YANGTZE
RIVER TOURISM BELT FROM THE PERSPECTIVE OF GLOBAL TOURISM

第五章

全域旅游视野下长江旅游带生态安全格局演变

一、研究方法与数据来源处理

（一）研究方法

1. 景观生态学指数

（1）景观优势度（DI）

景观优势度用于测定景观多样性对最大多样性的偏离程度，或表示景观由几个主要景观类型控制的程度。具体计算公式如下：

$$DI=d\frac{n_i}{N}+e\frac{A_i}{A} \tag{5-1}$$

式中，DI 为景观优势度指数；d、e 为权重系数，且 $d+e=1$，根据相关文献（韩振华等，2010），d、e 的权重分别为 0.6、0.4；n_i 为景观类型斑块数量；N 为景观斑块总数量；A_i 为景观类型斑块面积；A 为景观总面积。

（2）斑块面积（CA）

斑块面积是衡量景观构成的尺度，具体指的是在某一区域内，有多少景观是由特定的斑块类型组成的。对于耕地来讲，乡镇的斑块类型面积越大，反映出该乡镇的耕地在景观中的优势度越大。具体计算公式如下：

$$CA=\sum_{j=1}^{n} a_{ij(\frac{1}{10000})} \tag{5-2}$$

式中，a_{ij} 是斑块面积，斑块面积是用其中某一斑块类型的全部斑块面积求和后除以 10000 再转化为 hm^2，当 $CA=TA$（景观面积）时，表明是由一种类型的斑块组成的；当 CA 接近于 0 时，表明本斑块类型在景观中逐渐变少。

（3）最大斑块指数（LPI）

最大斑块指数指的是某一景观中最大斑块的面积除以总的景观面积的百分比，也就是最大的斑块占景观面积的比例。具体计算公式如下：

$$LPI=\frac{max^n(a_{ij})}{A} \times 100 \tag{5-3}$$

式中，a_{ij} 为斑块面积；A 代表景观的总面积，即包括景观内部的背景在内的景观面积；

LPI 表示用某一斑块类型中斑块面积最大的那一部分除以所有景观面积再乘以 100 转化为百分比，也就是景观中最大斑块面积所占整个景观面积中的比重。

（4）景观聚集度（AI）

景观聚集度，反映每一种景观类型斑块间的连通性。具体计算公式如下：

$$AI=(\frac{g_{ij}}{maxg_{ij}}) \times 100\% \tag{5-4}$$

式中，g_{ij} 和 $maxg_{ij}$ 分别表示基于单倍法的景观斑块类型象元之间节点数与最大节点数，*AI* 的范围在 0~100。该指数主要反映不同景观类型斑块的团聚程度或集聚趋势。值越大，斑块越集中；值越小，斑块越分散。

（5）景观分离度（SI）

景观分离度是表征研究区中某一土地景观类型在空间布局上的离散程度，值越大表示某一土地景观类型的离散程度越大、景观分布越复杂。具体计算公式如下：

$$SI= \sqrt{ni \times a}/2a_i \tag{5-5}$$

式中，*SI* 为某一土地景观类型的分离度，*ni* 为第 *i* 种土地景观类型的总斑块数量，a_i 为第 *i* 种土地景观类型的面积之和，*a* 为某一研究区域总面积。

（6）斑块数量（NP）

区域斑块总个数用于衡量城市用地离散程度。具体计算公式如下：

$$NP=n \tag{5-6}$$

式中，*NP* 在类型水平上表示某一景观类型的斑块总数，*NP* 可指示景观的异质性与破碎度。*NP* 越大，破碎度越高。

（7）景观破碎度（CI）

景观破碎度表征景观被分割的破碎程度，反映景观空间结构的复杂性，在一定程度上反映了人类对景观的干扰程度，源于自然或人为干扰所导致的景观由单一、均质和连续的整体趋向于复杂、异质和不连续的斑块镶嵌体的过程。具体计算公式如下：

$$CI \frac{N_i}{A_i} \tag{5-7}$$

式中，*CI* 为景观的破碎度，N_i 为景观的斑块数，A_i 为景观的总面积。

（8）景观形状指数（LSI）

景观形状指数反映的是某一景观类型中的斑块形状。具体计算公式如下：

$$LSI=\frac{e}{4\sqrt{a}} \tag{5-8}$$

式中，*LSI* 指的是某一景观类型中的斑块形状指数，*e* 表示的是某一景观类型栅格图像中栅格单元的边长与栅格边界的数量之间的乘积，*a* 表示栅格单元的空间分辨率与栅格个数的乘积。*LSI* 的值应该大于等于 1，当景观由某一类型的单个正方形块组成，*LSI* 的值为 1。

2. 生态系统服务价值

基于谢高地等（2015）优化后的单位面积 ESV 当量表对苏州市区三生空间 ESV 进行评价，1 个标准单位 ESV 当量因子（简称标准当量）是指 1hm² 全国平均产量的农田每年自然粮食产量的经济价值。本书中农业生产用地以及林地、草地、水域、其他生态用地分别对应农田、森林、草地、水系以及裸地，工矿生产用地以及生活用地的 ESV 相较于以上几种影响较小，将其全部看作建设用地，并采用谢高地等（2003）提出的生态系统系数修正方法（修正方法：标准当量的经济价值为单位面积粮食产量的 1/7，如公式（5-9））。

由于 1995—2020 年长江经济带各省市粮食收购价格和粮食种植面积公布较少，数据难以获取，因此，本书以全国 1995—2020 年平均农产品价格、单产量作为支撑。数据来源于《中国统计年鉴》和《中国农产品价格调查年鉴》，得出长江经济带的 ESV 当量因子为 1564.6785 元 /hm²，最终得到长江经济带生态系统服务价值系数（见表 5-1）。具体公式如下：

$$E_a = \frac{1}{7} \sum_{i=1}^{n} \frac{m_i p_i q_i}{M} \tag{5-9}$$

$$ESV_k = \sum VC_k \times A_k \tag{5-10}$$

$$ESV = \sum_k ESV_k \tag{5-11}$$

式中，E_a 为单位面积农田生态系统提供的食物生产经济价值；i 为农作物种类；m_i 为 i 种农作物的种植面积；p_i 为 i 种农作物某年全国平均价格；q_i 为 i 种农作物单位面积产量；M 为所有农作物种植面积；ESV_k、ESV 为第 k 类土地的生态系统服务价值和总生态系统服务价值；VC_k 为生态服务价值系数；A_k 为第 k 种类型的土地面积。

表 5-1　长江经济带 1995—2020 年生态系统单位面积生态服务价值量表（单位：元 / hm²）

生态系统服务	耕地	林地	草地	水域	建设用地	其他用地
食物生产	1728.9697	395.0813	469.4036	1024.8644	0	7.8234
原料生产	383.3462	907.5135	696.2819	571.1077	0	23.4702
水资源供给	-2041.9054	469.4036	383.3462	8511.8510	0	15.6468

生态系统服务	耕地	林地	草地	水域	建设用地	其他用地
气体调剂	1392.5639	2984.6242	2433.0751	2088.8458	0	101.7041
气候调节	727.5755	8930.4025	6438.6520	4607.9782	0	78.2339
净化环境	211.2316	2616.9248	2127.9628	7158.4041	0	320.7591
水文调节	2339.1944	5844.0742	4717.5057	98942.4449	0	187.7614
土壤保持	813.6328	3633.9658	2965.0658	2534.7792	0	117.3509
维持养分循环	242.5252	277.7304	226.8784	195.5848	0	7.8234
生物多样性	265.9953	3309.2950	2699.0704	8151.9750	0	109.5275
美学景观	117.3509	1451.2393	1189.1557	5179.0858	0	46.9404

3. 熵值法

通过熵值法对生态安全阻力因子指标进行权重计算，以确定各指标综合数值。前期通过极差法对数据进行处理，参考相关文献（范峻恺、徐建刚，2020），正向指标采用 $a_{ij}=\dfrac{X_{ij}-X_{min}}{X_{max}-X_{min}}$，负向指标采用 $a_{ij}=\dfrac{X_{max}-X_{ij}}{X_{max}-X_{min}}$，再对处理后的数据依次进行熵值法处理。具体计算公式如下：

$$p_{ij}=\frac{a_{ij}}{\sum\limits_{i=1}^{m}a_{ij}} \tag{5-12}$$

$$e_j=\frac{\sum\limits_{i=1}^{m}p_{ij}\,lnp_{ij}}{lnm} \tag{5-13}$$

$$g_j=1-e_j \tag{5-14}$$

$$w_j=\frac{g_j}{\sum\limits_{j=1}^{n}gi} \tag{5-15}$$

$$S_i=\sum\limits_{j=1}^{n}w_ja_{ij} \tag{5-16}$$

式中，X_{ij} 为原始数据；X_{max} 为原始数据中第 i 个指标种的最大值；X_{min} 为原始数据中第 i 个指标种的最小值；p_{ij} 为第 i 个指标值在第 j 项指标下所占的比重；e_j 为第 j 项指标的熵值；g_j 为第 j 项指标的差异性系数；w_j 为第 j 项指标的权重；S_i 为各评价对象的综合评价。

4. 核密度估计

通过核密度估计（Kernel Density Estimation，KDE）进行生态安全数值、旅游生态安全廊道的核密度估计。KDE 是一种概率密度的非参数估计，可以基于空间样本点生成光滑的密度表面（龙雪琴等，2022），能有效提取生态安全密度特征和旅游生态安全核心区。具体计算公式如下：

$$f_h(p) = \sum_{0=1}^{z} \frac{1}{zh^2} k\left(\frac{p-p_0}{h}\right) \qquad (5-17)$$

式中，$f_h(p)$ 为空间位置 p 处的核密度估计函数；$p-p_0$ 是点要素 p 到 p_0 的相对距离；h 为带宽；z 为与位置 p 的距离小于或等于的实体数目；$k(\ )$ 函数表示核概率密度函数，通常选用方差为 σ^2 的标准 Gaussian 核函数。

5. 标准椭圆差

利用标准椭圆差来分析生态安全格局的分布特征。通过计算 x 轴、y 轴方向上的标准距离测段点群发展态势，运用重心、长短轴和方位角定量描述博士馆的整体分布特征、集聚程度和集聚重心（刘海龙等，2022）。椭圆面积和 x 轴、y 轴的标准距离越小，集聚越强；反之则越弱（杨利等，2019）。具体计算公式如下：

$$\tan\theta = \frac{\sum_{i=1}^{n}(x_i-\bar{x})^2 - \sum_{i=1}^{n}(y_i-\bar{y})^2 + \sqrt{[\sum_{i=1}^{n}(x_i-\bar{x})^2 - \sum_{i=1}^{n}(y_i-\bar{y})^2] + 4\sum_{i=1}^{n}(x_i-\bar{x})\sum_{i=1}^{n}(y_i-\bar{y})^2}}{2\sum_{i=1}^{n}(x_i-\bar{x})\sum_{i=1}^{n}(y_i-\bar{y})} \qquad (5-18)$$

$$\sigma_x = \sqrt{\sum_{i=1}^{n}(x_i-\bar{x})\cos\theta - (y_i-\bar{y})\sin\theta]^2/n} \qquad (5-19)$$

$$\sigma_y = \sqrt{\sum_{i=1}^{n}(x_i-\bar{x})\sin\theta - (y_i-\bar{y})\cos\theta]^2/n} \qquad (5-20)$$

式中，(x_i, y_i) 为生态安全所在网格 / 县域 / 城市的坐标；$\bar{x}$、$\bar{y}$ 表示所有坐标点的平均值；θ 为旋转方向角；$\tan\theta$ 为标准椭圆指向；σ_x、σ_y 分别表示椭圆的长、短轴长度。

6. 莫兰指数

为了更好地探究长江经济带生态安全格局的时空演化特征，本书采用莫兰指数对其演化趋势进行时空分析，构建空间邻接矩阵，计算全局莫兰指数。全局莫兰指数可以测度区域邻近单位发展的集聚性和相似性（詹蕾等，2022），适用于研究长江经济带县域、城市生态安全格局的空间自相关性。具体计算公式如下：

$$I = \frac{\sum_{i=1}^{n}\sum_{j=1}^{n}w_{ij}(x_i-\bar{x})(x_j-\bar{x})}{S^2\sum_{i=1}^{n}\sum_{j=1}^{n}w_{ij}} \qquad (5-21)$$

式中，I 为全局莫兰指数；$S^2 = \sum_{i=1}^{n}(x_i-\bar{x})^2/n$ 为样本方差；w_{ij} 为权重矩阵 w 的 (i, j) 位置元素；$\sum_{i=1}^{n}\sum_{j=1}^{n}w_{ij}$ 为所有空间权重之和，在空间权重标准化后其值为 n。

7. 马尔科夫链

马尔科夫链是描述研究单元等级结构转变过程的有效方法，主要是根据一种时间和空间均为离散的马尔科夫的过程（穆学青等，2022）。根据前文将长江旅游生态安全类型分为"极低、较低、一般、较高、极高" 5 个等级，分别对应 $k=1$，2，3，4，5，数值越小，生态安全越小。根据生态安全类型的不变、提高和下降来定义区域生态安全转变的方向。本书将 t 年份的生态安全类型的概率分布表示为一个 $1 \times k$ 状态概率向量 $M_{ij}=[M_{1t}，M_{2t}，\cdots，M_{kt}]$，不同年份生态安全等级之间的转移可以用马尔科夫转移概率矩阵 M 表示，表中的元素 m_{ij} 表示某一区域在最初年份属于 i 等级，即初始状态记为 E_i，而在下一年份转移到 j 等级即状态 E_j 的转移概率，计算公式如下所示：

$$m_{ij}(E_i \rightarrow E_j)=\frac{n_{ij}}{n_i} \tag{5-22}$$

式中，m_{ij} 表示在整个研究期内，由 E_i 转变为 E_j 时 i 等级转移到 j 等级的区域数量之和；n_i 表示 E_i 处于 i 等级的区域数量，计算得到马尔科夫概率矩阵 M_{ij}。若区域旅游生态安全在初始状态等级，经过时间 t 等级不变，则定义该区域转移为"平稳"型；若等级提高，则定义该区域的类型为"向上转移"；反之，为"向下转移"。矩阵应满足两个条件：

$$0 \leq m_{ij} \leq 1 ; \sum_{j=1}^{n} m_{ij}1 \tag{5-23}$$

8. 空间马尔科夫链

空间马尔科夫链是传统马尔科夫链与"空间滞后"这一条件概念相结合的产物，弥补了传统马尔科夫链忽略了区域间相互作用的不足。任何一个生态系统在地理空间上不是孤立、随机分布的，而是与周围环境密切关联，某一区域的生态安全也与周围区域的生态环境相互影响。空间马尔科夫链根据与城市相邻区域的生态发展状态或类型即空间滞后类型为条件，将传统的 $k \times k$ 马尔科夫矩阵分解为 k 个 $k \times k$ 的条件转移概率矩阵。对于第 k 个条件矩阵而言，元素第 m_{ij}（k）表示以区域在 t 年份份的空间滞后类型 k 为条件，该年份属于等级 i 而在下一年份转移等级 j 的一步空间转移概率。通过比较马尔科夫矩阵元素和空间马尔科夫矩阵中的对应元素，可分析在不同区域背景条件下，一个区域向上或向下转移的可能性与周围邻域之间的关系，探讨区域环境对生态安全类型变化的影响。

9. MCR 模型

本书通过最小累积阻力（Minimal Cumulative Resistance，MCR）识别旅游生态安全模型。MCR 模型是物种从某个源点到目标所在地的过程中所需克服的总阻力的模型，被广泛应用于景观格局建设与物种保护等方面（杨清可等，2021）。具体计算公式如下：

$$MCR=\int min\sum_{j=n}^{i=m}D_{ij} \times R_i \tag{5-24}$$

式中，MCR 表示最小累积阻力值；D_{ij} 表示物种从源地 i 到景观单元 j 的空间距离；R_i 表示景观单元对某种物种运动过程的阻力系数。

（二）数据来源与处理

本节研究所采用的数据包括土地利用数据、5A 级景点数据和社会经济统计数据 3 种。（1）土地利用数据。土地利用数据是 1995 年、2000 年、2005 年、2010 年、2015 年、2020 年共 6 期各类型土地利用的数据，来源于中国科学院资源环境科学数据中心，在遥感解译获取的土地利用 / 土地覆盖数据的基础上，通过对各土地利用类型进行辨识和研究，数据精度像元大小为 30m×30m。本书根据土地利用数据，通过 Fragstats 软件进行景观生态指数计算。（2）5A 景点数据。根据《旅游区（点）质量等级的划分与评定》，旅游景区质量等级按 5A、4A、3A、2A、1A 五级划分。本书将 5A 级景点设定为旅游源地，由于首批 5A 级景点于 2007 年开始公布，因此，选取长江经济带 11 个省市 2007—2020 年的 5A 级旅游景区作为研究样本，数据来源于中华人民共和国文化和旅游部及各省市旅游局官方网站。（3）社会经济统计数据。本书涉及的粮食种植面积、单产面积和平均出售价格等粮食数据来源于《中国统计年鉴》和《全国农产品成本收益资料汇编》。

二、生态安全和生态安全阻力面评价指标体系构建

生态安全阻力面的构建是识别长江旅游带生态安全格局的必经之路，生态安全阻力面的合理性直接影响着整个长江旅游带生态安全格局的科学性，且构建合理生态安全阻力面的前提是建立一个科学合理的生态安全阻力面评价指标体系，因而评价体系内部指标因子的选取格外重要，需考虑多个方面，力求使最终结果与实际情况更相符。特别说明，生态安全阻力面和生态安全是一对相反概念的空间格局特征，本书根据构建的生态安全阻力面，对遴选的指标因子性质进行调整，形成对应的生态安全评价指标体系。

在综合阻力面的构建过程中，众多学者遴选不同的指标因子、采取不同的研究方法和手段以确保研究的科学性和合理性。基于景观生态学理论与方法，遵循"生态源地识别—综合阻力面构建—生态安全网络生成"已成为区域生态安全格局构建的基本模式。景观的构成可以分为斑块、廊道和基质，物质、能量和生物在景观中的流动，对维持区域生态过程具有关键意义（彭建等，2020）。从国土空间视角出发，各学者遴选景观生态学指数表征生态安全，刘顺鑫等（2020）选取干扰度、脆弱度指数构建景观生态安全评价模型；韩逸等（2019）选取脆弱度、斑块密度、面积加权平均形状指数、平均斑块分维数、分离度等景观指数构建景观生态安全指数。部分学者认为单纯地从景观结构角度不能客观把握区域生态环境状况，结合生态系统服务价值进行量

化，可以精确识别区域生态安全格局（刘耀彬等，2020；吴健生等，2018）。本书基于数据的可获取性、真实性和对比性，查阅现有研究资料，严格依照科学性、合理性原则，针对长江旅游带生态环境现状，分析对其生态安全干扰效应较大的因素，从景观格局特征和生态系统服务价值 2 个一级维度，优势度、聚集度、破碎度、复杂度及生态系统服务价值 5 个二级维度，选取景观优势度 DI、斑块面积指数 CA、最大斑块指数 LPI、景观聚集度 AI、景观分离度 SI、斑块数量 NP、景观破碎度 CI、景观形状指数 LSI、生态系统服务价值 ESV 共 9 个指标，构建区域生态安全和生态安全阻力面指标体系（见表 5-2），并对各阻力指标因子进行计算并确定权重。

表 5-2　区域生态安全和生态安全阻力面评价指标体系

指标体系	一级维度	二级维度	指标	性质	权重
生态安全	景观格局特征	优势度	景观优势度 DI	+	0.0021
			斑块面积指数 CA	+	0.0137
			最大斑块指数 LPI	+	0.0088
		聚集度	景观聚集度 AI	+	0.0088
			景观分离度 SI	—	0.4171
		破碎度	斑块数量 NP	—	0.2478
			景观破碎度 CI	—	0.1670
		复杂度	景观形状指数 LSI	—	0.1331
	生态系统服务价值	生态系统服务价值	生态系统服务价值 ESV	+	0.0016
生态安全阻力面	景观格局特征	优势度	景观优势度 DI		0.0021
			斑块面积指数 CA	—	0.0137
			最大斑块指数 LPI		0.0088
		聚集度	景观聚集度 AI		0.0088
			景观分离度 SI	+	0.4171
		破碎度	斑块数量 NP	+	0.2478
			景观破碎度 CI		0.1670
		复杂度	景观形状指数 LSI	+	0.1331
	生态系统服务价值	生态系统服务价值	生态系统服务价值 ESV	—	0.0016

注：—代表与生态安全或生态安全阻力面起到负向作用；＋代表与生态安全或生态安全阻力面起到正向作用。

三、旅游源地选择

　　5A 级是中国最高的旅游风景区等级，多以高价值的自然生态类与历史文化类景区为主，5A 级景区旅游质量佳、景点资料丰富且影响力大。基于 5A 级景区样本进

行的研究具有较强的本土适用性和代表性，可为国内景区优化提供示范。首批国家
5A 级景区从 2007 年开始公布，因此，1995 年、2000 年、2005 年的旅游源地为首批
国家 5A 级景区，2010 年、2015 年、2020 年的旅游源地为当年国家 5A 级景区。

由图 5-1a 可知，2007 年最早挂牌的 5A 级景区有 26 家，数量较少。从整体 5A
级景区的空间布局来看，5A 级景区在长江经济带的 6 个省和 2 个直辖市都有所分布。
其中，江苏省的数量最多且分布密度最大，云南省的 5A 级景区面积最大。纵向以长
江黄金水道为界来看，发现长江以南地区的 5A 级景区明显多于长江以北地区，且面
积规模较大。横向来看，下游的长江三角洲城市群的 5A 级景区数量最多但面积规模
最小，长江中游城市群 5A 级景区的数量和面积规模次之，上游成渝城市群的 5A 级
景区数量最少但面积规模最大。

由图 5-1b 可知，2010 年，长江经济带共有 36 家 5A 级景区，数量相对 2007 年
有所增加，从整体 5A 级景区的空间布局来看，江苏省的 5A 级景区由 2007 年的 4 家
增加至 2010 年的 9 家，其数量最多、增速最快但面积规模最小；浙江省次之，它由
2007 年的 3 家增加至 7 家，发展较快；上海新增 1 处 5A 级景区，长江经济带其余的
省市无变化。纵向以长江为界来看 5A 级景区的分布，长江以南的数量仍多于长江以
北的数量，长江以南的面积规模较大，长江以北的 5A 级景区的面积几乎都在 60km²
以上。横向来看 5A 级景点的分布，下游长江三角洲城市群的数量最多且各个等级的
面积规模都有，长江中游城市群的数量次之，上游成渝经济区的数量最少但面积规模
最大，为 60~120km²。

由图 5-1c 可知，2015 年，长江经济带共有 99 家 5A 级景区，数量相对 2010 年
增加 63 家，发展迅速。从长江经济带各省市的 5A 级景区数量来看，江苏省的 5A 级
景区增加至 15 家，增速最快，且面积规模扩大。浙江省由 7 家增加至 15 家，安徽
省由 2 家增加至 9 家，江西省由 2 家增加至 8 家，湖北省由 1 家增加至 10 家，湖
南省由 1 家增加至 7 家，重庆市由 2 家增加至 8 家，上海市无变化。从整体 5A 级
景区的空间布局来看，纵向以长江为界，长江以北 5A 级景区的数量仍少于长江以
南，但是增速最快。横向来看，下游长江三角洲城市群大于上游成渝经济区大于长
江中游城市群，且中游和上游城市群新增的 5A 级景区面积大，各个等级的面积规模
都有所涉及。

由图 5-1d 可知，2020 年，长江经济带的 5A 级景区一共有 137 家，数量相对
2015 年增加至 38 家。安徽省由 9 家增加至 12 家，贵州省由 2 家增加至 6 家，湖北
省由 10 家增加至 13 家，湖南省由 7 家增加至 10 家，江苏省由 19 家增加至 24 家，
江西省由 8 家增加至 13 家，上海市无变化，四川省由 11 家增加至 16 家，云南省由
6 家增加至 9 家，浙江省由 15 家增加至 20 家，重庆市由 8 家增加至 10 家。从整体

5A级景区的空间布局来看，纵向以长江为界，长江以北的数量少于长江以南且密度较大；横向来看，下游长江三角洲城市群区＞上游成渝经济区＞长江中游城市群。

对比四个建设年代的长江旅游带5A级旅游景区，可以发现，2007年5A级景区挂牌，但数量较少，但随着时间推移，5A级景区逐年增多。2007年有26家，2010年有36家，2015年有99家，2020年有137家。5A级景点的增速先增加后降低，2010—2015年平均每年新挂牌的景区数量大于2007—2010年平均每年新挂牌的景区数量，但2015—2020年增加的数量相对于2010—2015年较少，增速降低。整体上，随着年代快速增长，挂牌5A级景区的数量越来越多，且增速先快后慢。新增挂牌景点多集中在景点密集地，且逐渐向稀疏区扩散。

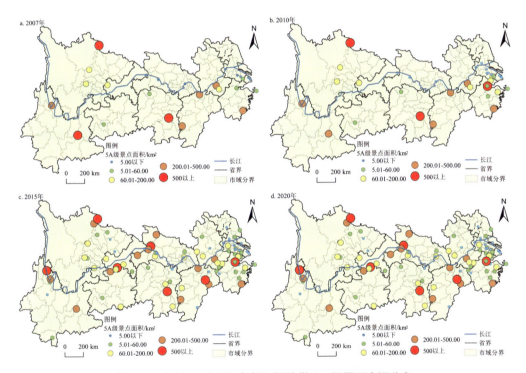

图5-1 2007—2020年长江经济带5A级景区空间分布

总的来看，长江经济带的5A级景点空间分布呈现出一定的规律。（1）纵向以长江为界来看，长江以北地区景点分布更为集中，长江以南地区分布较为分散，特别是长江黄金水道附近的5A级景点数量多、分布密度大。（2）横向来看，景区数量变化呈"U"形，下游和上游的景点数量多，中游城市群的景点数量少。5A级景点遍布整个长江旅游带，但上海、武汉和重庆附近资源集聚，且景点密度逐渐升高，形成局部的景点密集区。（3）从各省市来看，5A级景点数量和规模是由区域面积、区位、交通、经济条件等多种因素共同调和的结果，如云南省占地面积较大但5A级景点数量却不及安徽省的 5A 级景区数量多，江苏省 5A 级景区的数量苏南多于苏北也反映出旅游资源的集中不只是空间密度的集中，也是交通线和经济网络的集中。（4）从局部来看，最东部长江中下游平原及长江黄金水道附近最为密集，四川盆地稍次之，离长江黄金水道越远，景区密度逐渐减小。再微观地来看，江苏、浙江、安徽交界地的东南部数量众多，其次是四川、湖北、贵州的交界地，四川西北和云南南部的景点最为稀少。（5）从整体景区的面积分布来看，多数 5A 级景点的面积在 5~200km^2，面积规模较小但分布较为密集，呈现出小而密集的态势。面积规模大的景点数量分布较为分散，多分布于长江经济带各省市的边缘地区，且其周边的景点密度低。

四、生态安全时间多尺度演化特征

随着时间的变化，1995—2020 年长江旅游带生态安全数值和核密度都经历了"上升—下降—稳定—上升"的复杂变化过程。由图 5-2a 所示的箱型图分析发现，1995—2020 年长江旅游带生态安全的异常值集中在较小值一侧，数据的整体分布呈现左偏态；中位数经历"上升—下降—稳定—上升"的复杂变化趋势；箱子的宽度"波折式变长"即先变大后变小，端线的波动式变短反映了数据先分散后集中，最终呈现收敛态势。由图 5-2b 所示的 1995—2020 年长江旅游带的核密度曲线可知，1995—2000 年，核密度曲线整体右移，波峰明显变窄，峰值变大，可见生态安全数值升高且更为聚集；2000—2005 年，核密度曲线整体左移，波峰又变宽，可见网格尺度下生态安全降低且较为分散；2005—2015 年核密度曲线的变化小，生态安全和核密度都较为稳定；2015—2020 年，核密度曲线整体右移，峰值显著提升，波峰也明显变窄，可见生态安全数值显著提高且分布集中。从曲线形态上看，左脱尾特征显著，也说明大多数网格尺度下长江经济带旅游生态安全在高值聚集，少数向低值靠拢。

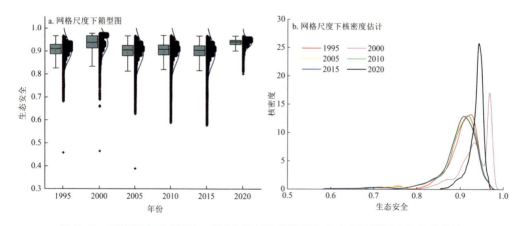

图 5-2　网格尺度下 1995—2020 年长江旅游带生态安全箱型图及核密度估计

随着时间的变化，县域尺度下长江旅游带生态安全数值经历"增长—降低"的过程，分布变得离散后又有所恢复。由图5-3a可知，异常值集中在较小值一侧，为左偏态；1995—2010年，均值波动上升，箱体宽度和端线都逐渐缩小，可见长江旅游带各县域生态安全的水平和紧密程度都有所上升；2010—2020年，均值有所下降，箱体宽度和端线距离都不断变大，可见长江旅游带各县域生态安全水平降低，数据分布逐渐分散，此外，均值都低于中位数，表明少数县域的旅游生态安全水平很低，从而将平均值拉低。由图5-3b可知，1995—2010年，核密度曲线整体右移，且呈多峰形态，2010—2020年，核密度曲线整体左移，说明县域旅游生态安全水平经历了"提高—降低"过程。从曲线形态上来看，左拖尾特征明显，说明大部分县域旅游生态安全在高值聚集。从峰值变化上来看，波峰并无显著变化，但峰值先上升后下降，说明县域旅游生态安全差异经历了"上升—下降"的过程，且至2020年，旅游生态安全核密度曲线左尾有所降低，说明旅游生态安全较低等级有缩减趋势。

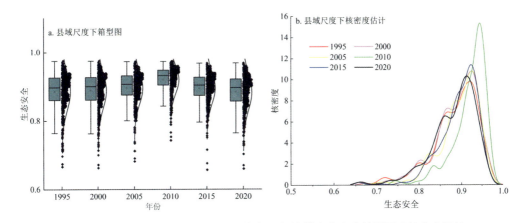

图5-3　县域尺度下1995—2020年长江经济带生态安全箱型图及核密度估计

随着时间的变化，市域尺度下长江经济带旅游生态安全经济经历"下降—上升"的变化过程，最终旅游生态安全的数值和紧密程度都有所降低。由图5-4a可知，1995—2015年，均值略微下降，2015—2020年，均值有所上升。从始末来看，异常值集中在较小值一侧，为左偏态，说明大多数值集中在低值一侧；旅游生态安全水平的箱体宽度和端线距离有所增加，说明旅游生态安全差异变大，数据分布更为分散；均值都低于中位数，表明少数市域的旅游生态安全水平很低，从而将平均值拉低。由图5-4b可知，从曲线形态上来看，左拖尾特征明显，说明大多数市域旅游生态安全在高值聚集。从峰值变化上看，波峰宽度无明显变化，1995—2015年曲线峰值下降，2015—2020年曲线峰值上升，表明市域尺度下核密度先降低后有所增加，数据分布先离散后聚集，核密度曲线先左移后右移，表明旅游生态安全数值经历了"下降—上升"的过程。2020年核密度曲线位于1995年核密度曲线的左侧，且峰值有所降低，表明旅游生态安全的水平和紧密程度都有所降低，左侧小尾有所抬高，说明旅游生态安全较低等级有扩张趋势。

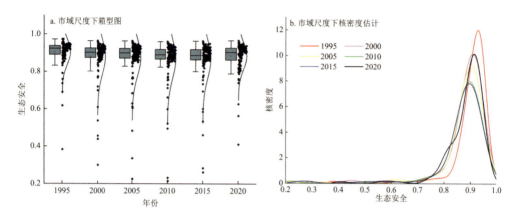

图 5-4　市域尺度下 1995—2020 年长江经济带生态安全箱型图及核密度估计

五、生态安全空间多尺度演化特征

（一）空间相关性

由表 5-3 可知，三大尺度的所有年份，Moran's I ＞ 0，P<0.1，可见空间正相关，且在显著水平上均显著，说明长江旅游带范围内的网格、县域和市域相互之间都存在正相关关系。正如契合地理学第一定律：地理事物或属性在空间分布上都互为相关，相近的事物关联更为紧密，网格尺度的长江旅游带生态安全全局 0.63<Moran'I<0.91，空间相关性最大；县域尺度下的长江旅游带生态安全全局 0.59<Moran'I<0.63，空间相关性次之；最后是市域尺度下的长江旅游带的空间相关性最低。

进一步来看，年份之间也存在显著差异。网格尺度下，不同年份的长江旅游带生态安全空间集聚强度表现出"降低—升高—升高—升高—降低"的波动趋势。其中，2015 年长江旅游带生态安全空间集聚性最大，Moran'I 为 0.9059，2000 年长江旅游带生态安全空间集聚性最弱，Moran'I 为 0.6316。从变化幅度方面来看，1995—2000 年变量最大，为 –0.2707，2010—2015 年变量最小，仅为 0.0026。县域尺度下，不同年份的长江旅游带生态安全空间集聚强度表现出"降低—升高—升高—降低—升高"的波动趋势。其中，2010 年长江旅游带生态安全空间集聚性最大，Moran'I 为 0.6213，2015 年长江旅游带生态安全空间集聚性最弱，Moran'I 为 0.5905。从变化幅度方面来看，2010—2015 年变量最大，为 –0.0308，2000—2005 年变量最小，仅为 0.0009。市域尺度下，不同年份的长江旅游带生态安全空间集聚强度表现出"降低—降低—降低—升高—降低"的波动趋势。其中，1995 年长江旅游带生态安全空间集聚性最大，Moran'I 为 0.2932，2020 年长江旅游带生态安全空间集聚性最弱，Moran'I 为 0.0812。从变化幅度方面来看，2015—2020 年变量最大，为 -0.1707，1995—2000 年变量最小，仅为 -0.0203。从显著水平方面来看，2020 年的显著性最高，1995 和 2000 年显著性最弱，整个时期显著水平存在波动强化趋势。2010—2015 年，Moran'I 显著提升，究其原因，《国务院关于依托黄金水道推动长江经济带发展的指导意见》极大促进了长江东中西城市间的互联互通，进而对生态安全的空间集聚起到强化作用。

表 5-3 1995—2020 年长江经济带生态安全全局 Moran'I 指数

网格尺度				县域尺度				市域尺度			
年份	Moran'I	Z	P	年份	Moran'I	Z	P	年份	Moran'I	Z	P
1995	0.9023	263.1689	0.001	1995	0.6097	32.1707	0.001	1995	0.2932	5.0053	0.001
2000	0.6316	182.6908	0.001	2000	0.6009	31.5974	0.001	2000	0.2729	5.1020	0.001
2005	0.8914	263.1344	0.001	2005	0.6018	31.5612	0.001	2005	0.2479	4.6945	0.002
2010	0.9033	267.7178	0.001	2010	0.6213	33.4669	0.001	2010	0.2166	4.1588	0.006
2015	0.9059	271.1407	0.001	2015	0.5905	31.0726	0.001	2015	0.2519	4.7563	0.002
2020	0.8235	237.4820	0.001	2020	0.6010	31.3865	0.001	2020	0.0812	1.6112	0.062

（二）空间分异特征

不同尺度下，长江旅游带生态安全格局的等级特征、面积和空间分布有所不同，且尺度越大，时空格局的变化越清晰，但生态安全格局的提升都是一个持续性、曲折性和渐进式的过程，为探究这种波浪式前进、螺旋式上升的时空演进规律，本书运用 ArcGIS 对过去 25 年长江旅游带生态安全相关情况进行可视化处理，能够直观地识别其时空演变特征。首先，分别以 10 km × 10 km 的网格、县域、市域为基本单位，剖析 1995—2020 年长江旅游带的生态安全格局的时空演变，并将生态安全水平分为"低水平、较低水平、中水平、较高水平、高水平"五个等级。其次，构建区域生态安全阻力面指标体系，通过文献阅读和参考，使用景观格局特征方面的优势度、聚集度、破碎度、复杂度及生态系统服务价值方面的属性指标来反映空间配置特征。最后以 10 km × 10 km 的网络、县域、市域作为样本单元，分别计算其景观生态安全风险，并采用自然间断点法，进行生态安全风险划分，并划分为"低、较低、中、较高、高"五个等级，便于依次分析不同样本尺度下的景观格局特征和生态系统服务价值。

1. 网格尺度

由图 5-5 可知，1995—2020 年网格尺度下长江旅游带生态安全状况基本处于中上水平，年际变化复杂，但最终发展结果良好。1995 年长江旅游带安全等级主要以中水平和较高水平为主，占 80% 左右；2000 年长江旅游带安全等级整体提升显著，主要以高水平和较高水平为主，占 70% 以上；2005—2015 年长江旅游带安全格局倒退至 1995 年。直至 2020 年，低水平生态安全等级消失，较高水平和高水平等级占 90% 以上的比重，安全水平明显上升。

具体来看，低水平等级的生态安全由 1995 年的重庆市大片地域减少至 2000 年的重庆和长江经济带下游的点状地域，直到 2020 年几乎消失于长江旅游带。较低水平的生态安全在 1995 年主要分布在四川自西昌市，贵州省的毕节、遵义、铜仁、贵阳、凯里、都匀以及长江中城市群的零星地区，2000 年显著减少至四川西昌、贵州毕节、下游长三角地区的零星地区，2005—2015 年有所反弹，但 2020 年进一步减少至四川广元、湖北襄阳等小面积地域。中水平的生态安全在 1995 年主要分布在四川、江西、湖南、湖北等片状集聚地域，2000 年发展至江西、云南曲靖、四川宜宾，直至 2020 年又进一步发展至湖南怀化、四川宜宾、贵州毕节和遵义、湖南怀化等小面积地域。较高水平的生态安全在 1995 年主要分布在长江旅游带的东北部和西南部，2000 年川渝滇交界处、鄂赣湘交界处及安徽北部的较高水平的生态安全升级为高水平，整体生态安全水平有所好转，但 2005 年经历生态安全水平倒退，直至 2020 年有所恢复，较高等级的生态安全水平几乎遍布各个省份，占据 50% 以上的地域面积。高水平的生态安全等级在 1995 年主要分布在云南泸水和曲靖、贵州兴义、浙江丽水、湖北孝感、江苏盐城和南通、四川内江和自贡和康定，占据面积最小，分布较为分散，2000 年扩散至四川、重庆、湖北、湖南和安徽江苏的部分东部、北部地域，分布面积和密度最大，发展最为迅速，2005—2015 年经历生态安全水平倒退后，2020 年在江浙沪皖鄂赣均匀分布，在川滇黔呈片状分布。

此外，在网格尺度下，长江旅游带五个等级生态安全的时空变化主要在于：（1）1995—2000 年，四川、重庆、湖北、湖南省的大部分区域生态安全水平都提升至高水平，《中共中央关于在制定国民经济和社会发展"九五"计划和 2010 年远景目标的建议》的发布，通过对国有经济存量的流动和重组，盘活市场经济。而 2000—2005 年生态安全水平倒退，其原因主要在于对环境资源的过度开发和利用，出现了一些重大污染事件。例如，2002 年云南南盘江水污染事件，2004 年四川沱江特大水污染事件和四川青衣江水污染事件，湖南省湘江、资水干流和长江岳阳段污染较为严重，2000 年和 2001 年湖北省出现大旱，生态环境恶化，自然资源枯竭，这些生态失衡严重影响了社会的可持续发展和区域的生态安全格局。（2）2015—2020 年，长江旅游带中各个网格尺度的生态安全几乎都提升一个等级，主要是因为 2015 年 7 月 1 日颁布施行的《中华人民共和国国家安全法》明确将生态安全纳入维护国家安全的重要任务，2020 年 12 月 26 日全国人大常委会审议通过《中华人民共和国长江保护法》，最高人民法院也发布了《关于贯彻〈中华人民共和国长江保护法〉的实施意见》以及习近平生态文明思想，全国自上而下重视保护长江和治理长江，为实现长江流域人与自然的和谐发展提供了坚实的法律保障和思想保障。

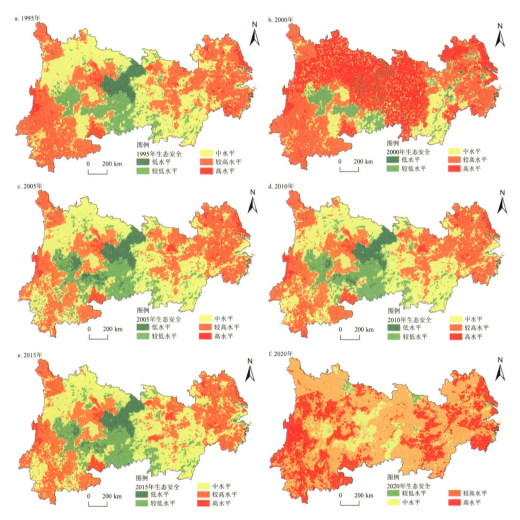

图 5-5　网格尺度下1995—2020 年长江经济带生态安全格局

2. 县域尺度

由图 5-6 可知，1995—2020 年，县域尺度下长江旅游带生态安全处于中水平以上的地域占 80% 左右，1995 年、2000 年和 2005 年的生态安全分布格局相差无几，呈现出"外强内弱"的特征，即下游长江三角地区和上游成渝经济区的生态安全等级都以中水平、较高水平、高水平为主,而中游城市群主要以低水平、较低水平、中水平的生态安全等级为主。但2010年较为特殊,长江旅游带的生态安全水平整体又明显提高,较高水平和高水平的生态安全区域占80%以上,并集中分布在长江上下游地区,长江中游城市群的生态安全状况也有所好转,主要以中水平为主,低水平和较低水平的生态安全地区的县域较少,但值得注意。之后2015年、2020年生态安全格局逐步恶化,几乎倒退至1995年的旧貌。

具体来看,低水平的生态安全县域在1995年主要分布在四川西昌市、重庆市奉节县、湖北十堰市、贵州铜仁市、贵州贵阳、湖南岳阳市的大部分县域,2010年主要分布在湖南怀化、贵州都匀市辖区的县域。较低水平的生态安全等级在1995年主要分布在四川西昌、康定、广元、南充、巴中、达州,贵州鸭池河以北,湖北十堰,湖南资水以西的大部分县域,2010年主要分布在四川成都、贵州安顺、都匀、贵阳、湖南永州、衡阳、娄底的县域;中水平的生态安全县域在1995年的空间分布表现出从东北到西南的四个条状分布:第一条集中分布在江西东侧、第二条从安徽淮北至湖南衡阳、第三条从湖北襄阳至贵阳都匀、第四条从四川阿坝藏族羌族自治州至四川攀枝花,2010年主要分布在湖北十堰和恩施、湖南邵阳和怀化。较高水平的生态安全县域在1995年主要分布在江浙沪皖、四川康定和眉山、云南礼社将、湖北随州和宜昌,多数该等级的县域都与高水平生态安全水平的县域紧密相邻,具有显著的空间关联,2010年主要分布在长江上游和下游处于高水平生态安全等级的县域之间。高水平的生态安全在1995年主要分布在云南怒江附近的泸水、保山、昆明、大理,江浙沪部分沿海地区以及长江、洪泽湖等水域附近的县城,2010年主要分布在长江上游和下游的城市群,分布面积最为广泛,整体生态安全格局提升显著。

县域尺度下,长江旅游带五个等级生态安全的时空变化主要在于:(1)2005—2010年,四川省、江西省的大部分县域生态安全提升至较高水平和高水平。究其原因:四川省在2006年建立"生态安全与保护四川高校重点实验室",提供了理论、技术和人才支持,2007年全省开展环境宣传教育工作,以浓郁的舆论氛围加大了环境管理力度,促进环境问题的解决;江西省签署发布《2006年江西省环境状况公报》,以污染防治为重点,开展"环境执法年"活动,强化环境监管和社会监督,2007年深入贯彻《江西省人民政府关于继续实施山江湖工程推进绿色生态江西建设的若干实施意见》,2008年又继续扎实推进"十大工程""七个专项行动"等环保工作,2009年印发《江西省2009年自然生态和农村环境保护工作要点》,积极探索了自然生态和环境保护的新道路,推进了全省生态安全工作更上一层楼。(2)2010—2020年,四川省以及长江中游的大部分县域的生态安全水平都逐渐推弱,某些环保基础设施建设滞后、水污染防治不达标、整改工作推进不力、治污屡做表面文章,甚至有的重点企业违法排污，给长江中游等县域的生态安全带来隐患。

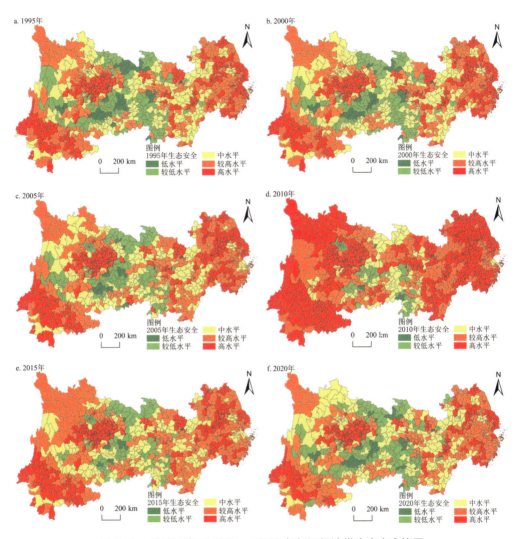

图 5-6　县域尺度下 1995—2020 年长江经济带生态安全格局

3. 市域尺度

由图 5-7 可知，市域尺度下 1995—2020 年长江经济带的生态安全等级都以较高水平、高水平等级为主，东部和西部地区的总体生态安全水平最好，如川滇、江浙沪皖几乎都为高水平，而中部的生态安全布局复杂多样，尤其是四川、重庆、贵州、云南这三省一市的交界处，涵盖了五种生态安全等级。总的来看，随着时间的变化，130 个地级市的生态安全总体向好。

具体来看，低水平的生态安全占据面积最小，由 1995 年的浙江舟山发展至 2000 年的四川眉山 2005—2015 年又都分布在四川成都和眉山，直至 2020 年转移至湖北孝感。较低水平的生态安全地域变化最为反复，1995 年分布在重庆市，2000 年分布在重庆市、四川成都和湖北孝感，2005—2010 年分布在重庆、湖北孝感、江西萍乡，2020 年的四川省眉山市和湖南怀化。中水平的生态安全于 1995 年分布在四川成都、贵州毕节和遵义，2000 年分布在贵州毕节和遵义、四川南充、四川资阳、四川攀枝花、江西萍乡和江苏泰州，2005 年和 2010 年它的生态安全分布格局不变，2015 年新增浙江嘉兴、浙江舟山两处地级市，2000 年又扩散至四川西昌、四川攀枝花、四川遂宁、贵州遵义、贵州毕节、贵州铜仁、湖北十堰、湖北襄阳、湖南张家界、湖南益阳、江西九江、江西抚州、江西南昌、江西新余、江西萍乡和安徽宣城这 16 处地级市。较高水平的生态安全格局占据面积最大，主要分布在湖北、湖南、江西、安徽的大部分地级市以及四川省南部和东北部的少数地级市，2000—2015 年面积逐渐扩大，并向下游长三角地区延伸，直至 2020 年较高等级的生态安全市域数量骤然减少，布局变得分散。高水平的生态安全地区主要分布在西部的四川和云南、东部的江浙沪皖以及中部的鄱阳湖周边的市域，2000—2015 年，高水平的生态安全市域逐渐缩减，至 2020 年有所恢复，尤其是江西省中部的大多数县域的生态安全水平都提升至高水平。

此外，市域尺度下，长江旅游带五个等级生态安全的时空变化主要在于：（1）1995—2000 年，四川成都、眉山、资阳、遂宁的生态安全水平由中等水平降低至较低、低水平，一方面是由于四川中部盆地平原区和东部浅丘部地区，再加上成都及周边市域的城市化进程加剧，城市扩张和人为干扰等城市化发展模式都直接或间接影响着林地等景观生态安全格局的破碎和变化。（2）2015—2020 年，四川眉山和重庆市的生态安全等级提升，究其原因，眉山市 2016 年在全省率先出台《眉山市环境保护职责分工方案》《眉山市党政领导干部生态环境保护实绩考核办法》，建立环保机制，坚持防治结合，坚持生态立市、坚持严格执法，2017 年全面打响大气、水、土壤污染防治"三大战役"，严厉打击各类环境违法行为，解决了一批突出问题，2018 年上榜"中国最安全城市"，全市环境质量得到明显改善和提升；重庆市 2015 年制定了《重庆市贯彻落实〈生态文明体制改革总体方案〉任务分解表》，为全市的生态文明体制改革明确了目标、落实了责任，2016 年进一步加强生态文明体制改革并开展了环保机构监测监察执法垂直管理制度改革的试点工作，2017 年重庆市完善湿地保护修复制度，加大湿地保护修复力度，全面提升湿地生态系统服务功能，2018 年重庆市全力推进水污染防治工程并召开环境宣传教育会，长江干流重庆段总水质为优，2019 年重庆环境质量持续改善，生态优先绿色发展成为主旋律，2020 年重庆生态安全状况持续向好，筑牢了长江上游的生态屏障。

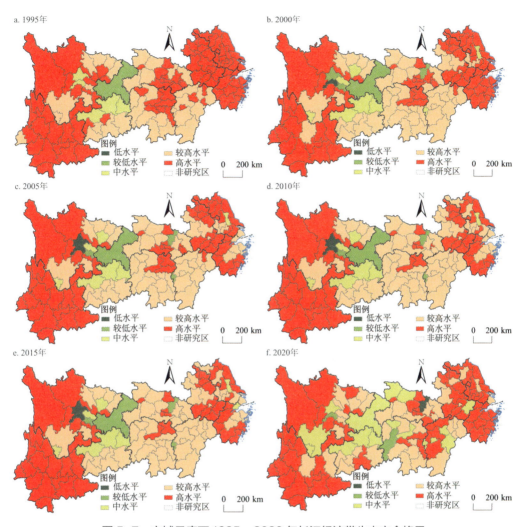

图 5-7　市域尺度下 1995—2020 年长江经济带生态安全格局

六、生态安全时空多尺度重心转移

由图 5-8 可知，不同尺度下长江旅游带的生态安全重心不同，且随着衡量尺度的增加，生态安全标准椭圆差的重心沿着逆时针的方向，逐渐向东北方向偏移，分布格局呈现出明显的"西南—东北"走向，并逐渐向东北方向延伸。但从椭圆差的分布形状来看，短轴逐渐变短，标准差椭圆面积也逐渐变小，生态安全标准椭圆呈收缩的态势。具体来看，网格尺度下，长江旅游带的生态安全重心分布在贵州铜仁和重庆市的交界处，网格标准椭圆差的上下左右顶点依次是：四川巴中、湖南永州、云南泸水和安徽巢湖；县域尺度下，长江旅游带的生态安全重心分布在湖南怀化，县域标准椭圆差的上下左右顶点依次是重庆、湖南郴州、四川西昌和江苏南通；市域尺度下，长江旅游带的生态安全的重心分布在湖南常德，市域标准椭圆差上下左右顶点依次为湖北十堰、湖南衡阳、云南楚雄和江苏无锡。总的来看，网格尺度—县域尺度—市域尺度，长轴和短轴都整体缩短，表明长江旅游带生态安全标准椭圆差在东西方向和南北方向都减小，数据的方向性和向心力更为明显。

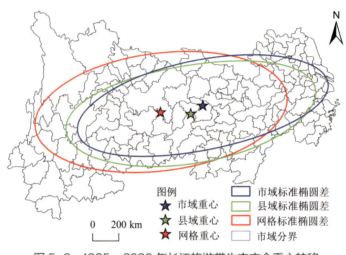

图 5-8　1995—2020 年长江旅游带生态安全重心转移

七、生态安全动态演化特征

（一）传统马尔科夫链

1. 县域尺度

由表 5-4 可知，长江旅游带生态安全类型的马尔科夫转移矩阵，代表着 1995—2020 年长江旅游带各县域生态安全类型转移的概率。对角线上的元素代表 1995—2020 年生态安全类型没有发生转移的概率，对角线左侧或右侧的元素则代表生态安全向下或向上转移的概率。

具体可知：（1）对角线上的元素数值比其他非对角线上的元素数值大。对角线上的元素数值最小为 0.7690，最大达到 0.9160，即长江旅游带各县域生态安全在 1995—2020 年不发生转变的最小概率是 76.90%，说明在 25 年的研究期内，长江旅游带各县域生态安全类型不发生转移的概率较大，生态安全发展具有一定的稳定性，发展速度得以提升或下滑急速而落后的概率小。（2）在 1995—2020 年，生态安全类型向下转移的概率为 43.39%，向上转移的概率 33.99%，生态安全类型向上转移的概率较向下转移的概率大，说明这 25 年研究期生态安全基础较好的县域发展快速。（3）长江旅游带不同县域生态安全类型之间的转移可能性极大，非对角线上的元素最大值为 0.2310，即生态安全类型转移有变化的最大概率是 23.1%。此外，旅游经济类型发生在相邻类型之间的概率是 72.83%，非相邻类型之间的概率是 4.55%，说明县域生态安全类型的转移大多是渐进的、跨越式的类型转移不容易发生。

表 5-4　县域尺度下 1995—2020 年长江经济带生态安全类型马尔科夫转移概率矩阵

t	n	极低	较低	一般	较高	极高
极低	44	0.8182	0.1364	0.0455	0	0
较低	131	0.0153	0.9160	0.0687	0	0
一般	287	0	0.1150	0.8188	0.0662	0
较高	303	0	0	0.0726	0.9043	0.0231
极高	303	0	0	0	0.2310	0.7690

根据图 5-9 所示，将 1995—2020 年的长江旅游带县域的生态安全类型的转移情况可视化，将转移状态分为向上、向下、平稳三种类型，红色代表生态安全向上转移，绿色代表生态安全向下转移，灰色代表生态安全平稳。1995—2020 年，生态安全类型维持稳定的县域最多，发生向下转移的县域数量次之，发生向上转移的县域数量最少。

具体来看，生态安全类型发生向上转移的县域数量约有 43 个，占所有县域的 4.02% 左右，且分布较为分散，主要分布在四川南部、重庆北部、贵州东部和江西东北部的一些市域，即长江中上游部分县域的生态安全处于上升状态；生态安全类型向下发生转移的县域数量约有 113 个，占所有县域的 10.57% 左右，主要分布在四川北部、云南南部、湖南东北部、湖北东北部、安徽南部、浙江东北部的一些县域，可见生态安全向下转移的县域数量多但概率低。

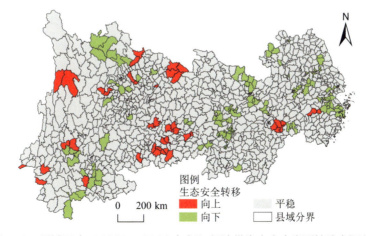

图 5-9　县域尺度下 1995—2020 年长江经济带生态安全类型转移空间分布

2. 市域尺度

由表 5-5 可知，长江旅游带生态安全类型的马尔科夫转移矩阵，代表着 1995—2020 年长江旅游带各市域生态安全类型转移的概率。对角线上的元素代表 1995—2020 年生态安全类型没有发生转移的概率，对角线左侧或右侧的元素则代表生态安全向下或向上转移的概率。

具体可知：（1）对角线上的元素数值或为 0，或在 0.6061~0.8000 波动，并集中分布于一般水平以上，说明 1995—2020 年，生态安全水平较高的市域保持原有生态安全类型的概率至少为 0.6061，若市域生态安全处于较低和极低水平，则这种状态会非常稳定。（2）对角线上方的元素集中分布在三处。其中，第四列第二行和第六列第 1 行的元素数值都为 1，说明 1995—2020 年，较低水平的市域生态安全类型只会转换为一般水平的市域生态安全类型；极低水平的市域生态安全类型只会转换为极高水平的市域生态安全类型，另外是较高水平的市域生态安全类型转换为极高水平的市域生态安全的概率是 0.1818；对角线下方的概率较小，即市域生态安全向下转移的概率在 0.0303 ~ 0.2333，对角线上方的元素数值总体比对角线下方的元素数值偏大。（3）对角线下方的元素数值小于对角线上方的元素数值。1995—2020 年，生态安全类型向下转移的概率为 0.7010，向上转移的概率 2.1818，生态安全类型向上转移的概率较向下转移的概率大，说明这 25 年研究期生态安全基础较好的市域都较为稳定，部分生态安全水平较低的市域也有好转坏的变化趋势。

表 5-5　市域尺度下 1995—2020 年长江经济带生态安全类型马尔科夫转移概率矩阵

t	n	极低	较低	一般	较高	极高
极低	1	0	0	0	0	1.0000
较低	1	0	0	1.0000	0	0
一般	5	0	0.2000	0.8000	0	0
较高	33	0.0303	0.0303	0.1515	0.6061	0.1818
极高	90	0	0	0.0556	0.2333	0.7111

根据图 5-10 所示，将 1995—2020 年的长江旅游带市域的生态安全类型的转移情况可视化，将转移状态分为向上、向下、平稳三种类型，红色代表生态安全向上转移，绿色代表生态安全向下转移，灰色代表生态安全平稳。1995—2020 年，生态安全类型维持稳定的市域最多，发生向下转移的市域数量次之，发生向上转移的市域数量最少。

具体来看，生态安全类型发生向上转移的市域数量约有 8 个，约占所有市域的

6.35%，主要分布在四川眉山、四川遂宁、云南丽江、云南昭通、云南楚雄、湖北神农架林区和天门市，即长江中上游部分市域的生态安全处于上升状态；生态安全类型向下发生转移的市域数量约有 35 个，占所有市域的 10.57% 左右，主要分布在四川康定和西昌、云南昆明和泸水、重庆市及其周边市域、江西省的大部分市域等，可见生态安全降低的市域和县域一样，数量多且概率低。

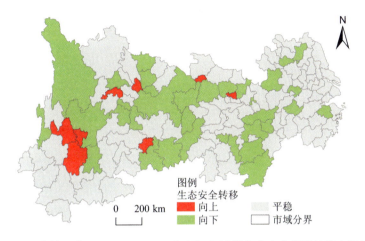

图 5-10　市域尺度下 1995—2020 年长江经济带生态安全类型转移空间分布

（二）空间马尔科夫链

1. 县域尺度

考虑空间因素后，在传统马尔科夫转移概率矩阵的基础上，引入空间滞后条件，构建空间马尔科夫转移概率矩阵。由表 5-6 可以看出，（1）以极低和较低水平生态安全的县域为邻域背景时，大部分的邻域 n=0，生态安全类型转移概率为 0，邻域背景影响下的等级转移主要集中在一般、较高和极高的类型范围内。具体来看，当邻域县域为极低和较低水平时，等级转移较为集中。例如，与极低生态安全类型的县域相邻时，极低水平向较低水平转移的概率是 0.2500；与较低生态安全类型的县域相邻时，对角线上的数值仍是最大的，极低水平向上转移为较低水平的概率是 0.2273，较低水平向上转移为一般水平的概率是 0.0741，说明县域在受到极低和较低生态安全水平的相邻县域的影响时，生态安全类型保持自身不变的概率大，不会轻易发生类型转移。（2）不同邻域背景下，生态安全类型转移的概率不同，但对角线上的数值 > 对角线以下的数值 > 对角线以上的数值一直成立。当相邻县域为一般的生态安全水平时，对角线上概率在 0.6667~0.9231，对角线以上的概率总和是 0.2375，对角线以下的概率总和是 0.5563；当相邻县域为较高的生态安全水平时，对角线上的概率最大，在 0.7500~0.9200 波动，对角线以上的概率总和是 0.3766，对角线以下的概率总和是

0.4579；当相邻县域为极高的生态安全水平时，对角线上的概率最大，在 0.7500~1 之间波动，对角线以上的概率总和是 0.2041，对角线以下的概率总和是 0.3525。可见，县域保持自身生态安全类型的概率最大，生态安全类型向下转移的概率又都大于向上转移的概率。此外，随着邻域生态安全水平的提高，向下转移的概率分别是 0.5563、0.4597 和 0.3525，数值逐渐降低，表明当周边县域的生态安全较好时，对本县域生态安全的下降趋势有正向有效的遏制效应。（3）邻域背景对长江旅游带的生态安全类型转移过程中发挥着重要的影响作用。与极高生态水平的县域相邻时，较高水平向上转移为高水平的概率是 0.0541，比不考虑空间作用时的概率 0.0231 大；相邻县域为一般水平时，较低水平向下转移为极低水平的概率是 0.0260，比不考虑空间作用时的概率 0.0153 大，但也存在例外，例如，在较高背景下，一般水平转移为较高水平的概率是 0.0405，比不受空间作用时的概率 0.0662 小，可见当周边为生态安全水平更高的县域时，大多数县域的生态安全的发展会受到积极影响，产生正向的溢出效应。

表 5-6　县域尺度下 1995—2020 年长江经济带生态安全类型空间马尔科夫转移概率矩阵

邻域类型	t/t+1	n	极低	较低	一般	较高	极高
极低	极低	4	0.7500	0.2500	0	0	0
	较低	0	0	0	0	0	0
	一般	0	0	0	0	0	0
	较高	0	0	0	0	0	0
	极高	0	0	0	0	0	0
较低	极低	22	0.7727	0.2273	0	0	0
	较低	27	0	0.9259	0.0741	0	0
	一般	0	0	0	0	0	0
	较高	1	0	0	0	1.0000	0
	极高	0	0	0	0	0	0
一般	极低	13	0.9231	0	0.0769	0	0
	较低	77	0.0260	0.9091	0.0649	0	0
	一般	94	0	0.1170	0.7872	0.0957	0
	较高	25	0	0	0.0800	0.9200	0
	极高	6	0	0	0	0.3333	0.6667
较高	极低	4	0.7500	0	0.2500	0	0
	较低	25	0	0.9200	0.0800	0	0

续表

邻域类型	t/t+1	n	极低	较低	一般	较高	极高
	一般	173	0	0.1156	0.8439	0.0405	0
较高	较高	163	0	0	0.0982	0.8957	0.0061
	极高	61	0	0	0	0.2459	0.7541
	极低	1	1.0000	0	0	0	0
	较低	2	0	1.0000	0	0	0
极高	一般	20	0	0.1000	0.7500	0.1500	0
	较高	111	0	0	0.0270	0.9189	0.0541
	极高	235	0	0	0	0.2255	0.7745

　　根据图 5-11 所示，将 1995—2020 年长江旅游带县域的生态安全类型转移情况及其邻域转移情况同时可视化，将县域转移状态和邻域转移状态分为向上、向下、平稳三种类型，红色代表地区生态安全向上转移、绿色代表地区生态安全向下转移、灰色代表地区生态安全平稳、斜杠代表邻域生态安全向上转移、网格代表邻域生态安全向下转移、空白代表邻域生态安全平稳。1995—2020 年，受邻域影响，地区和邻域的生态安全类型维持稳定的县域最多，地区和邻域的生态安全发生向下转移的县域数量次之，地区和邻域的生态安全向上转移的县域数量最少。

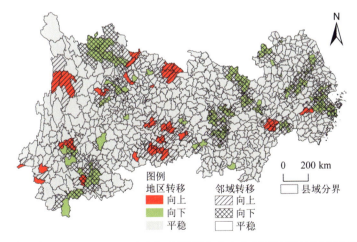

图 5-11　县域尺度下 1995—2020 年长江经济带生态安全类型转移及邻域转移类型空间格局

　　具体来看，地区和邻域的生态安全发生同向转移的县域数量约有 108 个，占所有县域的 9.93%，其中，二者均向上转移的县域约有 26 个，约占所有县域的 2.43%，主要集中主要分布在四川南部、重庆北部、贵州东部和江西东北部的一些县域；二者均发生向下转移的县域约有 82 个，约占所有县域的 7.68%，主要分布在四川北部、云南南部、湖南东北部、湖北东北部、安徽南部、浙江东北部的一些县域。可见，生态安全类型转移并非孤立的，而是与邻域环境有密切联系的，相邻的市域存在空间联动效应，易于形成区域生态安全的协同发展，形成相邻市域生态安全倾向于同向发展。

2. 市域尺度

由表 5-7 可以看出，（1）市域尺度下，1995—2020 年长江旅游带生态安全类型空间马尔科夫转移的元素集中在较高水平和极高水平的相邻市域。当相邻市域的生态安全水平为极低、较高、一般时，n=0；当相邻市域的生态安全水平为较高和极高时，发生类型转移的市域又集中在一般、较高和极高范围内。（2）当与相同生态安全水平的市域相邻时，市域保持平稳和向上转移的概率都降低。当极高水平的市域与极高水平的市域相邻时，向下转移为一般、较高水平的概率共计 0.2790，保持平稳的概率是 0.7209，比不考虑空间因素，极高水平向下转移和保持平稳的概率 0.2889、0.7111 都高；当较高水平的市域与较高水平的市域相邻时，向下转移为极低、一般水平的概率共计 0.20000（传统马尔科夫转移概率 0.2121），保持平稳的概率是 0.6667（传统马尔科夫转移概率 0.6061），向上转移为极高水平的概率是 0.1333（传统马尔科夫转移概率 0.1818）。（3）不同的邻域环境对市域生态安全类型的转移具有的显著影响不同。其一，邻域环境为生态安全水平更低的市域，例如，当与较高生态安全水平的市域相邻时，极高水平向下转移为较高水平的概率是 0.6667，保持平稳的概率是 0.3333，与之前不考虑空间因素的传统马尔科夫转移概率矩阵对比后，发现极高向下转移为较高和一般的概率为 0.2889，保持原有类型的概率 0.7111，可见保持原有生态安全水平和向上转移的概率降低，生态安全水平降低的可能性变大，说明当周边市域的生态安全水平更低时，对本市域生态安全的发展产生一定的影响。其二，邻域环境为生态安全水平更高的市域，当与极高安全水平的市域相邻时，极低水平只会转移为极高水平；一般水平向下转移为较低水平的概率是 0.3333（传统马尔科夫转移概率 0.2000），保持平稳的概率是 0.6667（传统马尔科夫转移概率 0.8000）；较高水平向下转移为较低水平、一般水平的概率分别是 0.0556、0.1667，保持平稳的概率是 0.5556（传统马尔科夫转移概率 0.6061），向上转移为极高水平的概率是 0.2222（传统马尔科夫转移概率 0.1818），说明周边市域的生态安全水平更高时，对本地生态安全发展具有积极的推动力，总的来看，空间马尔科夫转移概率矩阵为"俱乐部趋同"现象提供了空间解释。此外，从对角线上的转移概率数值大小来看，对角线上的数值是最大的，表明在极高生态安全水平的相邻市域影响下，市域较大概率表现较为稳定，不会发生状态转移。

表 5-7 市域尺度下 1995—2020 年长江经济带生态安全类型空间马尔科夫转移概率矩阵

邻域类型	t/t+1	n	极低	较低	一般	较高	极高
极低	极低	0	0	0	0	0	0
	较低	0	0	0	0	0	0
	一般	0	0	0	0	0	0
	较高	0	0	0	0	0	0
	极高	0	0	0	0	0	0
较低	极低	0	0	0	0	0	0
	较低	0	0	0	0	0	0
	一般	0	0	0	0	0	0
	较高	0	0	0	0	0	0
	极高	0	0	0	0	0	0
一般	极低	0	0	0	0	0	0
	较低	0	0	0	0	0	0
	一般	0	0	0	0	0	0
	较高	0	0	0	0	0	0
	极高	0	0	0	0	0	0
较高	极低	0	0	0	0	0	0
	较低	1	0	0	1	0	0
	一般	1	0	0	1	0	0
	较高	15	0.0667	0	0.1333	0.6667	0.1333
	极高	3	0	0	0	0.6667	0.3333
极高	极低	1	0	0	0	0	1
	较低	0	0	0	0	0	0
	一般	3	0	0.3333	0.6667	0	0
	较高	18	0	0.0556	0.1667	0.5556	0.2222
	极高	86	0	0	0.0581	0.2209	0.7209

根据图 5-12 所示，将 1995—2020 年长江旅游带市域的生态安全类型转移情况及其邻域转移情况同时进行可视化标注，将市域转移状态和邻域转移状态也分为向上、向下、平稳三种类型，红色代表地区生态安全向上转移、绿色代表地区生态安全向下转移、灰色代表地区生态安全平稳、斜杠代表邻域生态安全向上转移、网格代表邻域生态安全向下转移、空白代表邻域生态安全平稳。1995—2020 年，受邻域影响

全域旅游视野下长江旅游带生态安全格局构建研究

下，地区和邻域的生态安全类型维持稳定的市域最多，地区和邻域的生态安全发生向下转移的市域数量次之，地区和邻域的生态安全向上转移的市域数量最少。

具体来看，地区和邻域的生态安全类型发生同向转移的市域数量为 25 个，约占所有市域的 19.53%，其中，二者均向上转移的市域有 3 个，即四川攀枝花、云南丽江和云南楚雄；二者同时向下转移的市域有 22 个，主要分布在四川康定、四川宜宾、重庆市、贵州南部、江西省内的大部分市域等，但仍存在特殊转移的情况，例如，云南泸水受到周边水域的影响，生态安全类型并没有发生转移，又例如受到相同生态安全类型的邻域影响时，虽然大部分市域会保持平稳，但仍约有 40 个市域的生态安全会向下转移，5 个市域的生态安全会向上转移，说明周边市域生态安全溢出效应的影响有限，不能对生态安全的发展起到决定性作用。因此各市域的生态安全受到多种因素的影响，不仅要借助周边环境的外力，还要注重自身旅游的发展。

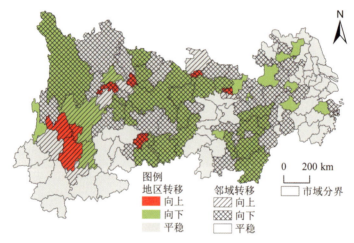

图 5-12　市域尺度下 1995—2020 年长江经济带生态安全类型转移及邻域转移类型空间格局

八、旅游生态安全格局演化

为了透视生态旅游安全廊道的时空演化特征，本书以 5A 级景区为生态旅游源地（见图 5-1），以景观生态学原理方法构建生态安全阻力面，通过 MCR 模型识别 1995—2020 年长江经济带生态旅游安全廊道（见图 5-13）。为了更进一步直观地呈现生态旅游廊道的时空分布特征，本书采用核密度估计进行空间可视化（见图 5-14）。

生态旅游安全廊道呈现由轴状局部性向团状全域性发展的特征。1995—2015 年，以轴状局部性延伸发展为主。自 1995 年以来，长江经济带逐渐形成以成渝古道文化旅游带（遂宁、资阳、南充）—鄂西生态文化旅游圈（宜昌、恩施）—江南水乡古镇生态文化旅游圈（湖州、嘉兴、无锡、苏州）、江南水乡古镇生态文化旅游圈（湖州、嘉兴、无锡、苏州）—大别山红色文化旅游区（黄石、黄冈、安庆、池州）—黔中都市旅游经济发展区（贵阳、安顺）2 条发展轴带。2015 年后，逐渐形成长三角城市群、中游城市群、成渝城市群的三大团状全域性发展。这种转变体现了全域旅游发展态势，以 5A 级景区为核心，资源、环境、文化多方面整合，打造多时空生态旅游休闲产品，形成以三大城市群为区域的生态旅游发展区。但长江经济带其他区域的旅游资源仍有待整合，尤其是位于西南片区的云南省，与其他生态旅游景区的联系度低，尚未融入全域生态旅游发展中。

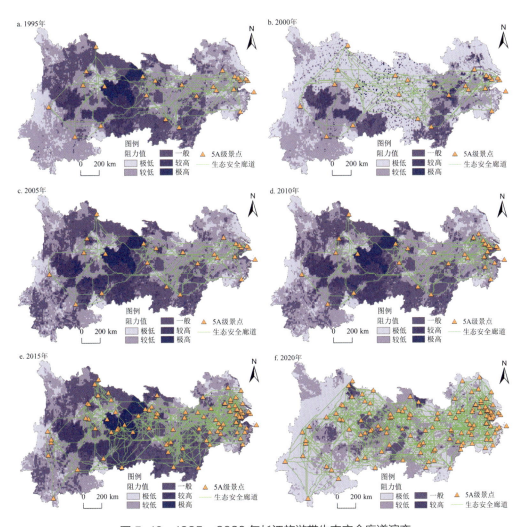

图 5-13　1995—2020 年长江旅游带生态安全廊道演变

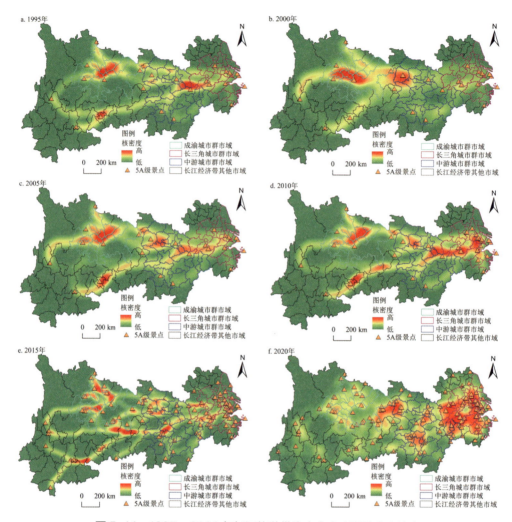

图 5-14　1995—2020 年长江旅游带生态安全廊道核密度演变

第二节　全域旅游视野下三大城市群旅游生态安全格局 演变特征

一、长三角城市群旅游生态安全格局演变特征

　　本书根据区域内生态安全阻力因素多少及阻力因素产生的阻力大小，在长三角城市群全域范围内进行标注，将长三角城市群划分为生态阻力极低、生态阻力较低、生态阻力一般、生态阻力较高、生态阻力极高共五个等级的区域。根据图 5-15 所示，长三角城市群旅游生态安全格局演变特征如下。

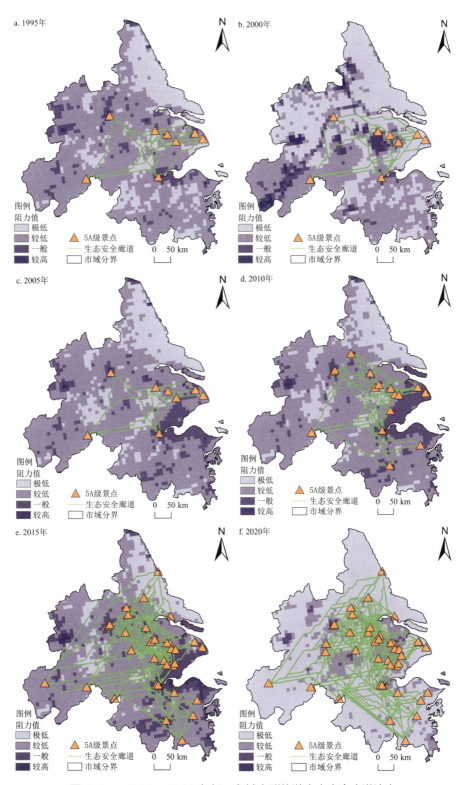

图 5-15　1995—2020 年长三角城市群旅游生态安全廊道演变

（1）旅游生态安全阻力值演变方面：长三角城市群旅游生态阻力值大小在时间上呈现"M"形演变特征，早期阻力值大小在空间上表现为"西南高、东北低"的特征，末期表现为"中间高、四周低"的分布特征。长三角城市群生态安全阻力值大小的时间演变特征主要表现为：该城市群整体生态安全阻力值极高区域经历了"先增加—后减少—再增加—再减少"的"M"形演变过程。1995年，长三角城市群以零散、不均匀、不集中的形式分布着极少数生态安全阻力值极高区域；2000年，长三角城市群生态阻力值极高区域显著增加，变化明显；2005年与2010年，长三角城市群生态阻力极高区域较2000年明显减少；2015年，长三角城市群生态阻力极高区域再次增加，但较2000年来说，增加幅度较小；2020年，该城市群生态安全阻力极高区域显著减少，变化十分明显。长三角城市群生态安全阻力值的空间演变特征在研究期内呈现两种不同的特征。1995—2015年，长三角城市群西南部及中部区域生态安全阻力值均明显高于东北偏北区域（连云港、盐城、南通、宿迁等）的生态阻力值；2020年，长三角城市群生态安全阻力值的空间分布特征演变为"中间高、四周低"，阻力值极高区域主要分布在宣城、马鞍山、芜湖、无锡、苏州等城市的部分区域。

（2）生态安全廊道演变方面：时间上，长三角城市群生态安全廊道数量不断增加，廊道网络日趋复杂；空间上，生态安全廊道呈现出从中间向四周发散、延伸的特征。1995—2005年，长三角城市群5A级景区数量保持8个且没有发生变化，生态安全廊道主要以平行四边形网络形状链接8个5A级景区，并主要分布在长三角城市群的中部。2010年，5A级景区数量由原来的8个增长为17个，生态安全廊道纵向延伸明显，廊道数量出现较大增长。2015年，5A级景区由原来的17个增加到36个，生态安全廊道数量激增，生态安全廊道系统外围呈现出"右偏30度的等边三角形"形状，廊道系统内部各个景区直接均出现一定数量的廊道数量，且从中间到四周的廊道表现出"集中—分散"的分布特征，这表明长三角城市群各个5A级景区之间的生态安全廊道互联、互通性不断增强，且越往中心的5A级景区，其生态安全廊道连通性越强。2020年，长三角城市群5A级景区数量、生态安全廊道数量及廊道网络系统基本保持稳定。

二、长江中游城市群旅游生态安全格局演变特征

根据区域内生态安全阻力因素多少及阻力因素产生的阻力大小，在长江中游城市群全域范围内进行标注，将长江中游城市群划分为生态阻力极低、生态阻力较低、生态阻力一般、生态阻力较高、生态阻力极高共五个等级的区域。根据图5-16所示，长江中游城市群旅游生态安全格局演变特征如下。

（1）旅游生态安全阻力值演变方面：长江中游城市群旅游生态阻力值大小在时

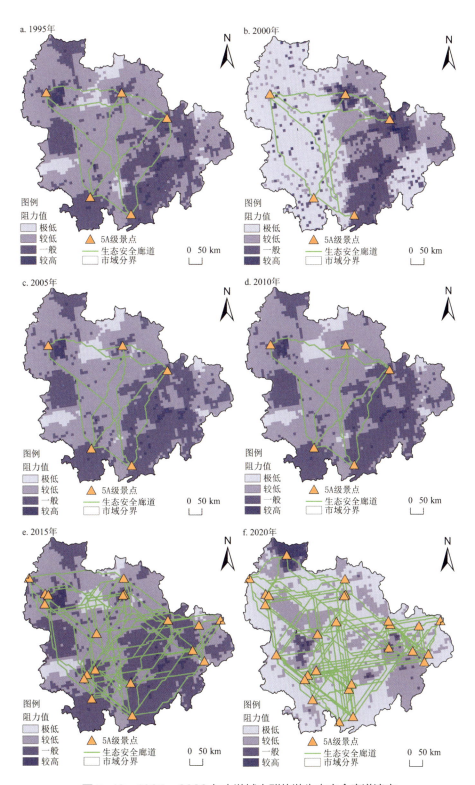

图 5-16 1995—2020 年中游城市群旅游生态安全廊道演变

间上呈现"扁平闪电"形演变特征，阻力值大小在不同时期，空间上表现为"两端高、中间低""西部低、东部高""三核心"等三类不同分布特征。长江中游城市群生态安全阻力值大小的时间演变特征主要表现为：该城市群整体生态安全阻力值极高区域经历了"短期减少—长期稳定微增—再次骤减"的"扁平闪电"形演变特征。1995年，长江中游城市群分布着生态安全阻力值极低、较低、一般及较高四种类型的区域，尽管在此时期内长江中游城市群没有出现生态阻力极高的区域，但生态阻力较高、一般区域几乎占该城市群的一半，仅怀化、随州、荆门、株洲、孝感等城市的部分区域生态阻力极低。2000年，长江中游城市群尽管出现极少部分的生态阻力极高区域，但整体上较多的生态阻力一般与生态阻力较低区域，转为生态阻力极低区域，整体上长江中游城市群生态阻力显著减少。2005—2015年，长江中游城市群生态阻力一般与生态阻力较高区域发生长期性的缓慢增加，长江中游城市群整体生态阻力增加。2020年，长江中游城市群中较多的生态阻力较高与生态阻力一般的区域大量演变为生态阻力极低区域，长江中游城市群整体生态阻力发生骤减。长江中游城市群生态安全阻力值大小在不同时间段呈现不同的空间分布特征。1995年、2005年、2010年及2015年，长江中游城市群的生态阻力大小表现为"两端高，中间低"的特征，长江中游城市群中部区域的生态阻力低于长江中游城市群的东部及西部区域。2000年，长江中游城市群的生态阻力空间分布表现为"东部高、西部低"的特征，西部区域基本为生态阻力极低等级，东部则主要分布着生态阻力一般与较高的区域。2020年，长江中游城市群的生态阻力空间分布再次发生变化，十堰—襄阳、怀化—益阳、赣州—吉安生态阻力较高，其他城市基本上生态阻力处于极低水平，呈现"三核心"的分布特征。

（2）生态安全廊道演变方面：时间上，长江中游城市群生态安全廊道数量不断增加，廊道网络日趋复杂；空间上，生态安全廊道表现为由西部、中部向东部延伸且更加均匀分布的特征。1995年，长江中游城市群5A级景区数量为5个，生态安全廊道主要以外围圆形环绕内嵌五角星的形态连接着5个5A级景区，并主要分布在长江中游城市群的中部和西部。2000年，长江中游城市群5A级景点数量没有发生变化，生态安全廊道分布形状也没有发生明显变化，但生态安全廊道数量由1995年的10条减少为9条。2005年、2010年，长江中游城市群生态安全廊道数量和空间分布形状特征与1995年保持高度一致，几乎没有发生任何变化。2015年，长江中游城市群5A级景区数量增加到19个，5A级景区数量增加随之带来的是景点之间的生态安全廊道数量的大量增加，且之前的圆形嵌套五角星的空间分布被打破，生态安全廊道分布由西、中部延伸到东部，全域范围内均匀分布着一定数量的生态安全廊道，且中间、四周的生态廊道数量差异不大。2020年，长江中游城市群5A级景区数量没有发生变化，但整体上生态安全廊道数量有所增加，生态廊道系统更加复杂。

三、成渝城市群旅游生态安全格局演变特征

根据区域内生态安全阻力因素多少及阻力因素产生的阻力大小，在成渝城市群全域范围内进行标注，将成渝城市群划分为生态阻力极低、生态阻力较低、生态阻力一般、生态阻力较高、生态阻力极高共五个等级的区域。根据图 5-17 所示，成渝城市群旅游生态安全格局演变特征如下。

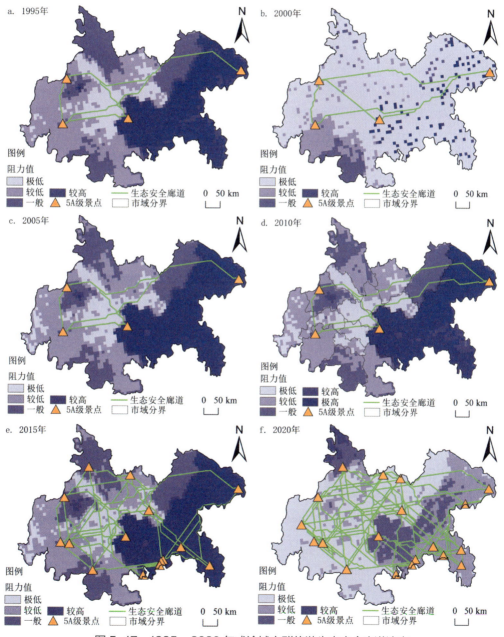

图 5-17　1995—2020 年成渝城市群旅游生态安全廊道演变

（1）旅游生态安全阻力值演变方面：成渝城市群旅游生态阻力值大小在时间上呈现"闪电"型演变特征，生态安全阻力值在空间上主要呈现"四周高、中间低"的分布特征，同时生态安全阻力值极高区域在空间上经历了"集中—零散—再集中—消失"的演变过程。成渝城市群生态安全阻力值大小的时间演变特征主要表现为：该城市群整体生态安全阻力经历了"短期减少—长期稳定—再次减少"的"闪电"型演变特征。1995 年，成渝城市群分布着生态安全阻力极低、较低、一般、较高、极高共五种不同等级的区域类型，同时生态阻力极高的区域几乎达到总区域面积的 1/3 以上。2000 年，成渝城市群整体生态阻力极高区域大幅减少且生态阻力极高区域并不呈块状分布，仅以点状零散分布在重庆市内。2005—2015 年，成渝城市群生态阻力较高、极高区域出现显著增加，生态阻力极高区域的增加则更加明显。2020 年，成渝城市群大量的生态阻力极高、较高区域显著减少，演变为生态阻力一般、较低、极低区域，表明成渝城市群的生态安全在此期间得到十分显著的改善，生态安全环境趋好。空间上，成渝城市群在不同时期，其生态阻力值大小空间分布特征不同。1995年、2005 年、2010 年及 2015 年，长期以来，成渝城市群生态安全阻力大小空间分布表现为"四周高、中间低"的特征。其中，需要特别说明的是，生态安全阻力极高区域集中分布在重庆市，这表明较长时间内重庆的生态安全环境堪忧。除重庆外，成渝城市群的四周基本分布在生态安全阻力一般与较低的区域，而成渝城市群的中间部分（广安、遂宁、德阳、资阳、眉山、内江、自贡、宜宾等）则主要处于生态安全极低等级。2000 年，整体上成渝城市群生态安全阻力处于偏低水平，生态安全极高区域以斑块状形式和散点状形式均匀分布在重庆市，此时期内，除成渝城市群的西南角，如昭通、凉山州、攀枝花等的生态安全阻力处于一般与较高水平外，成渝城市群大部分城市处于生态阻力极低水平。2020 年，成渝城市群生态阻力极高区域消失，生态阻力较高与一般区域主要分布在重庆与甘孜州的部分地区，成渝城市群的据大部分区域表现为生态阻力的极低水平。研究期末期，成渝城市群生态安全阻力整体降低，生态环境得到了很大改善。

（2）生态安全廊道演变方面：时间上，成渝城市群生态安全廊道数量随时间变化呈现增加趋势，廊道网络系统变得更加复杂；空间上，生态安全廊道表现为横向贯连为主向横向、纵向综合发展的特征。1995 年，成渝城市群 5A 级景区数量为 4 个，生态安全廊道仅有 5 条，其中包括 4 条横向生态安全廊道和一条纵向生态安全廊道。2000 年，成渝城市群 5A 级景区数量没有发生变化，生态安全廊道数量也没有发生变化，但部分廊道方向出现细微变化，具体包括 3 条横向廊道和 1 条纵向廊道与 1 条45° 倾斜的"西北—东南"方向的廊道。2005 年与 2010 年，成渝城市群 5A 级景区与生态安全廊道数量保持稳定，除"西北—东南"方向廊道向纵向演变外，其他生态安全廊道分布基本没有发生变化。2015 年，成渝城市群 5A 级景区数量由 4 个增加到 15 个，生态安全廊道数量也从原来的 5 条增加为 40 余条，生态廊道数量增加明显，生态安全廊道分布更加多元，横向、纵向及斜向廊道均有分布，且分布均匀。2020 年，成渝城市群 5A 级景区数增加到 18 个，同时生态安全廊道数量继续保持增加趋势，生态安全廊道分布更加均匀，生态安全廊道交叉点增多，廊道系统更加复杂。

第三节　全域旅游视野下长江旅游带城市生态安全格局关联网络化特征

一、研究方法与数据来源

（一）研究方法

1. 集对分析法

集对分析法是处理不确定性问题的系统理论方法（董丽晶等，2020），将旅游高质量发展问题记为 $Q=\{A，T，W，D\}$，评价对象集为评价的年份集 $A=\{a_1，a_2，\cdots，a_n\}$，评价指标集 $T=\{t_1，t_2，\cdots，t_n\}$ 为每个年份的各评价指标，评价权重集 $W=\{w_1，w_2，\cdots，w_n\}$ 为各指标的权重系数，评价对象集 $D=\{d_1，d_2，\cdots，d_n\}$ 为问题 Q 下的评价矩阵。具体计算公式如下：

$$D=\begin{bmatrix} d_{11} & d_{12} & \cdots & d_{1n} \\ d_{21} & d_{22} & \cdots & d_{2n} \\ \vdots & \vdots & \vdots & \vdots \\ d_{m1} & d_{m2} & \cdots & d_{mn} \end{bmatrix} \qquad （5\text{-}25）$$

式中，d_{pk}（$p=1，2，\cdots，n$；$k=1，2，\cdots，m$）为第 p 年的第 k 个指标。

对比确定各评价对象中不同年份的最优值和最劣值，组成最优评价指标集 $U=\{u_1，u_2，\cdots，u_n\}$ 和最劣评价指标集 $V=\{v_1，v_2，\cdots，v_n\}$。当 d_{pk} 对评价结果起正向作用时，使用公式（5-26），否则使用公式（5-27）。

$$\begin{cases} a_{pk}=\dfrac{d_{pk}}{u_k+v_k} \\[3mm] c_{pk}=\dfrac{u_k v_k}{d_{pk}(u_k+v_k)} \end{cases} \qquad （5\text{-}26）$$

$$\begin{cases} a_{pk}= \dfrac{u_k v_k}{d_{pk}(u_k+v_k)} \\[3mm] c_{pk}= \dfrac{d_{pk}}{u_k+v_k} \end{cases} \quad (5-27)$$

式中，a_{pk}、c_{pk} 分别为评价指标 d_{pk} 与 u_k、v_k 的接近程度。

集对 $H\{A_p,\ U\}$ 在区间（U，V）上的联系度 μ（H_p，U）为：

$$\begin{cases} \mu（H_p,\ U）=a_p+b_p i+c_p j \\[2mm] a_p=\sum\limits_{k=1}^{n} w_k\, a_{pk} \\[2mm] c_p=\sum\limits_{k=1}^{n} w_k\, c_{pk} \end{cases} \quad (5-28)$$

式中，a_p、c_p 分别为评价对象 A_p 与最优评价指标集 U 的同一度和对立度，分别为对评价对象 A_p 接近最优评价方案的肯定和否定程度。

确定旅游高质量发展指数：

$$r_p= \dfrac{a_p}{a_p+c_p} \quad (5-29)$$

式中，r_p 为相对确定条件下 A_p 与 U 的相对贴近度，即旅游高质量发展 r_p 越大，旅游高质量发展越高。

2. 修正的引力模型

修正的引力模型是学界研究区域两地联系的重要方法（林志慧等，2022；吴志才等，2020），本书借助修正的引力模型，对两地间的旅游生态安全的联系度进行测度，以反映两地生态安全视角下旅游高质量发展的相互作用程度。具体计算公式如下：

$$G_{ij}= \dfrac{L^2_{max}Q_i Q_j}{L^2_{ij} P_i P_j} \quad (5-30)$$

式中，G_{ij} 为城市 i 和城市 j 之间的相互作用强度；P_j 分别为城市 i、j 的阻力值；Q_i、Q_j 分别为城市 i、j 的旅游高质量发展水平；L_{ij} 是城市 i 到城市 j 的最小累积阻力值；L_{max} 是城市间最大的最小累积阻力值。

3. 社会网络分析

（1）整体特征

本书选用网络密度、网络关联度、网络等级度、网络效率等指标来刻画长江经济带旅游流空间网络的整体特征。

网络密度用于反映网络中各个区域之间联系的紧密程度，其数值是通过网络中实际存在的关系数量与理论上可能存在的关系数量的比重得到的（张明斗、翁爱华，2022），公式如下：

$$D=M/N（N-1）\tag{5-31}$$

式中，D 为网络密度；N 代表节点城市总数（后面指标中 N 的含义均为此）。网络密度越大，节点之间联系越多。当网络密度等于 1 时，说明网络节点间都有联系；反之，当网络密度等于 0 时，则节点间无联系。

网络关联度为任意两个区域节点可以实现直接或间接联系的程度（张明斗、翁爱华，2022），表征长江经济带旅游流整体网络结构的稳定性和脆弱性，公式如下：

$$C=（1-V）/[N（N-1）/2]\tag{5-32}$$

式中，C 为网络关联度；V 代表网络中不可建立联系的节点城市数。

网络等级度用于衡量长江经济带旅游流空间网络中非对称性可达的程度（张明斗、翁爱华，2022），网络等级度越高表示网络区域间的等级秩序越分明。公式如下：

$$H=（1-T）/N_{max}（T）\tag{5-33}$$

式中，H 为网络等级度；T 表示网络中对称可达的节点城市数。

网络效率可以反映长江经济带各区域进行交流互动实现生态安全提升过程中存在多大程度的冗余联系（张明斗、翁爱华，2022）。公式如下：

$$G=（1-E）/N_{max}（E）\tag{5-34}$$

式中，G 为网络效率；E 表示除了保证网络连通性所必需的最小边数之外的额外边的数量。

（2）节点特征

本书采用度数中心度、中介中心度、接近中心度等指标来反映各节点的地位和作用。

度数中心度分为外向度数中心度、内向度数中心度，它可以测算某个体在网络中与其他个体进行直接连接的路径数量，从而反映其在网络中的重要程度，一个区域的度数中心度越大，说明该成员在整体网络中越发充当中心行动者的角色，则越处于核心地位，所拥有的"权力"也就越大（张明斗、翁爱华，2022），其公式如下：

$$RD_i=\sum_{j\in N}^{N}x_{ij}/（N-1）\tag{5-35}$$

式中，RD_i 为区域的度数中心度；若区域 i 与 j 之间存在空间关联，则记 $x_{ij}=1$；反之记为 0。

中介中心度指各区域对旅游、生态资源要素的掌控程度，若某区域处于任意两个个体之间的最短连接路径上，则表示该区域起到中介传导作用，出现次数越多，中介作用越显著，中介中心度就越大，说明成为其它区域资源传输"桥梁"的可能性也越大（张明斗、翁爱华，2022）。具体公式如下：

$$RB_i = \frac{2}{N^2-3N+2} \sum_{j \in N} \sum_{k \in N} \frac{g_{jk}(i)}{g_{ik}} \qquad (5-36)$$

式中，RB_i 为区域的中介中心度；$j \neq k \neq i$，且 $g_{jk}(i)$ 为城市 j、k 之间经过城市的最短路径数量；g_{jk} 为城市 j、k 之间的最短路径数量。

接近中心度指其他区域到该区域的最短距离之和，表明其不受其他区域影响的程度，区域的接近中心度越高，其依赖的区域就越少（张明斗、翁爱华，2022），具体公式如下：

$$CC_i = (N-1) / \sum_{j=1}^{N} d_{ij} \qquad (5-37)$$

式中，CC_i 为区域的接近中心度；d_{ij} 为区域 i 和 j 之间的最短距离。

（3）核心—边缘区识别

为定量识别城市的网络节点地位，本书采用 Borgatti 等提出的离散模型来识别城市网络的核心边缘结构（涂建军等，2023）。由于离散模型建立在二值矩阵的基础上，为此本书以 2020 年长江经济带城市节点间的连通度均值作为截断值对网络矩阵进行二值化处理。估计观测矩阵与模式矩阵相关性的模型如下：

$$\alpha_{ii} = c_i c_j \qquad (5-38)$$

$$\alpha_{ij} = \begin{cases} 1, & if \ c_i = core \ or \ c_j = core \\ 0, & if \ otherwise \end{cases} \qquad (5-39)$$

$$\rho = \sum_{ij} \alpha_{ij} \delta_{ij} \qquad (5-40)$$

式中，ρ 表示节点核心度；α_{ij} 表示区域节点之间的联系程度；δ_{ij} 表示节点位于核心位置（1）还是边缘位置（0）；c_i、c_j 分别表示 i、j 两个区域节点的核心程度。

（二）指标体系构建

本书所构建的旅游高质量发展水平评价指标体系主要由创新、协调、绿色、开放、共享 5 个一级维度、12 个二级维度、25 个具体指标构成，如表 5-8 所示。

第一，一级维度"创新"包括创新投入和创新产出 2 个二级维度。（1）其中二级维度"创新投入"下设旅游产业 R&D 经费占旅游总收入比重和科学技术投入占财政支出 2 个三级指标。研究与试验发展（R&D）经费及其投入强度是指报告期为实施 R&D 活动而实际发生的全部经费支出；科学技术投入占财政支出能体现出生态环境投资驱动力。（2）二级维度"创新产出"则通过人均专利授权数确定。

第二，一级维度"协调"包括城乡协调、区域协调、产业结构协调 3 个二级维度。（1）二级维度"城乡协调"下设城乡居民人均可支配收入比和城镇化水平 2 个三级指标。居民可支配收入是指居民可用于最终消费支出和储蓄的总和，即居民可用于自由支配的收入，既包括现金收入，也包括实物收入。城镇化水平通常表示为常住人口城镇化率，是指一个地区城镇地域上的常住人口占该地区全部常住人口的比重，反映常住人口的城乡分布情况。（2）二级维度"区域协调"下设区域旅游收入协调、区域旅游人数协调 2 个三级指标。（3）二级维度"产业结构协调"下设旅游收入占比、旅游业与第一产业的关联系数、旅游业与第二产业的关联系数、旅游业与第三产业的关联系数 4 个三级指标。旅游收入占比是指旅游业对 GDP 的综合贡献。旅游产业关联是指旅游业与国民经济中其他产业之间所形成的直接或间接相互依存、相互制约的经济联系，即旅游业与其他产业之间客观上存在相互消耗和提供产品的关系。旅游业与第一产业的关联系数、旅游业与第二产业的关联系数、旅游业与第三产业的关联系数通过对旅游业的产业关联和产业波及效应的定量分析，可以揭示旅游业投入、产业与其他产业投入、产出的关联效应，不仅可以反映旅游业对其他产业的影响力大小，也可以分析其他产业发展对旅游发展的贡献水平。关联系数通过灰色关联度模型计算。

　　第三，一级维度"绿色"包括资源消耗和保护治理 2 个二级维度。（1）二级维度"资源消耗"下设单位 GDP 废水排放量、单位 GDP 工业二氧化硫排放量、单位 GDP 工业烟尘排放量 3 个三级指标。单位 GDP 废水排放量是指废水排放量 / 企业或地区的 GDP；一个地区的废水排放总量可以根据环境统计或污染源普查数据来确定，可采用物料衡算、经验值法或系数法计算得到；GDP 用统计部门提供的当年贡献值数据。单位 GDP 工业二氧化硫排放量通常表示为万元 GDP 的 SO_2 排放量，即为生产中产出一万元的 GDP 所排放的二氧化硫数量，计算公式为 [SO_2 排放总量]/[同期 GDP]，单位为万吨 / 万元，这两个数值可以查当年的统计年鉴得到。单位 GDP 工业烟尘排放量是指旅游地烟尘排放量，反映环境压力；工业烟尘是指在企业厂区内燃料燃烧生产工艺过程中产生的排入大气的含有污染物的粉尘，工业烟尘中往往含有各种金属、非金属细小颗粒物以及二氧化硫、氮氧化物及碳氢化合物的有害气体，粉尘颗粒直径 <0.19mm。（2）二级维度"保护治理"下设生活垃圾无害化处理率、污水处理率、人均公园绿地面积 3 个三级指标。其中，生活垃圾无害化处理率是指报告期内生活垃圾无害化处理量与生活垃圾产生量的比率；计算方法是生活垃圾无害化处理量 / 生活垃圾产生量 ×100%，它反映的是旅游地生活环境质量和对生活垃圾的绿色处理和循环发展能力。污水处理率是衡量污水处理工程实际效果的重要指标，其计算公式是：污水处理率 = 出水水质改善量 / 入水水质污染量 ×100%。人均公园绿地面积是指建成区内公园绿地面积的人均占有量，计算方法是建成区公园绿地总面积 /

当年建成区常住人口数。

第四，一级维度"开放"包括对外开放和文化交流 2 个二级维度。（1）二级维度"对外开放"下设旅游创汇收入占旅游总收入比重和外商投资占 GDP 的比重 2 个三级指标。旅游创汇收入占旅游总收入比重体现了国际旅游市场的营收能力。外商投资占GDP 的比重反映政府对旅游产业的资金支持力。（2）二级维度"文化交流"通过文化交流活动项目数表征区域的文化交流水平。

第五，一级维度"共享"包括资源合理配置、产品服务优质、居民生活福利 3 个三级维度。（1）二级维度"资源合理配置"通过城市人均道路面积表征。城市人均道路面积指按城镇人口计算平均每人拥有的道路面积，可以表示出该城市道路面积是否合理。（2）二级维度"产品服务优质"通过旅游资源丰富度、旅游资源面积 2 个三级指标表征。旅游资源丰富度是指一个地区所拥有的主要包括自然风景旅游资源和人文景观旅游资源的均匀度。旅游资源面积反映了该地区旅游资源的多少。（3）二级维度"居民生活福利"通过就业率、恩格尔系数 2 个三级指标表征。就业率是反映劳动力就业程度的指标，指在业人员占在业人员与待业人员之和的百分比，它反映在全部可能参与社会劳动的劳动力中，实际被利用的人员比重。恩格尔系数是食品支出总额占个人消费支出总额的比重，反映了食品支出占总消费支出的比例随收入变化而变化的一定趋势，揭示了居民收入和食品支出之间的相关关系，用食品支出占消费总支出的比例来说明经济发展、收入增加对生活消费的影响程度。

表 5-8　旅游高质量发展水平评价指标体系

目标层	因素层	指标层	性质	权重
创新	创新投入	旅游产业 R&D 经费占旅游总收入比重（%）	+	0.1394
		科学技术投入占财政支出（%）	+	0.0460
	创新产出	人均专利授权数（个 / 人）	+	0.0929
协调	城乡协调	城乡居民人均可支配收入比（%）	—	0.0001
		城镇化水平（%）	+	0.0108
	区域协调	区域旅游收入协调（%）	+	0.0539
		区域旅游人数协调（%）	+	0.0341
		旅游收入占比（%）	+	0.0363
	产业结构协调	旅游业与第一产业的关联系数（%）	+	0.0003
		旅游业与第二产业的关联系数（%）	+	0.0005
		旅游业与第三产业的关联系数（%）	+	0.0003
绿色	资源消耗	单位 GDP 废水排放量（t/ 元）	—	0.0001

续表

目标层	因素层	指标层	性质	权重
绿色	资源消耗	单位 GDP 工业二氧化硫排放量（t/ 元）	—	0.0001
		单位 GDP 工业烟尘排放量（t/ 元）	—	0.0001
	保护治理	生活垃圾无害化处理率（%）	+	0.0075
		污水处理率（%）	+	0.0206
		人均公园绿地面积（m²/ 人）	+	0.0133
开放	对外开放	旅游创汇收入占旅游总收入比重（%）	+	0.0437
		外商投资占 GDP 比重（%）	+	0.1369
	文化交流	文化交流活动项目数（个）	+	0.1767
共享	资源合理配置	城市人均道路面积（m²/ 人）	+	0.0140
	产品服务优质	旅游资源丰富度（分）	+	0.0669
		旅游资源面积（公顷）	+	0.0727
	居民生活福利	就业率（%）	+	0.0313
		恩格尔系数（%）	+	0.0017

注：—代表与旅游高质量发展水平起到负向作用；＋代表与旅游高质量发展水平起到正向作用。

（三）数据来源

本节在前述的数据来源基础上，另涉及长江经济带旅游高质量发展相关的 11 个省（市），共计 130 个城市 1995—2020 年社会经济统计数据。相关数据来源于长江经济带各省市统计年鉴、各市州统计年鉴及统计公报、中国人口和就业统计年鉴、劳动统计年鉴、能源统计年鉴、环境统计年鉴、农村统计年鉴等。针对部分缺失数据，已通过年均增长率进行预测和补齐。

二、旅游高质量发展时空演化特征

（一）旅游高质量时间演化分析

高质量发展的概念于党的十九次全国代表大会首次提出，其目标是基于"创新、协调、绿色、开放、共享"新发展理念，建立健全绿色低碳循环发展的经济体系。因此，旅游高质量发展的内涵应该是：实现区域旅游经济增长稳定、区域旅游发展均衡，以新发展理念为引领，实现经济效益、社会效益、生态效益三者的统一。本书基于新发展理念，从创新、协调、绿色、开放、共享 5 个维度构建旅游高质量发展水平评价指标体系，并通过旅游高质量发展指数表征长江经济带三大城市群各自的旅游高质量发展水平，具体结果如表 5-9 及图 5-18 所示。

通过对比分析长江经济带综合旅游高质量发展指数及三大城市群旅游高质量发展指数的具体值，时间演变特征如下：

　　（1）整体上长江经济带旅游高质量发展水平呈线性增长趋势。总的来说，无论是长江经济带总体旅游高质量发展指数，还是长三角城市群、长江中游城市群、成渝城市群三大城市群的旅游高质量发展指数，均随着时间的发展发生数值上的增加，这表明，1995—2020 年，长江经济带总体的旅游高质量发展水平及三大城市群的旅游高质量发展水平随着时间变化不断提高。具体而言，1995—2020 年，长江经济带总体旅游高质量发展指数从 0.0992 增长到 0.8984；其中，长三角城市群旅游高质量发展指数从 0.1350 增长到 0.9813；长江中游城市群旅游高质量发展指数从 0.0999 增长到 0.8955；成渝城市群旅游高质量发展指数从 0.0869 增长到 0.6698。如图 5-18 所示，除个别年份外，1995—2020 年，长江经济带总体旅游高质量发展指数均值与长三角城市群、长江中游城市群及成渝城市群旅游高质量发展指数均值的 4 条折线均呈现上升趋势。

　　（2）三大城市群旅游高质量发展水平存在差异。长江经济带整体旅游高质量发展水平起点较低，在三大城市群中，除长三角城市群旅游高质量发展水平指数高于 0.1 之外，长江中游城市群及成渝城市群的旅游高质量发展水平指数均小于 0.1。以长江经济带整体旅游高质量发展水平作为对照实例，将三大城市群旅游高质量发展水平展开对比分析，结果如下：第一，除 2017 年外，在研究期内所有的年份中，长三角城市群旅游高质量发展水平均明显高于长江经济带整体旅游高质量发展水平；第二，除 1995 年外，在研究期内的所有年份中，长江中游城市群旅游高质量发展水平均低于长江经济带整体旅游高质量发展水平；第三，2006 年与 2009 年，成渝城市群旅游高质量发展水平高于长江经济带整体旅游高质量发展水平，研究期内其余年份成渝城市群旅游高质量发展水平均低于长江经济带整体旅游高质量发展水平；第四，1995—2020 年，在三大城市群中长三角城市群旅游高质量发展水平处于领先地位，除 2017 年成渝城市群略高于长三角角城市群外。研究期内的其余年份长三角城市群旅游高质量发展水平均明显高于另外两个城市群，长江中游城市群与成渝城市群旅游高质量发展水平历年相差均不大，1995—2002 年，长江中游城市群旅游高质量发展水平略高于成渝城市群，2005—2009 年，成渝城市群旅游高质量发展水平略高于长江中游城市群。

　　（3）三大城市群旅游高质量发展水平演变趋势存在差异。整体来看，1995—2020 年，长江经济带历年旅游高质量发展指数变化折线图呈现更为平缓的上升趋势，除 1995—1996 年、1997—1998 年、2019—2020 年，长江经济带旅游高质量发展指数出现较小的短期下降外，其余年份，长江经济带总体旅游高质量发展水平均呈现上升趋势，且上升较为稳定、平缓。长三角城市群旅游高质量发展指数增减变化更加频繁，呈现曲折的上升趋势，1995—2006 年，长三角城市群旅游高质量发展表现为不规则的"上升—下降—上升—下降—再上升—再下降—再上升—再下降"的曲折上升趋势，2006—2008 年，长三角城市群旅游高质量发展指数出现较大增加，2008—2009 年，指数下降明显，2009—2014 年，旅游高质量发展指数逐年增加，2014—2020 年，长三角城市群旅游高质量发展指数呈现隔年下降、隔年增加的趋势。长江中游城市群与成渝城市群旅游高质量发展指数同样呈现出曲折上升的趋势，但是增减幅度较长三角城市群不明显，且上下浮动、增减变换次数更少；除 2019—2020 年，成渝城市群旅游高质量发展指数表现为明显的下降趋势外，整体上，长江中游城市群与成渝城市群旅游高质量发展趋势仍然表现为明显的上升趋势。

表 5-9　长江经济带旅游高质量发展指数

年份 / 年	全部	长三角	中游	成渝
1995	0.0992	0.1350	0.0999	0.0869
1996	0.0990	0.1350	0.0977	0.0917
1997	0.1078	0.1576	0.1008	0.0959
1998	0.0799	0.1107	0.0736	0.0614
1999	0.0918	0.1182	0.0804	0.0760
2000	0.1008	0.1565	0.0865	0.0710
2001	0.1101	0.1488	0.0960	0.0717
2002	0.1274	0.2030	0.1047	0.0829
2003	0.1293	0.2026	0.1027	0.1049
2004	0.1459	0.2238	0.1264	0.1044
2005	0.1884	0.2791	0.1622	0.1645
2006	0.2062	0.2705	0.1777	0.2281
2007	0.2870	0.4430	0.2288	0.2816
2008	0.3691	0.5554	0.3158	0.3441
2009	0.3736	0.4331	0.3233	0.4006
2010	0.4374	0.5378	0.3846	0.3543
2011	0.5179	0.6107	0.4410	0.4736
2012	0.5823	0.6989	0.5226	0.4768
2013	0.6293	0.7220	0.5394	0.5520
2014	0.6776	0.7963	0.6622	0.5866
2015	0.7412	0.7316	0.7313	0.6921

续表

年份/年	全部	长三角	中游	成渝
2016	0.7865	0.8531	0.7639	0.7507
2017	0.8462	0.8310	0.8174	0.8327
2018	0.8772	0.9547	0.8702	0.8376
2019	0.9096	0.9284	0.8941	0.7962
2020	0.8984	0.9813	0.8955	0.6698

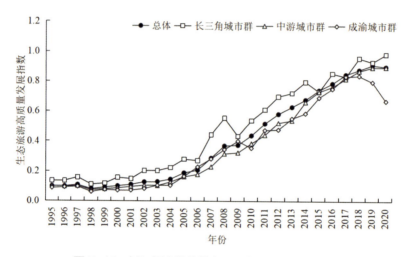

图 5-18　长江经济带旅游高质量发展均值时序变化

（二）旅游高质量空间演化分析

1. 长江经济带旅游高质量发展动态演进

根据图 5-19 所示，从整体上看，1995—2020 年，长江经济带旅游高质量发展水平呈现出从低水平不断向高水平演进的趋势。1995—2005 年，长江经济带旅游高质量发展水平整体提高，但变化强度不是十分明显，达到中、高发展水平的地区数量较少。1995 年，仅有毕节旅游高质量发展水平达到较高水平；2000 年，杭州成为长江经济带中首个旅游高质量发展水平达到高水平的城市；2005 年，十堰、重庆、上海、台州、丽水成为新的旅游高质量发展水平达到高水平的城市，神农架林区和丽江的旅游高质量发展水平也达到较高水平；2010 年，长江经济带旅游高质量发展水平得到显著提高，超过一半的城市旅游高质量发展水平达到高水平和较高水平；截至 2020 年，除天门、潜江、仙桃旅游高质量发展为较低水平外，长江经济带全域旅游高质量发展水平达到中水平以上。

2. 三大城市群旅游高质量发展水平区间差异

根据图 5-19 所示，1995—2020 年，尽管三大城市群旅游高质量发展水平均呈现出不断从低水平、较低水平向中水平、较高水平及高水平的演化过程，但三大城市群旅游高质量发展水平存在区间差异，且随着时间演变，三大城市群旅游高质量发展水平区间差异表现为先增大、后减小的"倒U"形曲线。将1995—2020年三大城市群旅游高质量发展水平空间演化进程按照演化程度与演化实际结果可分为：1995—2000年，早期缓慢演化阶段；2005—2010年，剧烈演化阶段；2015—2020年，演化基本成型阶段。

首先，在早期缓慢演化阶段，三大城市群旅游高质量发展水平区域间存在差异，但差异不大。1995年，长三角城市群旅游高质量发展水平达到中水平的城市有4个，分别为上海、宁波、杭州、无锡；长江中游城市群旅游高质量发展水平达到中水平的城市有2个，分别为十堰、长沙；成渝城市群旅游高质量发展水平达到较高水平的城市有1个，即毕节，旅游高质量发展水平达到中水平的城市有3个，分别为丽江、遵义、阿坝州；其余三大城市群的所有城市旅游高质量发展水平均为低水平、较低水平。2000年，长三角城市群旅游高质量发展水平为中水平的城市由4个退化为1个，但出现了一个高水平城市，即杭州。长江中游城市群旅游高质量发展水平达到中水平的城市由2个退化为1个；成渝城市群增加重庆为旅游高质量发展水平达到中水平的城市，但毕节、遵义由较高水平、中水平退化为较低水平。

其次，在剧烈演化阶段，三大城市群旅游高质量发展水平区域间存在较大差异。2005年，长三角城市群出现3个旅游高质量发展水平为较高水平的城市，而长江中游城市群与成渝城市群各自仅有1个城市旅游高质量发展水平达到高水平。2010年，长三角城市群除泰州、宿州、淮北、亳州、阜阳外，其余城市旅游高质量发展水平均达到中水平及以上，长三角城市群成为三大城市群中，旅游高质量发展水平最高的城市群。同时期，在长江中游城市群3省41市中，旅游高质量发展水平达到较高水平、高水平的城市有15个，主要包括：十堰、襄阳、神农架林区、宜昌、恩施、张家界、邵阳、永州、郴州、武汉、黄冈、九江、宜春、抚州、上饶，旅游高质量发展水平为低水平及较低水平的城市仍然较多，主要包括：荆门、孝感、潜江、仙桃、荆州、咸宁、黄石、鄂州、益阳、怀化、娄底、赣州、鹰潭等13个城市。长江中游城市群约有2/3的城市旅游高质量发展水平达到中水平及以上，同时该城市群低水平、较低水平，中水平，较高水平、高水平的城市分布较为均衡。同时期，在成渝城市群3省46市中，旅游高质量发展水平达到较高水平及高水平的城市有17个，主要包括：阿坝州、成都、乐山、重庆、泸州、遵义、贵阳、黔西南州、丽江、大理、楚雄、昆明、红河、西双版纳、甘孜州、怒江州、文山；但中水平城市仅有绵阳、凉山州、迪庆、保山、玉溪、安顺、黔东南州7个城市。成渝城市群中仅有一半城市旅游高质量发展水平达到中水平及以上。因此，在剧烈演化阶段，三大城市群旅游高质量发展水平区间差异较大，旅游高质量发展水平由高到低分别为：长三角城市群＞长江中游城市群＞成渝城市群，这可能与三大城市群旅游发展水平及经济发展情况密切相关。

最后，在演化基本成型阶段，三大城市群旅游高质量发展水平仍然存在差异，但差异减小。尤其在 2020 年，除鄂州外，三大城市群中所有城市的旅游高质量发展水平均达到中水平以上，且绝大多数城市旅游高质量发展水平达到高水平。

3. 三大城市群旅游高质量发展水平区内差异

研究期内，三大城市群旅游高质量发展水平存在区内差异，即单个城市群内部不同城市旅游高质量发展水平存在差异，类似于三大城市群旅游高质量发展水平区间存在差异规律，三大城市群旅游高质量发展水平区内差异同样表现为先增大、后减小的"倒 U"形曲线。相似地，将 1995—2020 年长江经济带旅游高质量发展水平演化进程按照时间演化特征分为三个阶段：1995—2000 年，早期缓慢演化阶段；2005—2010 年，剧烈演化阶段；2015—2020 年，演化基本成型阶段。

首先，在早期缓慢演化阶段，三大城市群旅游高质量发展水平区域内存在差异，但差异较小。1995 年，长三角城市群与长江中游城市群的旅游高质量发展水平涉及三个等级，分别为低水平、较低水平、中水平。相比而言，同时期的成渝城市群旅游高质量发展水平区域内差异更大，除低水平、较低水平、中水平外，还出现一个旅游高质量发展水平处于较高水平的城市。2000 年，长江中游城市群与成渝城市群旅游高质量发展水平均包括 3 个等级，城市群内部旅游高质量发展水平差异较小；相对而言，此阶段内，长三角城市群旅游高质量发展水平区域内各城市的差异略大，杭州成为高水平城市，但除杭州外，长三角城市群区内其他城市旅游高质量发展水平仍然保持较小的差异。

其次，在剧烈演化阶段，三大城市群旅游高质量发展水平区内差异增大。2005 年，在三大城市群中，成渝城市群区内差异最小，该城市群旅游高质量发展水平涉及低水平、较低水平、中水平、高水平 4 个等级；除成渝城市群外，长三角城市群与长江中游城市群各自区域内均出现旅游高质量发展水平最高级别的高水平城市与最低级别的低水平城市。2010 年，长三角城市群、长江中游城市群、成渝城市群三个城市群各自区内均分布着 5 个不同等级的城市，此阶段是三大城市群各自区内差异最大的时间段。

最后，在演化基本成型阶段，三大城市群各自区域内旅游高质量发展水平差异减小。2015 年，长三角城市群区域内存在 3 种不同旅游高质量发展水平等级的城市，分别为中水平、较高水平及高水平；同期的长江中游城市群与成渝城市群区域内存在较低水平、中水平、较高水平、高水平 4 种不同水平等级的城市，区内差异较长三角城市群较小。2020 年是三大城市群区内差异最小的年份，除成渝城市群的迪庆藏族自治州、雅安、眉山、内江、南充、巴中，长江中游城市群的天门、潜江、仙桃、鄂州及长三角城市群的徐州、宿迁外，三大城市群区域内的所有城市基本均为旅游高质量发展水平高水平城市与较高水平城市，区域内差异较小。

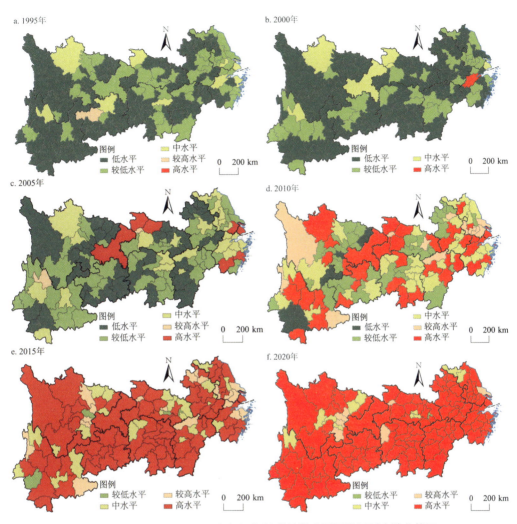

图 5-19　1995—2020 年长江经济带旅游高质量发展时空演化格局

三、生态安全视域下旅游高质量发展空间联系整体网络特征

1995—2020 年，长江经济带旅游流空间网络整体中的网络关联度和网络效率显著提升，网络密度略微下降，为了清晰直观地识别网格密度、网络关联度和网络效率的规律特征，本书对比数值增减的趋势、速率、峰值等发现，1995 年，网络效率＞网络关联度＞网络密度，之后经过二十多年的发展，旅游流空间网络的整体特征的数值排序变为网络关联度＞网络效率＞网络密度，可见区域内各城市的联系紧密程度有所下降，整体联系程度提升。具体来看，（1）在 1995—2020 年整个研究期内，如表 5-10所示，长江经济带旅游流空间的整体密度较小且出现了不少的波动，但整体还是呈现缓慢减小的趋势，这说明长三角经济带各城市旅游流联系较为疏离，且随着时间的变

化，各城市之间的联系密切程度呈现复杂变化。由图 5-20 可知，网络密度大致呈现"降低—升高—降低—升高"的"W"型变化特征，数值在 0.05~0.08 波动，并在 2005 年达到最小值 0.0507。（2）网络关联度由 0.1304 逐渐增加至 1，又结合图 5-20 可知，网络关联度大致呈现"平稳—下降—显著上升—平稳"的变化趋势，特别地在 2010—2020 年数值显著提升，最终稳定在 1，可见长江经济带旅游流的空间网络节点存在显著的关联关系，各城市均能够互相可达。（3）网络等级度为 0，说明长江经济带旅游流的空间网络不具有等级结构。（4）网络效率由 0.5 波动提升至 0.9213，又结合图 5-20 可知，网格效率呈现"上升—下降—上升—下降"的波动上升趋势，变化规律大致与网络关联度的相似，但速率较小，说明长江经济带旅游流空间网络中冗余连线的存在程度高，意味着关联网络的路径较为单一，缺乏多样性，网络不够稳定。

表 5-10　1995—2020 年长江经济带旅游生态安全空间网络整体特征指标

网络特征	1995 年	2000 年	2005 年	2010 年	2015 年	2020 年
网络密度	0.0797	0.0688	0.0507	0.0679	0.0608	0.0648
网络关联度	0.1304	0.1304	0.0797	1.0000	1.0000	1.0000
网络等级度	0.0000	0.0000	0.0000	0.0000	0.0000	0.0000
网络效率	0.5000	0.6071	0.5333	0.9305	0.9390	0.9213

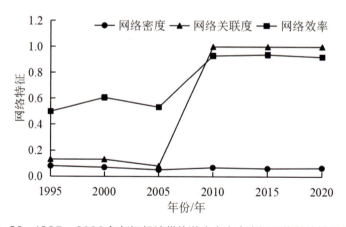

图 5-20　1995—2020 年长江经济带旅游生态安全空间网络整体特征趋势

四、生态安全视域下旅游高质量发展空间联系网络节点特征

　　5A 级景点作为中国旅游景区的最高等级，是根据规范化标准化的质量等级评定体系评选出来的旅游高质量发展空间，因此，本书借助 2007 年评定的长江经济带的 5A 级景点及其所在城市的数据来衡量长江经济带研究区的中心性和整个区域网络整

体中心的发展趋势。1995 年、2000 年、2005 年选用 2007 年首批 5A 级景点所在城市，其余各年份为当年 5A 级景点所在城市。为了便于直观识别网络节点特征，将度数中心度、中介中心度和接近中心度的数值都划分为"低水平、较低水平、中水平、较高水平、高水平"这五个等级，结果如图 5-21 所示。

（一）度数中心度

由图 5-21a、d、g、j、m、p 可知，1995 年长江旅游安全带的度数中心度包括低水平、较低水平和中水平，其中重庆、阿坝藏族羌族自治州、吉安等 15 个市域的度数中心度处于低水平，苏州、无锡、扬州、杭州、温州这 5 个市域的度数中心度处于较低水平，上海市的度数中心度处于中水平，数值最高。2000 年，杭州、温州的度数中心度由较低水平降低至低水平。2005 年，上海市的度数中心度降低至较低水平，南京市的度数中心度降低至低水平。2010 年，上海和常州的度数中心度提升至中水平，较低水平的研究区新增南京和扬州，宁波和金华又被列入低水平研究区。2015 年，上海市的度数中心度显著提升至高水平，江苏省内的苏州、无锡等 10 个市域的度数中心度提升至较高水平，浙江省内的湖州、杭州等 9 个市域的度数中心度提升至中水平，浙江温州、湖北恩施、安徽宣城、江西赣州等 17 个市域的度数中心度处于较低水平，而处于低水平的城市数量最多但分布最分散。2020 年，五大等级水平研究区都有所增加，高水平的市域由上海市发散至上海市及其周边江苏省内的连云港等 12 个市域，浙江省内大部分市域的度数中心度提升至较高水平，金华、六安、阜阳、合肥、铜陵和马鞍山，江西东北部和安徽南部的部分市域的度数中心度处于较低水平，长江中上游的重庆等大部分市域的度数中心度最低。从历年变化来看，长江旅游安全带的度数中心度呈现"∨"形变化特征。1995—2005 年，长江旅游安全带的度数中心度持续降低，2005—2020 年，长江旅游安全带的度数中心度又逐渐提升，最终度数中心度有所提高。

从空间布局来看，上海市的度数中心度一直遥遥领先，居于绝对中心位置；江苏省、浙江省和安徽省其次，居于次中心位置，它们在生态安全网络中的"权利"最大，控制和影响着其他市域资源流动的命脉；江西省、湖北省内研究区的度数中心度处于较低水平，它们在核心节点和边缘节点之间起到平衡作用；而长江中上游的四川、云南、重庆等大部分市域的度数中心度最低，控制网络结构的程度也最低。

（二）中介中心度

从图 5-21c、f、i、l、o、r 可以看出，1995—2005 年，阿坝藏族羌族自治州、成都、乐山、丽水、楚雄、安顺、重庆、宜昌、张家界、衡阳、武汉、吉安、九江、池州、黄山、杭州、温州、常州、无锡、苏州、上海等市域的中介中心度都处于低水平且毫无变化。2010 年，上海市由低水平提升至较低水平。2015 年，盐城市、淮安市、常州市、无锡市、苏州新增为中水平，上海又由较低水平提升至高水平，湖州、嘉兴、杭州、绍兴、衢州、金华、台州为较低水平，此外，低水平城市周边又新增不少低水平中介中心度的城市。2020 年，徐州、连云港、宿迁市、镇江市又新增为低水平城市，宁波和温州又由低水平提升至较低水平，低水平的中介中心度又有所增加。从历年变化情况来看，2010—2015 年来看，上海及其周边江苏省、浙江省的城市的中介中心度变大，截至 2020 年，非研究区的更多城市被纳入低水平、较低水平和高水平区域。

从空间布局来看，长江经济带市域的中介中心度以低水平为主，上海市的中介中心度最高，说明上海具有显著的旅游高质量发展的调配能力，江苏省内各城市的中介中心度主要是中水平和较高水平，浙江省各区域的城市主要以较低水平为主，说明浙江省和江苏省内的很多城市在整个网络中的控制能力和中介作用相对较高，城市之间的依赖程度逐渐增大。

（三）接近中心度

从图 5-21b、e、h、k、n、q 可以看出，1995—2005 年，长江旅游安全带的接近中心度均处于低水平，阿坝藏族羌族自治州、成都、乐山、丽水、楚雄、安顺、重庆、宜昌、张家界、衡阳、武汉、吉安、九江、池州、黄山、杭州、温州、常州、无锡、苏州、上海等市域的接近中心度处于低水平且毫无变化。2010 年，浙江宁波、浙江嘉兴、江苏镇江、江苏扬州新增为低水平。2015 年，长江旅游安全带的接近中心度主要涉及低水平、较低水平和中水平，且分布界限显著，长江上游的研究区主要是低水平的接近中心度，长江中游的研究区属于中水平的接近中心度，长江下游的研究区主要是中水平的接近中心度，具体来看，重庆市、恩施、十堰、宜昌、荆门、张家界、鄂州、岳阳、长沙、湘潭、衡阳、郴州、吉安、鹰潭的接近中心度处于中水平，安徽、江苏、浙江和上海的 80% 城市处于较低水平，长江上游的绵阳、广元、南充、广安、香格里拉、大理、景洪、都匀等研究市域的接近中心度处于低水平。2020 年，长江旅游安全带的接近中心度以低水平、较高水平和高水平为主，其中，江苏、安徽、浙江和上海的接近中心度由较低水平上升至较高水平，四川阿坝藏族羌族自治州、重庆、赣州等 17 个市域的接近中心度处于高水平，此外，低水平的市域数量也有所增加。从历年变化来看，2010—2020 年长江旅游安全带的变化最大，特别是长江中游的重庆市等研究区由低水平逐渐发展为中水平、高水平，接近中心度逐渐增加，说明随着旅游业的不断发展和生态环境的不断优化，重庆等长江中游城市在生态安全方面的联系逐渐加强。

从空间角度来看，由于接近中心度代表地理位置的中心程度，而长江中游的研究区在整个长江旅游安全带中距离其他城市的距离最近，能够快速建立网络关联，因此长江中游研究区的接近中心度较其他区域来看指数更高。

总的来看，历年度数中心度和中介中心度相对较突出的城市逐渐增多，发挥着重要的中心性引领和连接作用。1995年，靠前的城市为上海、苏州；2000年，发展至上海、苏州、无锡、南京，无锡和南京入列；2005年，缩减至上海、苏州、无锡，南京出列；2010年，变化为上海、苏州、常州、扬州，无锡出列；2015年，发展至上海市、盐城市、淮安市、镇江市、嘉兴市、常州市、苏州市、无锡市、镇江市，扬州出列，但新增6个市域；2020年，又进一步增加至上海市、宿迁市、无锡市、常州市、连云港市、徐州市、盐城市、淮安市、镇江市、嘉兴市、苏州市、南通市、泰州市等13个市域。整体来看，上海和苏州一直领先于其他城市，说明这两个研究区域具有强大的中心功能地位，是人才、经济、科技等资源的聚焦点，是长江经济带重要的增长极。此外，虽然长江经济带各城市的中心度存在差异，但所有城市都能直接或间接地在生态安全网络中产生联系，不会单独存在。因此，城市间的发展交流和相互作用仍要重视。

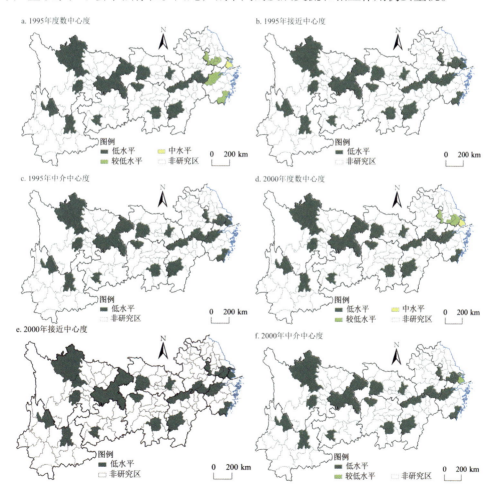

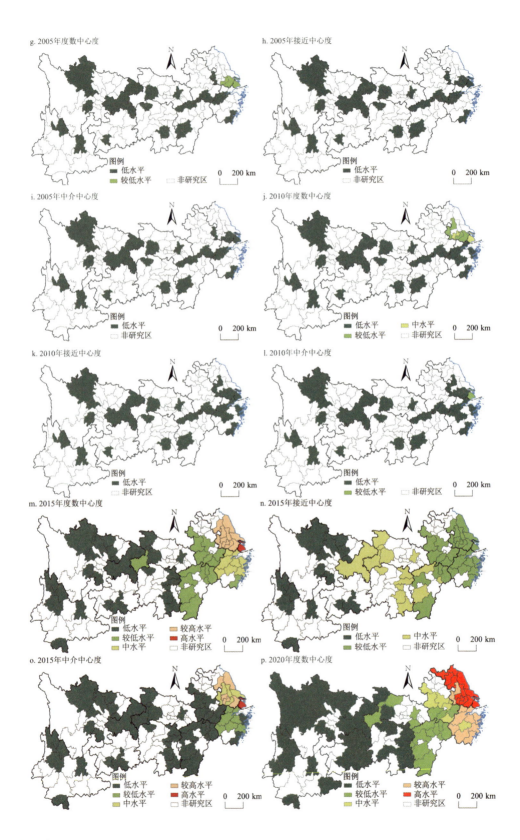

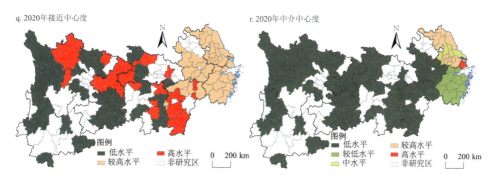

图 5-21　1995—2020 年长江旅游安全带生态安全联系网络中心度

五、生态安全视域下旅游高质量发展空间联系网络关联线特征

为了更清晰直观地表达出网络关联线特征，本书将小于 1055.9597 数值的联系线不显示在图中。由图 5-22 可以看出，长江旅游安全带的空间联系在空间上分布不均衡，空间联系网络由简单到复杂，从长三角地区逐渐向西部不断发展，整体呈现多中心城市向外围城市辐射的网状结构。从时间演化过程来看，1995 年，上海、苏州、无锡、常州、镇江、扬州、嘉兴、湖州、杭州、宣城、黄山这 11 个市域是空间联系网络的节点，上海市的联系强度最大，杭州、上海和无锡呈"星形"状向外链接，是编织和带动整个旅游高质量发展空间联系网络的三角主要力量。2000 年，浙江温州新加入网络结构。2005 年，江西九江是空间联系网络的新节点，且其他各个城市之间空间联系越来越密切，关联线更多，关系更为依赖，强联系度存在于上海、苏州和无锡等城市之间。2010 年，整个网络向西部的长江中上游扩散，四川阿坝藏族羌族自治州、四川成都、云南丽江、云南昆明、贵州安顺、重庆、湖南张家界、湖北武汉等成为新节点，但它们处于整个网络的边缘区域，距离网络的中心位置较远，且分布稀疏，此外，整个网络结构呈现出一个"矩阵"和两个"三角"形状特征，其中，矩阵由温州、上海、泰州、芜湖四个关键节点构成且联系密度最大，下游的三角网状结构是由九江、宜昌和无锡三个关键节点组成，上游的三角网状结构是由阿坝藏族羌族自治州、丽江和云南组成，强联系度也存在上海周边更多的城市之间，且向西部扩散，黄山和池州的联系强度显著提升并独立于以上海为核心节点的网状结构之外。2015 年，长江旅游安全带的中心关键线位于较强联系度的城市显著增加，空间上呈现出"左六边形"和"右八边形"的结构特征，其中，"右多边形"结构特征几乎遍布湖南以东的所有城市，"左多边形"结构特征由阿坝藏族羌族自治州、香格里拉、景洪、安顺、广元、南充、广安构成，且乐山和成都位于左网络的中心位置，"右多边形"的中心关联线多于"左多边形"，强联系度的城市也进一步增多。2020 年，长江旅游安全带几乎所有城市之间的空间联系强度达到了强联系水平，形成了更为复杂

的空间联系网络。从时间变化来看，1995—2020 年，长江旅游安全带的中心关联线
逐渐增多，主要是因为近些年长江经济带城市群的一体化得到了又快又好的发展，区
域内生态安全联系更为紧密；从空间布局来看，长江下游的上海、江苏、浙江和安徽
研究区内的城市联系强度最高，长三角下游城市群的区域面积相对较小，地理位置彼
此之间较为接近且经济发展水平较高，因此城市之间的互动更为频繁。

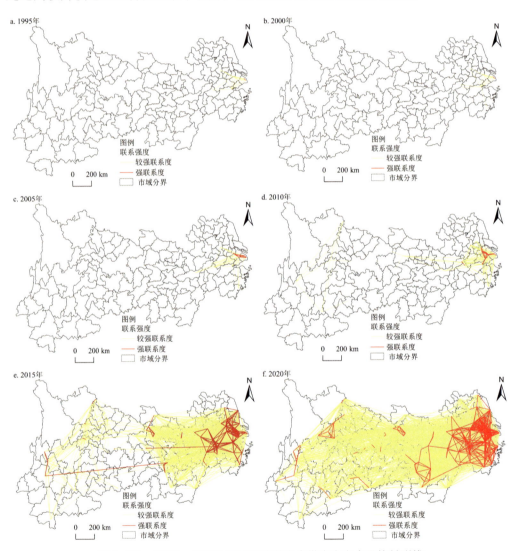

图 5-22　1995—2020 年长江旅游安全带生态安全网络关联线

六、生态安全视域下旅游高质量发展核心—边缘结构

　　本书调用社会网络分析中的 Core/Periphery 对长江经济带的旅游高质量发展空间联
系网络进行"核心—边缘"结构分析，结果如表 5-11 所示。1995—2020 年，核心区

和边缘区的城市都逐渐增多。结合图 5–23 可知，1995 年，长江旅游带生态安全核心区有 5 个城市、边缘区有 16 个城市，截至 2020 年，长江旅游带生态安全的核心区扩展至 31 个城市，边缘区拓展至 53 个，几乎半数的城市都加入网络当中，尤其是 2010—2015 年，加入网络当中的城市最多。上海、苏州、无锡一直处于长江旅游带生态安全的核心位置，并与周边城市形成了较为完善的旅游高质量发展的空间联系网络结构，核心区的中心位置明显，主要分布在下游长三角地区。边缘区的城市数量最多但空间布局较为分散，主要分布在长江中上游，其地理位置和经济实力都较为劣势。总的来看，核心区和边缘区的界限分明，制约了其他城市之间旅游高质量发展的空间联系。

表 5-11 1995-2020 年生态安全格局下长江经济带旅游高质量发展核心—边缘结构

年份	区域	城市
1995	核心区	上海市 苏州市 无锡市 南京市 杭州市
	边缘区	温州市 池州市 黄山市 吉安市 九江市 宜昌市 武汉市 张家界市 衡阳市 重庆市 阿坝藏族羌族自治州 乐山市 成都市 安顺市 丽江市 昆明市
2000	核心区	上海市 苏州市 无锡市 南京市 杭州市
	边缘区	温州市 池州市 黄山市 吉安市 九江市 宜昌市 武汉市 张家界市 衡阳市 重庆市 阿坝藏族羌族自治州 乐山市 成都市 安顺市 丽江市 昆明市
2005	核心区	上海市 苏州市 无锡市
	边缘区	南京市 温州市 杭州市 池州市 黄山市 吉安市 九江市 宜昌市 武汉市 张家界市 衡阳市 重庆市 阿坝藏族羌族自治州 乐山市 成都市 安顺市 丽江市 昆明市
2010	核心区	上海市 常州市 苏州市 扬州市 南京市 无锡市 嘉兴市 杭州市 池州市 黄山市
	边缘区	金华市 宁波市 温州市 吉安市 九江市 宜昌市 武汉市 张家界市 衡阳市 重庆市 阿坝藏族羌族自治州 乐山市 成都市 安顺市 丽江市 昆明市
2015	核心区	上海市 盐城市 淮安市 镇江市 苏州市 常州市 无锡市 南通市 泰州市 扬州市 南京市 台州市 湖州市 衢州市 绍兴市 杭州市 嘉兴市 金华市 温州市 合肥市 黄山市 宣城市 六安市 安庆市 池州市 景德镇市 上饶市 张家界市
	边缘区	宁波市 阜阳市 赣州市 宜春市 鹰潭市 吉安市 九江市 恩施土家族苗族自治州 武汉市 宜昌市 神农架林区 十堰市 郴州市 长沙市 湘潭市 岳阳市 衡阳市 重庆市 广元市 阿坝藏族羌族自治州 绵阳市 南充市 广安市 乐山市 成都市 黔南布依族苗族自治州 宜宾市 安顺市 迪庆藏族自治州 丽江市 西双版纳傣族自治州 大理白族自治州 昆明市
2020	核心区	上海市 无锡市 常州市 连云港市 盐城市 淮安市 镇江市 嘉兴市 苏州市 南通市 泰州市 扬州市 南京市 温州市 丽水市 宁波市 衢州市 台州市 湖州市 绍兴市 杭州市 金华市 马鞍山 六安市 芜湖市 合肥市 黄山市 宣城市 安庆市 池州市 景德镇市
	边缘区	宿迁市 徐州市 阜阳市 九江市 萍乡市 南昌市 上饶市 赣州市 宜春市 鹰潭市 吉安市 襄阳市 咸宁市 恩施土家族苗族自治州 武汉市 宜昌市 神农架林区 十堰市 武汉市 常德市 株洲市 邵阳市 郴州市 长沙市 湘潭市 岳阳市 张家界市 衡阳市 重庆市 巴中市 甘孜藏族自治州 雅安市 广元市 阿坝藏族羌族自治州 绵阳市 南充市 广安市 乐山市 成都市 遵义市 黔东南苗族侗族自治州 铜仁市 贵阳市 黔南布依族苗族自治州 宜宾市 安顺市 文山壮族苗族自治州 保山市 昆明市 迪庆藏族自治州 丽江市 西双版纳傣族自治州 大理白族自治州

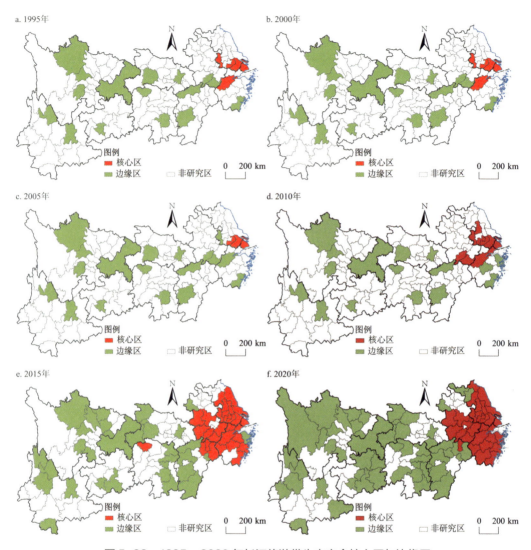

图 5-23　1995—2020 年长江旅游带生态安全核心区与边缘区

　　由表 5-12 可知，核心区和核心区的联系密度最大，1995—2005 年，其联系密度由 0.9 持续增加到 1，之后又降低至 2010 年的 0.222、2015 年的 0.183，最后又提升至 2020 年的 0.252。边缘区与核心区的联系密度次之，数值在 0~0.025 波动，并最终降低至 0.002，说明核心区和边缘区的旅游高质量发展差异较大，同时也说明边缘城市对核心区的旅游高质量发展空间联系较少、影响较小，一直低于核心区和核心区的生态安全联系密度。边缘区和边缘区的联系密度最低，随着时间的变化数值呈现"V"形的变化趋势，在 1995—2010 年由 0.008 降低至 0，又增加至 2015 年的 0.015、2020 年的 0.022。核心区和边缘区的巨大差异，表明要加强核心城市对边缘城市的辐射作用，加强两者的融合，促进旅游高质量发展空间的联动发展。

表 5-12　1995—2020 年长江旅游带生态安全核心区与边缘区联系密度

网络密度	1995		2000		2005		2010		2015		2020	
	核心区	边缘区	核心区	边缘区	核心区	边缘区	核心区	边缘区	核心区	边缘区	核心区	边缘区
核心区	0.900	0.025	0.800	0.013	1.000	0.019	0.222	0.000	0.183	0.001	0.252	0.002
边缘区	0.025	0.008	0.013	0.008	0.019	0.007	0.000	0.000	0.001	0.015	0.002	0.022

第四节　本章小结

本章首先构建生态安全和生态安全阻力面评价指标体系，解析 1995—2020 年长江经济带生态安全格局的时空演变特征；其次，以历年 5A 级景点为旅游源地，通过 MCR 模型识别最小成本阻力值，仿真模拟出 1995—2020 年长江经济带旅游和三大城市群的旅游生态安全格局，分析三大城市群旅游生态安全格局的演变特征；最后，构建旅游高质量发展评价指标体系，分析 1995—2020 年长江经济带旅游高质量发展时空演化特征，之后采用引力模型和社会网络分析，分析在旅游生态安全格局下旅游高质量发展的关联网络化特征，包括整体密度、网络关联度、网络等级度、网络效率、节点中心度和核心—边缘结构。具体结果如下。

（1）生态安全格局：①多尺度生态安全水平及变化有所差异，随着空间尺度增大，生态安全水平增长幅度从正转为负。在市域尺度下，2020 年的生态安全水平低于 1995 年。②在多尺度下，生态安全格局均存在正相关关系，极化现象仍然存在，高值区域集中于长三角城市群、武汉城市子群和云南省，这些区域具有大片连续、规则的景观斑块，这些景观斑块具有明显的聚集度高、破碎度低的特征。③生态安全具有路径依赖和空间溢出效应。

（2）旅游生态安全格局：①从全域整体来看，长江经济带生态旅游安全格局呈现由轴状局部性向团状多极核发展的特征。②从三大城市群来看，旅游安全格局演化稳定，廊道联通逐渐密集，其中，成渝城市群旅游生态安全格局分布较为稀疏，无极核带动，其他城市群呈现单极核或多极核带动特征，全域廊道密集，旅游生态安全格局演化稳定。

（3）旅游高质量发展：①长江经济带总体的旅游高质量发展水平及三大城市群的旅游高质量发展水平随着时间变化不断提高，经历了早期缓慢演化阶段、剧烈演化阶段、演化基本成型阶段，三大城市群中长三角城市群旅游高质量发展水平处于领先地位。②长江经济带旅游高质量发展水平由旅游带动的零散点状高水平，过渡到经济区位带动的团状高水平，最终形成多维因素推动的全域高水平空间格局。

（4）旅游生态安全下旅游高质量关系网络特征：①在生态安全格局下，长江经济带旅游高质量发展网络中各个城市形成复杂的关联网络，从可达性低发展至完全可达，但可达性路径单一，整体网络联系程度长期较低。②以上海为中心，中介中心度和度数中心度向外扩散，随着其他城市旅游生态发展水平提高，逐渐分化了上海对于长江经济带旅游生态安全空间关联网络的绝对影响力，最终形成从高到低且具有明显阶梯性影响力的发展格局，并以上海、江苏省、浙江省为中介控制中心，依次控制和连接着其他城市资源流动。同时，接近中心度较高的城市尽管位于长江经济带边缘区，但在特色旅游资源支撑和交通支持下，也能更好地获取与输出相关要素，并通过生态安全网络进一步对其他城市旅游高质量发展产生影响。③在生态安全格局下，长江经济带旅游高质量发展的联系度从单极核向多组团发展，长江中下游地区联系成都逐渐加深，上游地区联系度仍亟须加强。

第六章

全域旅游视野下长江旅游带生态安全影响机理

第一节　研究方法与变量选取

一、研究方法

为探究旅游安全格局演化影响因素，因传统的计量模型忽略了空间这一因素，因此需要建立空间计量模型（刘程军等，2020）。空间计量模型经过不断发展，已经具备较为完善的空间计量模型系统，这为解决各个行业的各类问题提供了理想而科学的处理工具。根据研究对象，以 Y 为因变量，X_1、X_2、X_3、X_4 为自变量，首先建立幂函数需求模型，表达式如下：

$$Y_{it}=B\left(X_1\right)_{it}^{\beta_1}\left(X_2\right)_{it}^{\beta_2}\left(X_3\right)_{it}^{\beta_3}\left(X_4\right)_{it}^{\beta_4}e_{it}\ (i=1,\ \cdots,\ N;\ t=1,\ \cdots,\ T) \qquad (6-1)$$

随后对上述模型两边同时取对数，可得到普通面板数据模型，表达式如下：

$$\ln Y_{it}=\beta_0+\beta_1\ln\left(X_1\right)_{it}+\beta_2\ln\left(X_2\right)_{it}+\beta_3\ln\left(X_3\right)_{it}+\beta_4\ln\left(X_4\right)_{it}+u_{it} \qquad (6-2)$$

式中，β_1、β_2、β_3、β_4 分别表示各自变量的弹性系数；$\beta_0=\ln B$，$u_{it}=\ln e_{it}$ 表示模型的误差项。

如果数据存在空间自相关效应，就可在普通面板数据模型的基础上构建所需要的空间计量模型，而最为全面的空间计量模型则是广义嵌套空间模型（Generalized Nested Spatial Model，GNS），表达式如下：

$$\ln Y_{it}=\beta_0+\rho W\ln Y_{it}+\beta_1\ln\left(X_1\right)_{it}+\beta_2\ln\left(X_2\right)_{it}+\beta_3\ln\left(X_3\right)_{it}+\beta_4\ln\left(X_4\right)_{it}+\theta_1 W\ln\left(X_1\right)_{it}+\theta_2 W\ln\left(X_2\right)_{it}+\theta_3 W\ln\left(X_3\right)_{it}+\theta_4 W\ln\left(X4\right)_{it}+u_{it} \qquad (6-3)$$

$$u_{it}=\lambda Wu_{it}+\varepsilon_{it} \qquad (6-4)$$

简化为向量形式如下：

$$\ln Y_{it}=\beta_0+\rho W\ln Y_{it}+X\beta+WX\theta+\mu_{it} \qquad (6-5)$$

式中，X 为由 $\ln\left(X_1\right)_{it}$、$\ln\left(X_2\right)_{it}$、$\ln\left(X_3\right)_{it}$、$\ln\left(X_4\right)_{it}$ 等自变量构成的向量形式，β 为由 β_1、β_2、β_3、β_4 构成的向量形式，θ 为由 θ_1、θ_2、θ_3、θ_4 构成的向量形式，W 为模型的空间权重矩阵。在实际建模研究过程中，广义嵌套空间模型（GNS）往往不是最好的空间计量模型，因为模型中会出现不显著的参数组成部分。为此，就需要根据广义嵌套空间模型（GNS）参数 ρ、θ 和 λ 的运行结果，建立合理的最优空间计量模型。当 $\theta=0$ 时，模型转化为广义自相关空间模型（Generalized Autocorrelation Spatial

Model，SAC）；当 $\lambda=0$ 时，转化为空间杜宾模型（Spatial Durbin Model，SDM）；当 $\rho=0$ 时，转化为空间杜宾误差模型（Spatial Durbin Error Model，SDEM）；当 $\theta=0$ 且 $\lambda=0$ 时，转化为空间滞后模型（Spatial Lag Model，SLM）；当 $\rho=0$ 且 $\theta=0$ 时，转化为空间误差模型（Spatial Error Model，SEM）；当 $\rho=0$ 且 $\lambda=0$ 时，转化为自变量空间滞后模型（Independent Variable Spatial Lag Model，SLX）；当 $\rho=0$、$\theta=0$、$\lambda=0$ 时，转化为普通线性回归模型（Ordinary Linear Regression，OLS）。

公式涉及的空间权重矩阵 W 包括 4 种类型，W_1、W_2、W_3 为距离权重矩阵，W_4 为生态安全阻力值的权重矩阵。具体设定如下：

$$W_1 = w_{ij,\ d} = \begin{cases} 1/d_{ij}, & i \neq j \\ 0, & i = j \end{cases} \qquad (6\text{-}6)$$

$$W_2 = w_{ij,\ d} = \begin{cases} 1/d_{ij}^2, & i \neq j \\ 0, & i = j \end{cases} \qquad (6\text{-}7)$$

$$W_3 = w_{ij,\ d} = \begin{cases} e^{-d_{ij}/d_{min}}, & i \neq j \\ 0, & i = j \end{cases} \qquad (6\text{-}8)$$

$$W_4 = w_{ij,\ d} = \begin{cases} 1/L_{ij}, & i \neq j \\ 0, & i = j \end{cases} \qquad (6\text{-}9)$$

式中，d_{ij} 为 i，j 两地之间的距离，L_{ij} 为两地之间的生态安全阻力值。

二、变量选取

旅游生态安全的良好运行离不开社会、经济、生态、环境等多个方面的综合调控。关于旅游生态安全的相关影响机制，国外学者研究相对较少，国内学者进行了一些初步的研究，主要从旅游活动与社会生态系统之间的关系展开相关研究。例如，Ruan 等（2019）发现旅游生态安全容易受到第三产业增长率、人均公园绿地面积、人均旅游收入、财政支出占 GDP 的比重等方面因素的影响。其他相关学者也指出旅游从业人数、旅游总收入、第三产业占 GDP 比重、环保支出占 GDP 比重、园林绿地面积、旅游收入增长率、游客数量增长率等对旅游生态安全影响较为显著。学者们为探讨区域旅游生态安全的空间效应提供了理论参考，本书将相关作用因素的考虑视角进一步扩大，根据科学性、主导性、动态性、系统性原则，在全域旅游视野下基于"经济—环境—社会"（EES）模型和长江经济带的区域旅游特征，聚焦生态旅游高质量发展的研究主题来构建长江旅游带生态安全格局影响因素指标体系，既反映了旅游生态安全的向上驱动力状态，又涉及了区域发展面临的压力和状态，指标体系自上而下地从旅游发展、经济支持、社会生计以及生态环境四个维度来反映影响，具体如下。

第一，旅游发展包括旅游发展水平（X1）、旅游负荷水平（X2）、旅游经济密度（X3）和游客密度（X4）这四个指标。旅游收入的不断增加能够对区域旅游业的发展起到积极作用，但对于区域旅游生态安全会起到反作用，因此利用不同时期旅游收入相互比较的比率即旅游收入增长率可以反映旅游发展水平；游客接待量和当地人口数量的比率反映了旅游地的旅游渗透程度和负荷水平，比重越大，说明该城市社会环境所受冲击越大，旅游生态安全状态越差，因此可以使用旅游负荷水平作为旅游接待能力的衡量指标；旅游经济密度表示旅游收入和区域土地承载力之间的关系，反映了某一地区旅游发展水平和旅游集聚程度；旅游者密度表示游客人数与区域土地承载力之间的比值，反映了游客来访对城市旅游环境造成的压力，旅游者密度越大，人类活动和旅游活动越活跃，会对旅游接待造成一定压力，还会使当地居民的日常生活受到影响，增加旅游生态安全压力。

第二，经济支持包括经济发展水平（X5）、第三产业比重（X6）、第三产业增速（X7）这三个指标。其中，GDP 增长率可以用来表示一定时期经济发展水平变化程度的动态特征，反映了经济高速发展对城市旅游环境造成压力；第三产业产值占 GDP 的比重及其增速间接反映了旅游业的发展程度和潜力，它们可以衡量区域产业结构的合理性，不仅能表示一个国家或地区的发达程度和旅游业在经济中的重要地位，还能吸引大量的游客和投资，带动旅游经济的新一轮发展。

第三，社会生计包括劳动力投入量（X8）、政府干预（X9）、人口自然增长率（X10）、交通便利性（X11）、政策支持（X12）和教育水平（X13）这六个指标。其中，旅游业是第三产业带动经济增长、吸纳就业人员的重要力量，因此第三产业从业人员的增长率可以用来反映旅游劳动力投入量的变化。政府干预的主要方式是政府补助，政府干预程度和政府规模密切联系，政府规模一般采用财政支出占 GDP 百分比这一综合指标来表示。人口自然增长率是反映人口自然增长的趋势和速度的指标，如果人口自然增长率高，那么一个国家不仅能够增加劳动力的数量，同时还可以增加市场需求、刺激经济、促进国家发展；反之，亦相反。城市人均道路面积是指城市人口人均占用道路面积的大小，以城市道路总面积与城市人口总数之比最能综合反映一个城市交通的拥挤程度即交通便利性；生态政策支持反映了国家对生态旅游的重视程度和社会风向标。普通高等学校学生数是指学年初开学后，具有学籍的在校学生的总数，反映某一地区的人才梯度培养与人力资源发展潜力，该值越大，当地文化程度越高，环境保护意识越强，对城市的旅游生态安全具有积极影响。

第四，生态环境包括环境污染（X14）、区域绿化程度（X15）、生活垃圾处理率（X16）、污水处理率（X17）。其中，工业二氧化硫排放量指企业在燃料燃烧和生产工艺过程中排入大气的二氧化硫数量，二氧化硫作为污染源的元凶，严重影响城市居民的生活质量及游客游玩体验，该数值越大危害性越大，因此可以使用工业二氧化硫排放量来反映环境污染。人均绿地面积越多，旅游活动面积越多，也有利于改善空气质量，缓解城市热岛效应，提高城市生态环境质量，区域绿化程度是反映城市居民居住环境和生态质量的重要指标；生活垃圾处理率，指经处理的生活垃圾量占全部生活垃圾总量的比重，生活垃圾无害化处理能够有效减少垃圾对环境的污染，降低对空气、水、土壤等环境的污染，这对保护环境、减少垃圾对人类健康的危害具有重要意义，因此，可以用生活垃圾处理率来反映旅游地的生活环境质量。污水处理率是一个通过污水量核算的指标，反映一个城市污水集中收集处理设施的配套程度和城市环境治理的投入力度，污水处理率越高，城市生态环境治理效果越好，越有利于改善水质的质量和生态环境、提升区域品位和保护生态环境。

表 6-1　全域旅游视野下长江旅游带生态安全格局影响因素选取

维度	指标	代码	指标说明
旅游发展	旅游发展水平（%）	X1	与上年旅游收入相比，当年旅游收入的增长比率
	旅游负荷水平（%）	X2	游客数量与本地人口数量的比率
	旅游经济密度（元/km²）	X3	旅游收入与区域土地承载力之间的关系
	游客密度（人/km²）	X4	游客数量与区域土地承载力之间的比率
经济支持	经济发展水平（%）	X5	与上年 GDP 水平相比，当年 GDP 水平的增长比率
	第三产业比重（%）	X6	第三产业产值占 GDP 水平的比重
	第三产业增速（%）	X7	与上年第三产业产值相比，当年第三产业产值的增长比率
	劳动力投入量（%）	X8	与上年第三产业从业人员相比，当年第三产业从业人员的增长比率
社会生计	政府干预（%）	X9	财政支出占 GDP 水平的比重
	人口自然增长率（%）	X10	人口自然增长的趋势
	交通便利性（m²/人）	X11	城市人均拥有道路面积
	政策支持（条）	X12	市级人民政府网站中生态旅游的政策数量和新闻数量
	教育水平（人）	X13	普通高等学校学生数
生态环境	环境污染（t）	X14	工业二氧化硫排放量
	区域绿化程度（m²/人）	X15	人均拥有绿地面积
	生活垃圾处理率（%）	X16	生活垃圾无害化处理量与生活垃圾总量的比值
	污水处理率（%）	X17	市级城镇污水处理厂实际处理水量/城镇生产生活排放污水量

三、数据来源

本章在前述的数据来源基础上,另涉及影响因素相关的长江经济带 11 个省（市）,共计 130 个城市 1995—2020 年社会经济统计数据。相关数据来源于长江经济带各省市统计年鉴、各市州统计年鉴及统计公报。针对部分缺失数据,已通过年均增长率进行预测和补齐。

第二节　全域旅游视野下长江旅游带生态安全空间格局构建的影响因素

一、长江旅游带生态安全空间相关性检验

对反距离矩阵 W1、W2、W3 与生态阻力值倒数空间矩阵 W4 进行空间相关性检验的结果如表 6-2 所示：在选择空间估计模型之前,需要结合 LM 和 Robust LM 检验进行判断,根据表 6-2 可知,反距离矩阵和生态阻力值倒数空间矩阵空间误差模型的 LM 和 Robust LM 均通过了 0.01 的显著性检验。在空间滞后模型检验中,反距离矩阵 W1、W2、W3 与生态阻力值倒数的空间矩阵 W4 的 LM-lag 值分别为 155.774、4134.786、2431.648 及 2700.638,且对应的 P 值均小于 0.01；R-LM-lag 数据处理结果相似,同样在显著性水平为 1% 的程度上通过检验,这表明在空间滞后模型中,长江经济带生态安全拒绝"无空间自相关"假设。同样地,在空间误差模型检验中,四大矩阵的 LM-ERR 与 R-LM-ERR 值均通过了 0.01 的显著性检验,说明长江经济带生态安全存在空间误差项,即拒绝"无空间自相关"假设。通过空间滞后模型与空间误差模型的检验结果,可以明显知道模型存在空间自相关性,即长江经济带生态安全存在空间相关性,可以进行空间效应的分析；空间滞后模型与空间误差模型中空间固定效应和时间固定效应的联合显著性也均在 0.01 水平上显著,说明包含个体和时间双向固定的空间杜宾模型为本书的最优模型,因此本书最终采用 SPDM 的双向固定效应模型进行参数估计。

表 6-2　长江旅游带生态安全关联度空间相关性检验

观测值	空间相关性检验			
	W1	W2	W3	W4
LM-lag	155.774***	4134.786***	2431.648***	2700.638***

续表

观测值	空间相关性检验			
	W1	W2	W3	W4
R–LM–lag	609.295***	756.342***	498.991***	488.216***
LM–ERR	3870.524***	3421.092***	1946.747***	2268.495***
R–LM–ERR	324.045***	42.648***	14.090***	56.073***

注：***、**、* 分别代表 1%、5%、10% 的显著性水平。下同。

二、生态安全视角下长江旅游带的影响因素回归结果分析

基于 17 个不同的旅游高质量发展水平影响因素指标，运用 SPDM 模型进行参数估计，分析影响因素 X1~X17 对长江经济带旅游高质量发展水平的效应。由于矩阵 W1~W3 均为反距离矩阵，均是用于表征两个 5A 景点之间的地理距离，仅是算法不同，而 W1 矩阵模型的 R^2 值为 0.3471，比其他两个反距离矩阵的 R^2 值大，同时大于 W4 矩阵的 R^2 值。此外，W1~W3 是随着地理距离增加，其空间效应衰减或增加的速度加快，但由于距离增加速度过快，基准模型回归和空间效应分解回归都以 W2 为距离临界点，W1 和 W2 之间空间效应的正负方向变化明显。因此，当考虑到空间邻近因素时，效应具有一定的距离边界性，当超过一定距离时，空间效应失效。考虑到 W2、W3 的地理距离衰减速度过快且通过显著性检验结果较少，本书以 W1 为地理距离结果进行讨论，W4 为生态安全阻力值结果进行讨论。

本书分别对赋权前的影响因素回归结果与赋权后的影响因素回归结果进行分析，具体结果如表 6-3 所示。从表中可以明显得出，确定各影响因素权重前后的生态安全视角下长江旅游带的影响因素回归结果存在较大差异。权重确定前的 W1 矩阵模型中仅有 2 个影响因素（X6、X13）的系数值通过显著性检验，其他影响因素对生态安全视角下长江旅游带旅游高质量发展水平没有产生显著影响。权重确定后的 W1 矩阵模型中，除影响因素 X5、X11、X12、X14 外，剩下的 13 个影响因素的系数值均通过了显著性检验，且在 1% 的水平上显著；而赋权后的 W4 矩阵模型中，除影响因素 X2、X5、X7 外，剩下的 14 个影响因素的系数值也都通过了显著性检验。具体分析如下。

不考虑空间效应时，各因素对旅游生态安全联动性的影响作用多不显著。考虑到空间效应时，各因素对旅游生态安全联动性具有显著的影响作用。其中，旅游发展、社会生计维度因素对旅游生态安全联动性具有负向影响，经济支持和生态环境维度因素对旅游生态安全联动性具有正效应。具体来看：（1）在旅游发展维度上，核心区长

三角地区旅游高质量发展具有极高水平，旅游收入、单位土地面积游客数量越高，土地承载力就会越接近或超过饱和水平，对旅游生态安全联动性的负面效应就越突出。（2）在社会生计维度上，核心区长三角地区生活用地多、生态用地少，城镇化进程速度快，生计水平进一步提高，表示人口密度进一步升高。医疗、教育、交通等公共设施进一步增加，将会影响生态用地数量和结构，导致生态斑块减少和破碎化程度加重，因此，对于旅游生态安全联动性的负面效应越突出。（3）在经济支持维度上，核心区长三角地区经济发展水平正在从经济高速发展向高质量发展转变，在经济绿色高质量发展前提下，经济水平的提高以及第三产业的蓬勃发展，有助于生态安全治理资金投入、旅游生态产品的创新开发，生态的经济效应显现。（4）在生态环境维度上，生态环境的治理和保护能够产生显著的正向作用，在长三角生态绿色一体化发展示范区的战略引领下，核心区长三角地区旅游生态的示范作用明显。

表6-3 生态安全视角下长江旅游带关联度的影响因素回归结果

变量	W1	W2	W3	W4
X1	0.0025	0.0002	0.0002	−0.0034
X2	−0.0091	−0.0032***	−0.0027***	0.0026
X3	−0.0462	−0.0077***	−0.0080***	−0.0013
X4	0.0480	0.0053***	0.0057***	−0.0059
X5	0.0069	−0.0001	−0.0001	−0.0015
X6	0.0234***	−0.0015**	−0.0011*	0.0028
X7	0.0031	−0.0003	−0.0001	0.0005
X8	0.0011	0.0001	0.0001	0.0019
X9	0.0104	−0.0001	0.0001	−0.0024
X10	0.0011	0.0009**	0.0013***	−0.0013
X11	−0.0125	0.0001	−0.0002	−0.0025**
X12	0.0119	−0.0007	−0.0002	−0.0035**
X13	−0.0269**	0.0011***	0.0015***	0.0031***
X14	0.0107	−0.0002	−0.0001	−0.0012
X15	−0.0018	−0.0001	−0.0003	0.0028***
X16	−0.0002	0.0001	0.0001	0.0010**
X17	0.0007	−0.0002	−0.0004***	0.0015***
W*X1	−0.2342***	0.0073**	0.0010	−0.0262**
W*X2	−0.9763***	0.0174***	0.0065***	0.0098

续表

变量	W1	W2	W3	W4
W*X3	−5.2350***	0.1879***	0.0969***	−0.6309***
W*X4	5.7119***	−0.2010***	−0.1002***	0.6655***
W*X5	−0.0708	−0.0085**	−0.0009	0.0131
W*X6	0.4311***	−0.0043**	−0.0001	0.0304***
W*X7	0.4676***	0.0074*	0.0011	−0.0040
W*X8	0.0827***	0.0005	0.0002	−0.0125***
W*X9	−0.2312***	0.0013	0.0001	−0.0094**
W*X10	−0.2632***	0.0060***	0.0009**	−0.0202***
W*X11	0.1259	0.0059***	0.0021***	−0.0180***
W*X12	0.0591	0.0049**	0.0017**	−0.0205**
W*X13	−0.6358***	−0.0045***	0.0003	0.0240***
W*X14	−0.0415	−0.0011	−0.0008	0.02822***
W*X15	0.1550***	−0.0028***	−0.0008***	0.0224***
W*X16	0.1028***	0.0001	0.0003	0.0057***
W*X17	−0.1292***	0.0034***	0.0014***	−0.0231***
观测值	2158	2158	2158	2158
R^2	0.3471	0.0207	0.0028	0.2292
Log–Likelihood	5924.3352	11450.8827	11870.8352	9044.1370
Hausman	随机效应	随机效应	随机效应	随机效应

三、生态安全视角下长江旅游带的影响因素空间效应分解

生态安全视角下长江旅游带影响因素的直接效应和间接效应分析如表6-4所示。

（1）相比于直接效应，各维度因素的间接效应更加明显。这说明核心区的旅游生态安全的联系度极高，各因素进一步增强其联系度的能力和强度有限，核心区的各资源往边缘区的溢出明显，表示区域间的联系更加紧密。

（2）直接效应和间接效应具有强同步性。一方面，对于负效应因素来说，旅游发展和社会生计类因素不仅对本地旅游生态安全产生负向影响，也会对邻近地区产生负向溢出影响，如旅游人数过密造成基础设施、土地资源超负荷，邻近地区的设施、土地资源被占用，旅游生态安全水平下降。另一方面，对于正效应因素来说，经济支持和生态环境类因素不仅对本地旅游生态安全产生正向影响，也会对邻近地区产生正向

影响。因此，需要持续维护经济发展和生态环境有机统一、相辅相成的关系，发挥长三角地区为龙头示范作用，从东向西带动旅游地生态安全实现全域高水平发展。

表6-4　生态安全视角下长江旅游带关联度的影响因素空间效应分解

变量	效应	W1	W2	W3	W4
X1	直接效应	−0.0016	0.0005	0.0003	0.0040
	间接效应	−0.4978**	0.0114**	0.0012	−0.0648**
	总效应	−0.4993**	0.0119**	0.0014	−0.0688**
X2	直接效应	−0.0288***	−0.0027***	0.0025***	0.0028
	间接效应	−2.0991***	0.0250***	0.0070***	0.0261
	总效应	−2.1279***	0.0223***	0.0045***	0.0290
X3	直接效应	−0.1481***	−0.0015	−0.0043***	−0.0166***
	间接效应	−11.2392***	0.2862***	0.1103***	−1.4512***
	总效应	−11.3873***	0.2847***	0.1059***	−1.4678***
X4	直接效应	0.1597***	−0.0013	0.0019	0.0103*
	间接效应	12.2575***	−0.3081***	−0.1147***	1.5199***
	总效应	12.4172***	−0.3095***	−0.1128***	1.5301***
X5	直接效应	0.0057	−0.0003	−0.0002	−0.0012
	间接效应	−0.1494	−0.0134**	−0.0011	0.0275
	总效应	−0.1437	−0.0137**	−0.0012	0.0264
X6	直接效应	0.0327***	−0.0017**	−0.0010*	0.0037*
	间接效应	0.9449***	−0.0076**	−0.0003	0.0733***
	总效应	0.9776***	−0.0093***	−0.0013	0.0770***
X7	直接效应	0.0122	−0.0001	−0.0001	0.0004
	间接效应	1.0065***	0.0113*	0.0013	−0.0086
	总效应	1.0187***	0.0113*	0.0012	−0.0082
X8	直接效应	0.0025	0.0001		0.0015
	间接效应	0.1783***	0.0008	0.0003	−0.0262***
	总效应	0.1808***	0.0008	0.0004	−0.0247**
X9	直接效应	0.0065	−0.0001	0.0001	−0.0025**
	间接效应	−0.4809***	0.0020	0.0001	−0.0246**
	总效应	−0.4745***	0.0019	0.0001	−0.0271***

续表

变量	效应	W1	W2	W3	W4
X10	直接效应	−0.0039	0.0011***	0.00134***	−0.0018*
	间接效应	−0.5603***	0.0097***	0.0013***	−0.0480***
	总效应	−0.5642***	0.0108***	0.0027***	−0.0498***
X11	直接效应	−0.0102**	0.0002	−0.0001	−0.0030***
	间接效应	0.2602***	0.0092***	0.0024***	−0.0443***
	总效应	0.2500***	0.0093***	0.0023***	−0.0473***
X12	直接效应	0.0138*	−0.0005	−0.0001	−0.0040**
	间接效应	0.1598	0.0077**	0.0021**	−0.0485**
	总效应	0.1736	0.0072**	0.0021*	−0.0525**
X13	直接效应	−0.0401***	0.0009***	0.0015***	0.0037***
	间接效应	−1.3982***	−0.0064***	0.0006	0.0586***
	总效应	−1.4383***	−0.0055**	0.0022**	0.0623***
X14	直接效应	0.0104	−0.0002	−0.0001	−0.0004
	间接效应	−0.0685	−0.0017	−0.0009	0.0642***
	总效应	−0.0582	−0.0020	−0.0009	0.0638***
X15	直接效应	0.0011	−0.0002	−0.0003*	0.0034***
	间接效应	0.3266***	−0.0044***	−0.0010***	0.0549***
	总效应	0.3277***	−0.0047***	−0.00134***	0.0583***
X16	直接效应	0.0018	0.0001	0.0002	0.0012***
	间接效应	0.2181***	0.0002	0.0003	0.0143***
	总效应	0.2199***	0.0003	0.0005**	0.0155***
X17	直接效应	−0.0015	−0.0001	−0.0003***	0.0010**
	间接效应	−0.2744***	0.0052***	0.0015***	−0.0510***
	总效应	−0.2760***	0.00511***	0.0012***	−0.0499***
观测值	—	2158	2158	2158	2158
R^2	—	0.3471	0.0207	0.0028	0.2292
Log–Likelihood	—	5924.3352	11450.8827	11870.8352	9044.1370
Hausman	—	随机效应	随机效应	随机效应	随机效应

第三节　本章小结

　　本章探究驱动长江经济带旅游生态安全格局联动网络形成的关键因素及其空间效应，通过空间计量模型对长江经济带 1995—2020 年旅游生态安全关联网络进行深入分析。具体结果如下。

　　旅游生态安全关联网络的形成由多维因素综合驱动。（1）旅游发展、社会生计维度因素对旅游生态安全联动性具有负向影响，经济支持和生态环境维度因素对旅游生态安全联动性具有正向效应。（2）相比于直接效应，各维度因素的间接效应更明显，核心区的各资源往边缘区的溢出明显，区域间的联系更加紧密。

全域旅游视野下长江旅游带生态安全格局构建研究

STUDY ON THE CONSTRUCTION OF ECOLOGICAL SECURITY PATTERN OF YANGTZE
RIVER TOURISM BELT FROM THE PERSPECTIVE OF GLOBAL TOURISM

第七章

全域旅游视野下长江旅游带生态安全格局构建的长效机制

第一节 原则遵循

在制度的相关理论里，体制机制是促进制度实现的方式或途径。通常来说，单一的机制难以支撑一整套制度的有效运作，要保证制度长期稳定的运行需要多种机制作为支撑与保障。因此，在现实社会中，要保证制度或体制发挥其应有的作用，就需要建立起一系列机制形成制度体系共同起作用，以此形成若干"机制丛"（赵理文，2009）。由此而言，支撑与保障长江旅游带生态安全格局构建的长效机制也应由多种机制构成。

生态安全格局构建的长效机制是新时期我国生态环境保护政策创新的重要内容，其作为长效机制的一种特殊形态，是长效机制在生态安全方面的具体体现。其是以生态红线作为底线，依据生态安全的相关制度，建立使其能够正常运行并发挥预期效应的长效性的制度体系。生态安全格局构建的长效机制是以法律为保障，并依托生态环境整治的法规政策及相关的经济调节手段，对可能或已经影响到生态安全的各项行为进行规范的新型环境管理机制，它能够避免生态环境持续受到破坏，强化生态系统的自我调节和修复能力，促使生态服务系统得以持续稳定发展。它主要包含明确生态安全格局的构建方式、构建内容、构建主体、构建标准等内容。生态安全格局构建的长效机制能够通过提高生态安全的规范化建设水平，引导生态保护区旅游者和周边社区居民的消费、生活方式，降低人类活动对生态环境造成的压力，并在实施过程中不断丰富、发展和完善。因而，生态安全格局长效机制的构建需要在机制选择与设置上精心安排，以此形成一套全面、科学、完整、系统的机制体系。为保证长效机制的构建科学有效，其建立需要遵守因地制宜、系统全面、可持续发展、创新发展等的相关原则。

一、因地制宜原则

因地制宜原则作为生态景观设计的基本原则之一，顾名思义，就是指：尊重当地社会经济现状，建设活动树立在人与自然和谐相处的基础之上，做到尊重自然、保护环境，尽可能地降低人类活动对生态环境的负面影响，最终达到人与自然和谐共生的目的，实现人类社会、经济、生态的可持续发展。因地制宜原则在机制构建方面也有着异曲同工之妙，意味着长江旅游带生态安全格局构建的长效机制任建设过程当中，应当尊重当地原有的社会、经济、生态的现实情况，利用好当地的各类设施，充分了解当地的基础条件和特点，构建出既尊重地方实际，也能解决实际生态问题，又能满足人民需求的体制机制。尊重地方的实际情况成为构建科学、有效的长效机制的必要前提与重要基础，各地区可以在地方原有的体制机制基础之上进一步创新发展，而不是一味否定，推翻重建。

我国幅员辽阔，资源丰富，广阔的国土面积进一步加剧了地区自然条件、人文特点、经济社会发展水平以及城镇化发展进程的差异化，使各省发展条件和问题千差万别，这种差别在地区、城市、乡村等地方普遍存在。因此，因地制宜原则要求相关部门在构建长效机制的过程中，首先，要认真仔细地分析每一个区域类型的自然环境特征以及社会经济特点，包含地区的气候状况、水分状况、地形地况，以及区域内的人口、经济状况。其次，相关部门还要将自然环境以及相应的社会经济环境整体结合起来分析，以此来决定采用何种生态风险的应对方式以及需要完成怎样的生态治理成效。最后，让长效机制尽可能地满足自然状态的生态系统需求。生态安全格局长效机制构建的有效性不仅仅取决于参考地区的绿地数量，不是"越绿越好"，生态安全格局构建的长效机制是一项包含种植、修复、保护等多方面的复杂体系，需要做到因地制宜，宜草则草，宜林则林，宜荒则荒（中国科学院院刊、中国互联网新闻中心，2021）。

二、系统全面原则

长效机制的建设必须坚持系统性、全面性的思维，遵循系统全面的原则。长效机制的建设要注重发挥各要素的整合功能，使各要素能够相互补充、相互配合，形成合力作用，最终达到系统目的。系统全面原则在生态安全格局构建的长效机制建设中，具体表现为环境资源的开发、利用与保护、治理的有机结合。在遵循经济社会发展规律和自然生态规律的前提下，机制构建需要包含综合决策、综合管理等内容。生态安全格局构建的目的是为地区的生态系统构建安全保障，这是整个长效机制建立的出发点和落脚点，是制约各环节乃至整个机制运行的重要因素。

长江作为一个自然完整的生态系统，属于一个复杂的开放性系统，其系统内部的生态要素非常多，并且每个要素之间都是相互作用与联系的。因此，对于长江旅游带相关长效机制的构建应该以系统全面的原则为指导，以此实现地区生态系统应有的生态价值和经济价值。为构建符合实际、涵盖全面的长效机制，首先，相关部门必须从生态系统的整体性和长江流域的系统性着手，追根溯源、系统治疗，统筹好区域内部的山、水、林、田、湖、草等生态要素的协同治理，推动上中下游地区的互动协作，实施好生态保护以及环境修复工程。其次，要进一步加强综合治理系统的整体性，促进系统的整体推进，增强各项举措机制的关联性和衔接的耦合性，防止片面化、单一化的情况出现。除此之外，还要坚持重点突破，在整体推进的基础上把主要矛盾和矛盾的主要方面作为重要抓手，要找出问题根源，力图从源头上解决生态环境问题，再对症下药，有针对性地提出措施，并努力达成系统整体和要素局部相统一，实现整体推进和重点突破相结合。

三、可持续发展原则

长效机制就是为确保各项公共事务要素与结构之间保持长期稳定运行的机制体系，因此其运行过程必须具备可持续性发展的特征，长江旅游带生态安全格局构建的长效机制亦是如此。对此，需要在长江旅游带生态体系的内部运行要素与结构之间进行深入分析的基础之上，以此为契机将每个要素之间的衔接环节进行科学处理，确保每个要素和结构都能够为下一个要素的顺利运行做好铺垫，实现顺利过渡，最终达到长江旅游带社会发展始终处于可持续发展的状态，为提升区域发展整体水平和促进高质量发展提供强大的保障。

构建长江旅游带生态安全格局的长效机制，有助于加快城市经济发展方式的转型，将传统经济发展模式转向现代化、绿色化、质量化的发展模式，建立高效的环境友好型的发展方式。由国家指导参与提升长江旅游带生态安全格局构建，全面加强对生态污染源的处理，提升经济与生态效益的同时，实现生态、经济的可持续发展。贯彻落实生态发展理念，有效地通过体制机制的构建提升生态环境质量。在长效机制高度约束下，生态系统更具备抵抗风险和自我修复的能力。实现长江旅游带生态安全格局构建的长效机制建设，更有助于实现资源的合理利用，使生态质量更好地满足日益增长的对美好生活的需要，实现绿色高质量发展的转型。

四、创新发展原则

长效机制不是原封不动、一劳永逸、永远适用的，其内部机理肯定会随着时间、外部环境的不断改变等因素的影响而不断变化、发展、丰富和完善的。为更好地构建长效机制，需要遵循创新发展的原则，必须明确创新发展原则所要求的创新不是指单一的创新，而是指基于传承的创新发展。坚持传承性是指在构建生态安全格局的长效机制的过程中，要将生态文明建设实践中所采取的一些生态保护政策与经验在一定期限内延续。一方面，之所以要延续一些过去的生态政策，是因为相关政策应做到逐渐过渡、适当调整；另一方面，我国在治理生态环境的历程中已经积累了丰富的经验，其中一些经验能为解决生态问题、保障生态安全提供可行性借鉴与经验，也使其成功经验在构建生态安全格局的长效机制中得到延续。尽管地区的生态环境处于一个不断变化的动态过程中，但总体来说，其产生的生态问题仍会呈现一些共性特征，因为之前的政策与有益经验也能够为解决现在的生态治理所用，诸如生态风险的识别机制、生态环境的考核评估机制以及生态安全格局的构建标准体系等。

第二节　机制构建内容

生态安全格局长效机制的构建有利于促进政府、社会组织、相关企业、居民等多方面主体共同参与我国生态环境治理实践，为保障地方生态环境实现可持续发展、实现绿色可持续发展提供一套具有可持续性的配套制度以及操作方法，其内容非常丰富，包括经济、文化、生态等多个方面。如果没有一套健全完整的生态安全格局构建的长效机制，地区随时处在生态环境遭遇破坏、生态安全得不到保障的风险之中，从巩固生态治理成效到推进生态文明建设，最终实现美丽中国的目标则根本无从谈起。因此，有必要开展系统性的生态安全格局的长效机制的研究，这对于破除并阻断生态危机，以及巩固生态环境治理成果、深入实施可持续发展战略具有重要意义。

通过梳理现有文献发现，在面对生态空间持续遭受威胁、生态系统质量低、生物多样性下降、突发性的环境污染增加等现实问题的情况下，长江旅游带虽然已经就生态安全的实践工作进行了探索，并取得了一定成效，例如，相关法律法规和政策不断健全，"法治"与"共治"相结合；积极利用先进科技，科学有效地监测、管理生态数据；区域生态环境保护的统筹工作积极展开，区域环境质量得到进一步改善。但关于生态安全格局构建的长效机制的研究较少，而关于长江旅游带生态安全格局构建的长效机制的相关研究更是少之又少，并且仍然处于起步阶段。不仅如此，现有关于生态安全格局构建的长效机制研究，如机制的主客体、机制类型、机制的构建标准以及机制的运行等方面都有所不同，同时现有生态安全格局研究还存在长效机制构建技术、方法不统一等问题，机制的理论运行与现实生态系统的情况衔接也还不够充分。在实践层面，尽管现有研究对于各类生态保护区开展生态安全长效机制构建的措施探讨较多，但关于如何系统性地构建生态安全格局的长效机制的实践案例却较少。

在全面推进生态文明建设的进程中，如何统筹运用政府资金、政策法规、人力、科学技术等资源，建立一套相对完善的生态安全格局构建的长效机制，以解决生态保护、环境污染、资源浪费等生态问题已成为生态治理工作的当务之急。首先，本书通过对长效机制构建的研究归纳和总结，构建出包括多元参与社会协同机制、内生动力激发机制、生态治理全面监测机制、政策引导衔接机制和财政资金支持机制的长效机制。其次，本书将遵循因地制宜、系统全面、可持续发展、创新发展等原则作为长效机制构建基础，以实际问题为导向，通过深入分析目前长江旅游带所面临的生态现状与困境，明确生态安全格局构建的长效机制主客体，再制定出符合长江旅游带实际情况和经济发展水平的长效机制标准。最后，在研究基础上，本书充分考虑长江旅游带的生态安全现实情况，构建出长江旅游带生态安全格局机制格局并有针对性地提出生态安全格局的长效机制。

一、建立生态安全格局构建的多元参与合作协同机制

为进一步促进生态安全格局构建的长效机制建设，需要加强和完善各个主体之间的合作协同机制。为此，相关部门需要注意以下几个方面。

（一）完善多方主体的协调

相关部门需要加强各主体之间的协同作用，壮大主体队伍，吸引、动员更多的主体参与生态安全格局构建的工作之中来，同时统一思想和目标，促进各个主体之间的共同合作，充分发挥出政府、社会组织、企业、居民的通力合作作用。政府首先需要从宏观层面统筹协调各方资源，出台相关政策制度，以行政手段促使各项政策制度的落实，同时及时追踪了解各项制度的落实情况，以便实时调整方向确保政策机制发挥作用并持续推动目标的实现。社会组织、企业、居民等社会力量则要从微观层面进一步发挥补充作用，在履行社会责任的同时，充分调动自身资源优势，发挥市场的作用，并通过招商引资等方式，引导资金资源向生态治理项目流入，推动社会的绿色高质量、高效发展。

相关部门还需要建立多部门的协同联动机制，这意味着政府各个部门以及社会机构要增强通力合作的意识，建立生态安全格局构建的协同联动机制，以部门合力的方式增强生态治理的主体队伍实力，确保生态保护相关政策机制得到充分落实。同时，还需要加强地区生态治理的人才队伍建设，通过全面宣传生态文明建设的战略，让居民大众了解生态治理的内涵以及意义，吸引地区有志之士加入治理的队伍中来。除此之外，还要广泛动员大学生、专业技术人才、管理人员等关键力量进入生态治理的干部队伍，为生态治理的主体引入新鲜血液，发扬薪火传承的精神。

（二）鼓励、吸引社会力量参与长效机制建设工作

尽管长江旅游带各省市政府在生态治理方面扮演着重要的角色，但是政府的力量和资源是有限的，完全依赖政府是无法实现生态治理的最佳效果的，还应当引导社会力量加入进来并发挥作用。因此，长江旅游带需要进一步加强社会力量的动员、引导工作，不断壮大治理队伍，此项工作需要重点关注以下两个方面。

（1）加强生态治理的队伍建设，进一步吸引社会力量的加入。鼓励社会力量积极参与生态治理政策的制定，让社会公众更广泛、更全面地了解国家的相关政策以及工作的开展情况，在掌握情况的前提下各级政府给予社会公众更多的支持，从而推动生态安全格局构建工作更加高效精准地开展。相对于政府而言，社会力量的服务范围更

加具体，服务对象的针对性也更强，组织目标也更明确。因而社会力量在动员、发动群众方面参与生态治理的工作效率会更高一些，同时也有利于提高治理的效率，加快信息等各种资源的流通。

（2）营造良好政策环境，为社会力量的参与提供有利环境。在生态安全格局构建的工作中，要充分发挥大众的力量，让长江旅游带的居民大众成为力量主体，营造大众参与的良好氛围。为此，首先，要做好生态治理政策的宣传，搭建专门的平台，利用官方网站和新媒体开展线上宣传。例如，在政府网站上发布生态治理的政策解读文件以及工作进度汇报等；利用抖音、微信公众号、微博等平台发布生态治理的相关信息，以拓展群众对生态治理的认知度，从而激励更多有意愿有能力的人参与进来。其次，进一步结合传统的宣传方式，如在学校、企业中开展相关的专题讲座，在地区政府通过领导干部宣讲、张贴宣传海报、发放宣传资料等方式进行宣传，扩大生态治理工作的影响力。再次，促进生态安全格局有关政策的贯彻落实，为社会组织、企业、群众等社会力量制定优惠政策，针对生态治理效果好的地区应给予税收减免政策优惠，让社会力量更有动力参与生态治理，从而为地区提供技术、人才、基础设施建设等方面的支持和帮助。最后，建立健全激励制度，无论是社会组织、企业还是群众个体，只要积极参与生态安全格局构建的工作中并且做出贡献，政府应给予一定的物质或精神激励，并给予嘉奖公示，通过广泛宣传其先进事迹以激励更多人投入生态治理的伟大事业中来。

（三）加强政府、社会生态安全格局构建的共同体建设

长江旅游带在开展生态安全格局构建工作时，一个较为突出的问题就是治理资源、治理对象分散，尽管目前中央和地区已经制定了良好的政策和制度，但在落实的过程中仍存在一些问题。国家鼓励地方政府集中资源和力量开展生态治理的相关工作，但就如何解决精准治理工作中的资源分散问题，如何保持生态安全格局构建政策的连续性、持久性问题，是当前急需解决的。而要实现这两点，就需要打造政府、社会生态安全格局构建的利益共同体。首先，需要统一生态治理过程中各个主体的思想意识，充分整合并合理分配各主体所拥有的资源，从整体上推动相关工作的开展。其次，需要加强生态治理各主体的沟通联系，建立和完善沟通渠道，共同协商推动生态治理的工作。政府部门要创造良好的环境，为政府、社会力量的通力合作提供政策保障，同时予以政策优惠以吸引社会力量的不断加入。最后，在加强共同体建设的同时，政府要采取积极引导的方式，而非强制性的合作手段，否则可能会让社会力量对生态治理的工作产生抗拒和抵触的心理，最终适得其反，不利于生态治理工作的顺利开展。

二、建立生态安全格局构建的内生动力激发机制

内因是事物发展的核心，想要阻断生态安全脆弱地区的风险反噬问题，让地区彻底摆脱生态困境，最根本的策略就是要发挥地区群众自身的主观能动性。在生态治理方面，建立生态安全格局构建的内生动力激发机制才是根本之策。为此，相关部门需要注意以下几个方面的工作：

（一）加强对地区群众的宣传教育

相关部门要利用线下的渠道积极开展生态治理的政策宣传。要充分用好地区的广场、公园、社区活动室等活动阵地进行宣传，让群众能够了解国家、地区的生态安全格局构建的相关政策，并通过对政策的正确解读，形成群众的思想认同。长江旅游带各省市在对政府生态治理政策进行宣传时，应当充分地利用好当地的媒体资源，引导媒体对生态安全格局构建的工作和政策进行有针对性的宣传报道，特别是以群众喜闻乐见的形式加强宣传，同时对于媒体发现和指出的问题也要及时处理和解决。

促进生态治理政策的多样化宣传。通过多样化的宣传，能够使生态治理政策更加通俗易懂，不仅能够让群众切实地了解相关政策，也能够使其通过见证生态治理工作的实施来增强信心和决心，从而达到思想的高度统一，并集中主动地促进生态文明建设的工作开展。在生态治理工作中，一些省市地区积极向上、主动推动生态治理工作的开展，并且树立了榜样。为此，要广泛开展生态治理的典型示范教育，需要鼓励生态治理成效较好的地区充分发挥代表模范作用，进一步激发其他地区生态治理的热情和信心，营造全力以赴、一往无前的生态治理氛围，以此带动其他地区共同实现生态高质量发展的目标。同时，还要在地区宣扬社会新风尚，崇尚生态文明，让群众居民真正接受并推崇绿色环保的生活方式。

进一步做好地区群众的生态保护思想教育工作。地区群众的思想认识到位是开展生态治理工作的重点，只有让广大群众从思想上重视生态保护，拥有主动参与到生态保护工作中的强烈意愿，才能够有力推动生态治理各项工作的顺利开展。目前，生态治理工作虽已取得成效，但思想上不重视生态保护的问题仍然存在，要让群众树立生态保护的主观意识和意愿，需要进一步拓展思想观念模式，通过思想引领、政策引导、网络宣传、教育培训等方式加强思想教育工作。为此，首先，需要充分利用相关政策机制，积极开展群众教育会谈，重视对地区群众精神方面的引导教育，以便充分了解群众对生态治理工作的实际看法，并满足群众对生态环境的实际需求，提高地区群众对生态治理工作的支持。其次，通过深入交流，使相关政府部门摸清生态治理的实际问题，结合群众实际需求开展生态安全格局构建的相关工作。最后，加强对地区

群众的生态文明建设的思想教育是大力弘扬社会主义核心价值观的体现，因此，需要丰富其宣扬形式，例如，通过文艺活动、宣讲会、演说比赛等多途径传播保护环境、节约资源的正确价值观，着力消除部分群众不重视生态保护、浪费生态资源的消极落后思想，提高群众生态保护的主动性。还能够进一步增强群众的获得感，激励群众增强环境保护、治理的光荣感和成就感。

（二）加强地区的人才支持，充分巩固生态治理的成果

为了进一步巩固生态治理成果，防止生态安全问题的反噬，需要提升长江旅游带居民的综合素质，让其真正意识到生态治理的重要性，避免出现退出生态治理工作的情况，或者因为缺少生态保护技能而陷入生态安全危急的情况之中。为此，相关部门需要注意以下几个方面：

全面提升地区群众的综合素质，给予群众相关的生态保护常识和方法，如垃圾分类、资源的循环利用和变废为宝等相关技能。政府相关部门还要综合各部门的资源与力量，根据地区群众的实际情况而采取有针对性、实用性的教育技能培训，通过群众生态保护的技能提升和知识储备进一步巩固生态治理成果。相关部门可以加强技术教育培训，这是提升地区群众生态保护相关技能最快捷的方式。长江旅游带要积极为生态治理地区的人民提供实用性技能培训，不断地提升群众的生态保护技能和综合素质，为此，需要适当引入专业化培训机构开展实用性较高的生态技能的相关培训，政府也应给予补贴或税收减免的优惠。同时，可以根据地区群众对生态保护技能的掌握程度以及实施生态保护情况，给予相应的地区或机构奖励，增加相关主体的积极性。不仅如此，还可以通过积分累计、兑换奖品等方式，鼓励地区群众主动参加生态保护的相关培训，并通过线上打卡激励等形式鼓励异地群众参加网络培训，充分普及生态保护的相关知识、技能。

地区还应进一步加强校企合作，为生态安全格局构建工作提供专业、高质量的人才支持。长江旅游带的教育资源丰富，地区的高校和专业数量多，为此，相关部门要充分利用高校的教学资源，加强开展学校与企业之间的合作。首先，针对部分生态保护区，其可以向高校表明需求，并可以针对相关专业的学生设置相应就业岗位，为学校学生提供实践的场地与机会，帮助学生积累经验的同时，进一步提升学生的实践技能水平。学校则可以根据企业的需求进行专业人才的培养，吸引更多的学生进行专业化、职业化的学习。为此，地区不仅能够培养地区高质量人才，解决高素质人才的就业问题，还能够有效推动生态治理工作的高质量发展。其次，地区有关部门要重视文化培训，为专业人才以及其他优质劳动力提供多样化的技能培训，提高其生态保护的技能和能力，让更多的人掌握基本的生态保护知识以及先进的生态管理理念。地区有

关部门培养高素质生态治理人才，引导其参与生态安全格局构建的长效机制建设中，在带动地区经济高质量发展的同时，也促进地区全面可持续发展。最后，政府部门还要完善人才引进政策机制，并根据实际需求实时开展有针对性的教育培训，在提升参与生态治理工作的专业人才福利待遇的同时，进一步提高专业人才的就业和增收能力，进而推动学校等教育机构与企业、政府之间形成良好、长期的合作关系。

（三）加强地区的科技支持，提升生态治理的科技含量

地区需要重视科技支持，科技作为产业的第一创新动力，同时也是生态治理工作的主要支撑。随着科技的不断进步和时代的不断发展，生态文明建设已经进入智慧生态、智慧环保的时代，高新技术发展对生态文明建设起到了越来越重要的作用，人工智能、大数据等智能工具则在未来建设国土生态安全格局构建的长效机制中发挥着关键作用。在生态文明建设工作的推进过程中，需要对先进的科学技术、工具方法等进行推广和运用，逐步提高生态治理发展过程中的科技含量。在科学技术的帮助下，相关部门可以用相应的生态知识和地理知识进行分析和规划。通过人工智能和大数据等智能工具，以及航天技术、定位系统等高新技术，有利于进行生态系统的数据收集与分析，从而帮助有关部门进一步明确人为的干扰活动对生态活动产生的影响，并能够了解生态系统的退化规律和机理。例如，通过人工智能和机器学习的相关方法，能够帮助政府部门在复杂的过程中迅速找出规律，以解决实际问题；通过地理信息系统技术、对地观测技术以及大数据分析等技术能够加速未来国土生态安全格局构建和生态文明建设实践的进程；通过北斗卫星系统，长江旅游带能够对生态恢复状况进行准确定位，并通过观测生态恢复状况，观察野生动物的迁徙路径、活动习性、活动范围，以及提出相应办法来更好地保护生态系统多样性。同时，还要让科技治理的方式深入人心，让更多的专业人才、管理人员能够方便学习和掌握先进的治理技术，鼓励和引导相关机构开展、加大与生态相关的科研项目，并积极促进科研成果的转化，要让全社会都能够享受到生态红利。

三、建立生态安全格局构建的生态治理全面监测机制

生态治理全面监测机制的建设是生态安全格局构建的长效机制的基础性工程。通过务实、高效、全面的监测措施，能够充分了解和掌握具有生态安全风险的地区实际情况，为政府及有关部门有效介入并开展防治、保护工作提供重要信息。建立健全生态治理全面监测机制，对生态脆弱地区实施常态化监测，重点监测生态多样化的变化水平以及生态治理成果的巩固情况，并进行精准施策。为此，需要注意以下几个方面。

（一）加快建立务实、高效、全面的监管体系

在监督监管体系方面，相关政府要进一步丰富生态安全格局构建参与的社会团体。目前来说，长江旅游带生态安全格局构建的相关主体主要包含政府、公众、新闻媒体、社会组织、专家学者。为此，中央和各省市地方政府可以借助各类主体力量，完善生态治理工作的监督体系。一是发挥政府主体力量，中央政府可以设立环境信访部门，为生态环境治理的失职行为提供举报平台，同时将各级司法机关纳入长江流域河湖生态安全的监管体系之中，真正落实社会团体的环境公益诉讼权；地方政府在进一步落实中央决策的同时，可以建立领导领办督办制度，定期开展环保督察反馈问题的督查督办专项行动；二是借助公众力量，引导群众充分发挥其对生态治理工作的监督管理作用；借助各类平台，地方政府可以积极设立信息公开交流平台，定期举行长江旅游带生态治理听证会；借助各种新闻媒体，地方政府可以向公众普及环境生态学基本知识；借助各类社会组织，可以呼吁地方政府为社会团体参与生态治理的权力提供政策保证，特别是环境决策参与权和环境纠纷诉讼权。

（二）通过高新科学技术进一步完善监测评估体系

通过高新技术，有利于政府部门对地区的生态状况定期监测、评估，并及时进行反馈调整。相关政府对于长江旅游带的生态环境治理可以从具体问题出发寻求解决方案，并利用先进数据模型和现代科学技术，为长江旅游带的整体治理提供管理框架的同时，还能够通过建立自然资源的分布式模型，进一步建立动态监测系统，对长江旅游带各区域的各类生态要素以及生态系统进行实时动态监测，因地制宜地实时监控、管控措施。具体来说，相关部门可以针对不同生态功能区的生态现状，基于对分区生态服务功能、生态脆弱敏感度、生态风险应对能力的评估，因地制宜地完善长江流域生态系统的监测体系，定期对长江流域生态系统功能指标进行监测与评估，并将监测数据实时上传网络系统。同时，通过科技对地区的气候、地理环境、经济发展、人为干预等数据进行分析，促进地区又快又好地建立相关监测指标的标准。

四、建立生态安全格局构建的政策引导衔接机制

（一）中央层面要集中优势加强生态智利的政策保障

在政策机制方面，中央政府需要进一步完善长江流域生态安全格局构建的相关政策条例及法律法规。

针对长江旅游带的管理机制方面，中央政府应积极建立长江流域河湖生态治理定期议事、协商制度，并要求各个省级或市区政府的代表定期参加。参会组织可以为地

方政府、环保部门、水利部门、督察部门以及专家等与长江旅游带生态环境治理相关的相关方，并在会议上集中讨论长江旅游带生态环境治理的相关问题，如流域治理制度体系、工程实践、治理进度以及治理成效等内容，进而提出相关措施。

针对地区工作考核标准方面，中央政府要优化流域生态治理工作考核指标。目前，长江旅游带生态治理虽然已经规定了相关指标，但仍然缺乏相关细则对指标的计算方法、获取方法、选取标准等方面做出明确规定。并且不同地区、不同部门之间所制定的考核体系指标存在交叉重复的现象，再加上不少数据来源及要求不一致，更是无法衡量比较。为此，中央政府应对生态治理工作的考核指标获取、计算方法以及选取标准等都做出明确界定，并建立跨区域、跨部门的协调机制，以此通过标准的制定来规范工作标准，这也有利于奖罚机制的开展。

针对生态治理职责方面，中央政府需要完善长江旅游带生态治理的责任体系框架。长江旅游带生态治理的相关工作应由中央政府、地方人民政府、水利部门、环保部门及其他相关职能部门共同组织和实施，为此需要建立跨部门、跨区域的协同机制，协调长江旅游带的生态治理工作。同时，还应进一步细分生态治理的工作，明确各项工作的责任主体，制定考核指标细则，并以法规或条例的形式明确中央政府、地方政府、社会组织及企业等生态治理主体在生态治理中应该承担的责任和义务。针对生态环境的破坏行为，长江流域生态治理应在条例中对其进行明确界定，分级分类明确生态破坏行为的处罚措施，明确破坏生态环境行为的法律责任，从立法层面上保证生态环境监管处罚有法可依。

（二）地方层面要抓紧落实生态治理工作

在政策体制方面，为了进一步落实生态治理工作，首先，地方政府要健全绩效管理激励约束机制。省级政府要积极配合相关部门，推动建立有针对性的生态质量考核及生态文明建设目标评价考核体系，综合反映各地生态环境保护的成效。考核结果与重点生态功能区转移支付及相关专项转移支付资金分配明显挂钩，对考核评价结果为优秀的地区可以增加补助额度；对生态环境质量持续变差、发生重大环境污染事件、主要污染物排放超标、实行生态治理工作不力以及成效不佳的地区，地方政府也可以根据实际情况减少对其的资金支持。

其次，地方政府应积极建立长江旅游带流域上下游间的生态补偿机制。按照中央引导以及地区自主协商的原则，鼓励相关省市建立省内流域上下游之间、不同主体功能区之间的生态补偿机制，在有条件的地区推动开展区域间的流域上下游生态补偿工作，推进上中下游协同发展以及东中西部互动合作。地方政府对与行政区域内建立生态补偿机制的地区，以及相邻地区之间建立生态安全格局保障的区域，应当给予引导性奖励。同时，对参照中央做法建立生态安全格局构建的体制机制较好的地区，也应给予适当资金支持。

再次，地方政府还应进一步完善生态保护责任机制。地方政府的有关部门可以结合环境保护税、资源税等税收制度，充分发挥其调节机制，在推进区域形成生态安全格局的长效机制建设的同时，进一步推进生态环保领域的责任机制，明确各个区域所负责的生态治理工作，并明确各地区的责任界定，充分调动市县区域的积极性。

最后，地方政府要加强生态文明建设的宣传工作，强化生态环境的宣教队伍建设，构建全域环境的宣教体系，健全环境信息公开制度、生态环境教育机制，增强全民生态环境保护意识，凝聚全社会的环境保护合力。

五、建立生态安全格局构建的财政资金支持机制

（一）中央政府要加大财政支持

在财政方面，首先，中央政府要进一步增加均衡性转移支付分配的生态权重。政府增加对生态安全格局构建的财政分配权重，有利于加大长江经济带相关省、市、区、县等地方政府的生态保护工作，对区域环境污染治理、减少碳排放等工作成效给予财政支持和相关补偿，进一步发挥中央政府的均衡性转移支付作用，对建设长江旅游带生态安全格局构建的长效机制产生正向作用，确保地方政府不因生态保护增加投入而限制开发或降低基本公共服务水平。

其次，中央要进一步加大重点生态功能保护区转移支付力度，以此增加对长江旅游带的生态补偿。增加重点生态功能区转移支付预算安排，加大对长江经济带的直接生态补偿，能够推进重点生态功能区转移支付分配结构的优化工作，进而完善市域、县域的生态质量考核评价体系，严格遵守生态红线，制约破坏生态的违法违规行为，提高长江旅游带生态功能保护地区的生态安全保障能力。

再次，中央还要积极实施长江旅游带生态保护修复的奖励政策。支持长江流域内上下游的邻近省级政府之间通力合作，建立长江旅游带生态安全格局构建的长效机制，鼓励省级行政区域内部自行建立流域生态保护的责任治理机制，引导长江旅游带地方政府落实完成好流域保护和环境治理的相关工作，并对相关工作开展成效显著的省市给予奖励，以此调动地方政府的积极性。

最后，中央相关部门要加大专项对长江旅游带的支持力度。在支持开展生态资源培育、环境污染治理、生态空间修复、生态移民搬迁、节能环保等工作方面，中央财政可以进一步结合生态环境保护任务，通过设立地区生态治理改革发展资金、地区生态保护恢复资金、生态安全格局构建的保障资金、节能减排补助资金等向长江旅游带

予以资金支持。将实施重大生态修复工程作为推动长江旅游带生态发展项目的重要选择，中央财政将加强对长江旅游带防护林体系建设，加大对于水土流失以及荒漠化、石漠化治理等工程的支持力度。

（二）地方政府要加大生态治理的资金投入

为了进一步落实中央关于生态环境治理的相关决策，长江旅游带的各级地方相关部门需要有针对性地安排实践工作，狠抓长江旅游带生态治理的相关工作。

在资金投入方面，地方政府要统筹加大生态保护补偿投入力度。省级财政部门要完善省级部门一般性转移支付的资金管理办法，不断加大对长江旅游带及重点水域的支持。省级以下的各级财政部门要加强对涉及生态环保等领域的相关专项转移支付资金的管理，引导各级责任部门协调政策目标、明确任务职责、统筹管理办法、规范绩效考核，加大对长江经济带生态保护的投入，并形成合力共同探索建立长江旅游带生态保护和治理方面的长效机制。

在相关中央专项资金方面，地方政府可以制定更加严格的资金统筹办法，切实提高财政资金的利用效率。除此之外，地方政府还要因地制宜地突出资金安排重点。省级以下的各级财政部门要紧密结合本地区的功能定位，集中财力保障长江旅游带生态安全的重点任务。生态资源丰富的地区要集合山、水、林、田、湖、草等生态要素作为一个有机整体，重点实施生态用地和生态空间的保护修复、生态脆弱的生物多样性维护工程，进一步增强水源涵养、水土保持、水质修复等生态系统服务功能。生态污染较为严重的地区则要以工业污染、农业污染、城镇垃圾污染的处置为工作重点，构建源头控污、系统截污、全面治污相结合的生态环境治理体系。城镇化发达地区则要加快产业的转型升级，优化生态资源的配置情况，强化长江旅游带的生态保护工作，推动资源节约型、环境友好型社会的建设，进一步保证生态系统的完整性、健康性。对生态保护红线区、生态环境治理落后区以及其他生态敏感区域，必须给予充分的政策性资金支持，必要时可以进行产能排放的整改，或者进行生态移民、严重污染产业关停。

全域旅游视野下长江旅游带生态安全格局构建研究

STUDY ON THE CONSTRUCTION OF ECOLOGICAL SECURITY PATTERN OF YANGTZE RIVER TOURISM BELT FROM THE PERSPECTIVE OF GLOBAL TOURISM

第八章

结论与展望

第一节　主要结论

本书按照"问题提出—理论框架构建—实证研究—格局构建"的思路展开相关研究。第一，本书遵循从理论构建到实证分析的研究范式，基于长江经济带旅游业发展和生态安全的现实环境、政策环境，构建旅游生态安全格局及关联网络机理的理论分析框架，为实证分析奠定理论基础。第二，构建三生用地分类体系，运用土地利用转移矩阵对长江经济带和内部三大城市群（长三角城市群、长江中游城市群、成渝城市群）的生态系统时空演变进行深入分析。第三，构建生态安全和生态安全阻力面评价指标体系，综合运用景观生态学指数、标准椭圆差、传统马尔科夫链和空间马尔科夫链等多元模型对网格、县域、市域等多元尺度生态安全格局时空演化特征进行分析。然后，遴选旅游源地，通过 MCR 模型仿真模拟出旅游生态安全格局。第四，构建旅游高质量评价体系，运用社会网络分析提取出长江经济带旅游生态安全复杂关联网络，并对整体网络特征、个体节点网络特征，以及核心—边缘结构进行多维透视。第五，通过经济计量学模型，从旅游发展、经济支持、社会生计、生态环境四个维度遴选科学指标，对旅游生态安全关联网络关键性因素进行提取，并深入分析其空间效应。具体结论如下。

一、区域生态系统时空演变特征

（1）从长江经济带整体来看，① 1995—2020 年，生态用地是长江经济带的主体用地且内部结构（草地、水域、林地和未利用土地）变化稳定，生产用地逐年缩减，往生活用地流入。人工造林和退耕还林等一系列措施使长江流域生态系统保持动态稳定，但城镇化进程仍挤压了生产空间用地。② 1995—2020 年，生产用地全域减少、生活用地全域增加、生态用地局部增加。生态用地呈"此消彼长"式区域性动态变化，其变动地区均以省会、直辖市和沿海等经济发达城市为主的大都市圈，如以重庆和成都为中心的成渝城市群、以上海为中心的大上海都市圈、以长沙、湘潭、株洲为中心的长株潭城市群，在规模化背景下部分大都市圈实施的系列生态政策减弱、阻断甚至逆转了生态退化，但其他大都市圈在经济发展和环境保护方面仍存在矛盾冲突，尚未实施有效措施，亟须改变。生活用地呈成渝城市群—长三角城市群"首尾夹击式"剧烈增长特征；生产用地呈长三角城市群—中游城市群—成渝城市群"流动式"缩减特征。在城镇化快速发展过程中，长江经济带的生产用地、生活用地、生态用地之间相互转化，不存在一种类型与另一种类型之间没有相互转化的情形，只是每种土地利用类型转化和被转化的程度不同，最终全域总体呈现出生活用地不断挤压生产用地，并围绕长三角城市群、长江中游城市群、成渝城市群三大城市群进行扩张。

（2）从三大城市群来看，①三大城市群生态系统较为稳定，生产用地下降、生活用地上升趋势明显。与其他城市群相比，长三角城市群具有生态系统上升趋势，但长三角城市群生活用地挤压生产用地最为明显。长三角城市群城镇化进程速度快、阶段成熟，在长三角一体化政策支持下，绿色生态成为发展本底，生态系统不仅没有退化，反而呈现出生态经济化。②在三大城市群中，生态用地"正向演化"与"负向演化"同时出现，生态用地缩减集中于具有大片水域用地的城市，增长集中于草地面积较多的城市。近年来，三大城市群人口数量增加、用水量增加，水域面积不断缩减，大片湿地裸露成为草地，湿地功能持续退化。因此，即使三大城市群生态系统总体稳定，但内部用地结构仍需划定数量界限，保持各细分用地的稳定是下一步亟须解决的关键问题。生活用地和生产用地呈现明显的全域变动特征，生活用地呈现以省会城市为中心的增长特征，生产用地呈现以省会城市为中心的缩减特征。三大城市群是长江经济带具有明显经济示范效应的核心城市群，城镇化进程快速、人口流入量大、城镇生活用地需求高。

（3）从长江经济带其他城市与三大城市群对比来看，与长江经济带其他城市相比，三大城市群的生态用地分布少，但整体上生态用地变化幅度相似，均较小。三大城市群生活用地的扩张幅度、生产用地的缩减幅度均远超其他城市，且变动现象时间早、持续时间长、覆盖范围广。这表明在此期间三大城市群耕地退化现象与其他城市相较更为剧烈，城市发展占用耕地现象更为严重。

二、区域旅游生态安全格局时空演变特征

（1）从生态安全格局来看，①多尺度生态安全水平及变化有所差异，随着空间尺度增大，生态安全水平增长幅度从正转为负，在市域尺度下2020年的生态安全水平低于1995年。这表明以较小行政尺度来推进区域生态安全是基本实施单元，但仍要以宏观区域性视角来把握生态安全的整体发展，突破行政边界，避免"小尺度升高、大尺度降低"的问题，实现全域生态安全稳定性仍有待突破。②在多尺度下，生态安全格局均存在正相关关系，极化现象仍然存在，高值区域集中于长三角城市群、武汉城市子群和云南省，这些区域具有大片连续、规则的景观斑块，这些景观斑块具有明显的聚集度高、破碎度低的特征。③生态安全具有路径依赖和空间溢出效应，高水平生态安全地区应发挥自身空间带动作用，通过邻近多个地区的联合打造稳定一体的"生态安全共同体"。

（2）从旅游生态安全格局来看，从全域整体来看，长江经济带生态旅游安全格局呈现由轴状局部性向团状多极核发展的特征。从三大城市群来看，旅游安全格局演化

稳定，廊道联通逐渐密集，其中，成渝城市群旅游生态安全格局分布较为稀疏，无极核带动，其他城市群呈现单极核或多极核带动特征，全域廊道密集，旅游生态安全格局演化稳定。因此，区域旅游生态安全的稳定发展需要优势组团，创建区域核心旅游景点区域，形成旅游生态安全极核中心，以此打造稳定向好的旅游生态安全格局。

三、区域旅游生态安全格局关联网络特征

（1）从旅游高质量发展来看，①长江经济带总体的旅游高质量发展水平及三大城市群的旅游高质量发展水平随着时间变化不断提高，经历了早期缓慢演化阶段、剧烈演化阶段、演化基本成型阶段，在三大城市群中，长三角城市群旅游高质量发展水平处于领先地位。②长江经济带旅游高质量发展水平由旅游带动的零散点状高水平，过渡到经济区位带动的团状高水平，最终形成多维因素推动的全域高水平空间格局。

（2）从旅游生态安全下旅游高质量关联网络特征来看：①在生态安全格局下，长江经济带旅游高质量发展网络中各个城市形成复杂的关联网络，从可达性低发展至完全可达，但可达性路径单一，整体网络联系程度长期较低。②以上海为中心，中介中心度和度数中心度向外扩散，随着其他城市旅游生态发展水平提高，逐渐分化了上海对于长江经济带旅游生态安全空间关联网络的绝对影响力，最终形成从高到低"上海—江苏省—浙江省—安徽省—江西省"且具有明显阶梯性影响力的发展格局，并以上海、江苏省、浙江省为中介控制中心，依次控制和连接着其他城市资源流动。同时，接近中心度较高的城市尽管在长江经济带边缘，但在特色旅游资源支撑和交通支持下，能更好地获取与输出相关要素，并通过生态安全网络进一步对其他城市旅游高质量发展产生影响。③在生态安全格局下，长江经济带旅游高质量发展的联系度从单极核向多组团发展，长江中下游地区联系程度逐渐加深，上游地区联系度仍亟须加强。

四、区域旅游生态安全格局关联网络驱动机理

（1）从影响因素效应来看，不考虑空间效应时，各因素对旅游生态安全联动性的影响作用多不显著。考虑到空间效应时，各因素对旅游生态安全联动性具有显著的影响作用。其中，旅游发展、社会生计维度因素对旅游生态安全联动性具有负向影响，经济支持和生态环境维度因素对旅游生态安全联动性具有正效应。

（2）从影响因素空间效应来看，①相比直接效应，各维度因素的间接效应更明显，这说明核心区的旅游生态安全的联系度极高，各因素进一步增强其联系度的能力和强度有限，核心区的各种资源往边缘区溢出明显，表示区域间的联系更加紧密。②直接效应和间接效应具有强同步性。一方面，对于负效应因素来说，旅游发展和社会生计类因素不仅对本地旅游生态安全产生负向影响，也会对邻近地区产生负向溢出影

响；另一方面，对于正效应因素来说，经济支持和生态环境类因素不仅对本地旅游生态安全产生正向影响，也会对邻近地区产生正向影响。

第二节　政策建议

一、完善高效政策体系，筑牢生态安全屏障

生态环境与旅游业休戚与共，在长三角旅游带生态安全格局构建中，要时刻站在"五位一体"总体布局的高度上，把生态文明作为旅游发展、社会发展和经济发展的最终目标。在以往的政策探索中，已经取得了一些成效，因此要继续改革、完善已有政策体系，夯实生态安全建设的政策基础，继续发挥生态示范区、自然保护区的作用，筑牢生态安全屏障。此外，重点推进主体功能区制度、自然资源资产产权制度、生态补偿制度、生态文明制度评价和考核等改革工作，严守生态功能红线，生态保护红线是生态安全的底线。此外，须尽快研究制定并实施与生态保护红线划定和管理相匹配的配套政策，落实主体责任与考核，完善生态补偿制度，建立环境准入制度，强化红线监管能力建设，加大生态保护红线的宣传教育力度，优化国土空间开发格局，改善和提高生态系统的服务功能。只有筑牢生态安全的政策屏障，才能筑牢真正的生态安全屏障。

二、深化区域合作，强化综合治理

生态系统是复杂的综合系统，因此对于生态系统的保护、生态安全的构建并不是简单地各自为营，要避免生态安全出现"小尺度升高、大尺度降低"问题。目前，我国的生态保护体制机制仍以各保护要素为主进行构建，因此，要达到综合保护效果，就必须深化合作，除了深化体制合作之外，还要深化区域合作。长江流域是一个统一的生态整体，中共中央、国务院颁布的《生态文明体制改革总体方案》指出"按照生态系统的整体性、系统性及其内在规律，统筹考虑自然生态各要素、山上山下、地上地下、陆地海洋以及流域上下游，进行整体保护、系统修复、综合治理，增强生态系统循环能力，维护生态平衡"。对于长江旅游带而言，要加强区域合作，共享旅游资源的同时要共同推进生态保护，如大力推进国家生态旅游协作区的建设，加强长江流域各省市的联动，以"绿色发展＋生态可持续＋省际协作＋兴业富民"为主要特征，合力打造生态环境质量优良、旅游形象鲜明、空间布局科学合理、资源开发有序的生态旅游目的地。同时，对各区域的土地整治与污染修复、生物多样性保护、流域水环境保护治理、全方位系统综合治理修复等重点内容，开展跨区域的生态保护修复，加强统筹协调。

三、推进绿色发展，强化科技支撑

坚持"创新、绿色、协调、开放、共享"的新发展理念，加快树立绿色发展理念，推进绿色发展。生态安全就是国民安全，因此，要建立以法律制度和政策体制为导向、强化市场机制的绿色技术创新体系。对于长江旅游带而言，要坚定不移地走生态优先、绿色发展的道路，以"两山"理论为指导，以全域旅游为抓手，全面推进优质旅游的发展。推广绿色理念，坚持保护优先，发挥旅游在生态建设中的作用，将生态文明融入旅游规划、开发、建设、经营和管理全过程。大力开展以绿色旅游产品开发、绿色旅游制度建设、绿色旅游环境维护、绿色旅游技术运用、绿色旅游教育为特色的国家绿色旅游示范基地建设，形成绿色生产和生活新方式，着力提升生态文明价值。同时，要强化科技支撑，充分利用科技优势，提高生态安全格局构建的效率和质量，拓宽生态安全监测和信息获取渠道，加强生态保护的科技攻关，重点开展生物多样性科学规律与生物安全支撑技术、生态修复技术、生态系统监测评价等关键技术的研究，并研究生态保护技术在旅游方面的应用，让旅游成为生态安全构建的风向标。

四、总体把握生态文明建设，改革生态安全监管体制

生态环境处在一个不断变化的过程中，不同时代对生态文明和生态安全的理解不同，导致生态政策具有阶段性特征。因此，要加强生态安全监管体制的建设，需要从生态文明发展的总体进行把握，不断改革监管机制，加强对生态文明建设的总体设计和组织领导，完善生态环境管理制度。首先，要定期开展生态状况的评估，针对重点生态功能区、重点流域、长江旅游带的三大城市群、流域内的物种多样性等方面进行评估，全面开展生态保护红线，系统掌握生态系统质量和功能变化状况。其次，不断革新生态安全监管平台，对重点区域进行常态化和制度化监控，争取从根源上发现问题、解决问题，实现由被动监管转为主动监管、应急监管转为日常监管、分散监管转为系统监管。加强生态保护的信息化管理，充分利用大数据和人工智能等先进技术，加大监管力度，提高监管效率。最后，通过生态安全监管，根据生态安全红线，划定空间分布和利用的总量，优化空间格局，科学合理地布局公共基础设施和旅游基础设施，加强生态廊道建设，减少生态阻隔，注重生态预防和生态修复。

第三节　研究展望

本书构建旅游生态安全格局及关联网络机理的理论分析框架，以长江经济带为研究对象，试图对区域生态文明建设和旅游业高质量的协调发展提供理论和实践参考，

但仍有以下不足。

（1）进行旅游生态安全格局构建时采用累积阻力模型，选取 5A 级景区作为"源"，具有一定的典型性、代表性和优质性。但 5A 级景区是由自然景区和人文景区两大类型组成，相比人文景区，自然景区可能对研究生态旅游的发展更具有代表性，能更好地呈现生态安全格局。未来可以将旅游景区进一步细分出自然、人文不同属性类别，论证研究不同属性类别旅游景区的生态安全格局差异。

（2）进一步加强小尺度旅游景区、国家公园等具体案例研究，深入探讨旅游生态安全构建的微观经济社会学动力机制。旅游生态安全研究需要从宏观和微观两个角度把握。长江旅游带生态安全研究可以解析区域性旅游者流动方向，而微观旅游生态安全研究可以透视旅游者在城市景点的流动方向，能够更加具体地解释微观尺度的生态安全屏障。

参考文献

［1］"十三五"旅游业发展规划 [N]. 中国旅游报，2016-12-27（2）.

［2］Antonín V，Stastna M. Rural development in sparsely populated areas. Vranov Na Dyjí Micro-Region in Moravia[J]. European Countryside，2021，13（2）: 436-454.

［3］Bala B K，Hossai M A. Modeling of food security and ecological footprint of coastal zone of Bangladesh[J]. Environment Development and Sustainability，2010，12（4）: 511-529.

［4］Benedic M A，McMahon E T. Green infrastructure: Smart conservation for the 21st century[J]. Renewable Resources Journal，2002，20（3）: 12-17.

［5］Benitez-Capistros F，Hugé J，Koedam N. Environmental impacts on the Galapagos Islands: Identification of interactions，perceptions and steps ahead[J]. Ecological Indicators，2014，38（30）: 113-123.

［6］Demidova S，Balog M，Chircova T，et al. Development of methodology and assessment of ecological safety of the EAEU and CIS regions in the context of sustainable development[J]. Economies，2021，9.

［7］Elmqvist T，Fragkias M，Goodness J，et al. Urbanization biodiversity and ecosystem services: Challenges and opportunities[M]. New York: Springer Dordrecht Heidelberg，2013.

［8］Esbah H，Cook E A，Ewan J. Effects of increasing urbanization on the ecological integrity of open space preserves[J]. Environmental Management，2009，43（5）: 81 46-862.

［9］Evans L S. Ecological knowledge interactions in marine governance in Kenya[J]. Ocean &Coastal Management，2010，53（4）: 180-191.

［10］Friedmann J R. Regional development policy: A case study of Venezuela[M]. Cambridge: MIT Press，1966.

［11］Gössling S，Peeters P，Hall C M，et al. Tourism and water use: Supply，demand，and security. An international review[J]. Tourism management，2012，33（1）: 1-15.

［12］Halle M，Dabelko G，Lonergan S，et al. State-of-the-art review of environment， security and development cooperation[J]. Paris：Working paper of conducted on behalf of the OECDDAC Working Party on Development and Environment，2000，43（11）：29–35.

［13］ He F Y，Zhang Y，Peng P H. A study on measurement of tourism environmental carrying capacity of geoparks：A case study of Xinwen Karst World Geopark[J]. Advanced Materials Research，2013，2480.

［14］ Kong F H，Yin H W，Nakagoshi N，et al. Urban green space network development for biodiversity conservation：Identification based on graph theory and gravity modeling[J]. Landscape and Urban Planning，2010，95（1–2）：16–27.

［15］ Kong F L，Chen Y，Li Y，et al. Tourist Environmental capacity of futuan estuary national wetland Park[J]. Advanced Materials Research，2014，3384.

［16］ Li H，Cai Y L. The threshold of eco–security based on system dynamics and application：A case study of Chongming Island[J]. Acta Ecologica Sinica，2010，30（13）：3654–3664.

［17］ Liu D，Chang Q. Ecological security research progress in China[J]. Acta Ecologica Sinica，2015，35（5）：111–121.

［18］ Liu Q Y，Wu Y H，Zhao W H，et al. Soil environmental criteria in six representative developed countries：Soil management targets，and human health and ecological risk assessment[J]. Critical Reviews in Environmental Science and Technology，2023，53（5）：577–600.

［19］ Michailidou A V，Vlachokostas C，Moussiopoulos N，et al. Life Cycle Thinking used for assessing the environmental impacts of tourism activity for a Greek tourism destination[J]. Journal of Cleaner Production，2016，111（4）：499–510.

［20］ Neverova–Dziopak E. Assimilative capacity of transitional and coastal waters in ecological security assessment of marine aeas[J]. Ochrona Srodowiska，2015，37（2）：17–20.

［21］ Noack Christian. Into Russian nature：Tourism，environmental protection，and national parks in the twentieth century[J]. Journal of Tourism History，2021，13（1）：95–98.

［22］ Rapport D J，Costanza R，Mcmichael A J. Assessing ecosystem health[J]. Trends in Ecology&Evolution，1998，13（10）：397–402.

［23］ Reynold C S. Ecological pattern and ecosystem theory[J]. Ecological Modelling，2002，158（3）：181–200.

〔24〕 Ruan W，Li Y，Zhang S，et al. Evaluation and drive mechanism of tourism ecologic al security based on the DPSIR–DEA model[J]. Tourism Management，2019，75（12）：609–625.

〔25〕 Sadeghi S H，Vafakhah M，Moosavi V，et al. Assessing the health and ecological security of a human induced watershed in central iran[J]. Ecosystem Health and Sustainability，2022，8.

〔26〕 Saroinsong F，Harashina K，Arifin H，et al. Practical application of a land resources information system for agricultural landscape planning[J]. Landscape and Urban Planning，2007，79（1）：38–52.

〔27〕 Skiter N，Rogachev A F，Mazaeva T I. Modeling Ecological Security of a State[J]. Mediterranean Journal of Social Sciences，2015，6（3）：2039–2117.

〔28〕 Sun X，Zhu X D，Li Y F. Landscape ecological security assessment in rapidly urbanizing bay area：A case study of Xiamen City，China[J]. Acta Ecologica Sinica，2008，28（8）：3563–3573.

〔29〕 Tang C，Wu X，Zheng Q，et al. Ecological security evaluations of the tourism industry in Ecological Conservation Development Areas：A case study of Beijing's ECDA[J]. Journal of Cleaner Production，2018，197（1）：999–1010.

〔30〕 Zdon–Korzeniowska M，Noviello M. The wooden architecture route as an example of a regional tourism product in poland[J]. Sustainability，2019，11.

〔31〕 Zhang J Z，Fu B J. Eco–civilization：A complementary pathway rooted in theory and practice for global sustainable development[J]. Ambio，2023，7.

〔32〕 Zhang S，Yu Q W，Fan Y. Assessing ecological security at the watershed scale based on RS/GIS：a case study from the Hanjiang River Basin[J]. Stochastic Environmental Research and Risk Assessment，2014，28（2）：307–318.

〔33〕 别金花. 盐城市大丰区全域旅游发展模式研究 [J]. 江苏经贸职业技术学院学报，2017（1）：26–29.

〔34〕 曹新向. 基于生态足迹分析的旅游地生态安全评价研究——以开封市为例 [J]. 中国人口·资源与环境，2006（2）：70–75.

〔35〕 陈丹，王福海，肖悦. 基于"源—汇"理论与电路理论的城市热源汇聚路径研究：以重庆市南岸区为例 [J]. 水利水电技术（中英文），2023，54（6）：147–155.

〔36〕 陈方圆，张卫民，范振林. 自然资源资产价值体系构建及应用 [J]. 统计与决策，2023，39（7）：33–38.

〔37〕 陈阁芝，刘伟. 基于利益相关者视角的全域旅游发展策略研究 [J]. 中国管理信息

化，2019，22（6）：115-116.

［38］陈丽媛. 完善长江经济带生态安全保障机制 [J]. 决策与信息，2016（4）：52-56.

［39］陈利顶，傅伯杰，赵文武. "源""汇"景观理论及其生态学意义 [J]. 生态学报，
2006（5）：1444-1449.

［40］程漱兰，陈焱. 高度重视国家生态安全战略 [J]. 生态经济，1999（5）：9-11.

［41］戴伟明. 全域旅游视角的大都市近郊文化休闲旅游目的地开发模式研究 [D]. 桂
林：广西师范大学，2016.

［42］董丽晶，苏飞，温玉卿，等. 阜新市收缩城市经济系统弹性演变趋势与障碍因素
分析 [J]. 地理科学，2020，40（7）：1142-1149.

［43］董雪旺. 旅游地生态安全评价研究——以五大连池风景名胜区为例 [J]. 哈尔滨
师范大学自然科学学报，2003，19（6）：100-105.

［44］杜萍. 全域旅游视域下康养旅游发展现状及对策 [J]. 社会科学家，2022（10）：
47-53.

［45］段应元，刘学录. 基于水资源承载力的民勤绿洲土地利用结构优化研究 [J]. 中国
沙漠，2011，31（1）：174-179.

［46］樊文斌，周海波. 大连全域旅游规划探讨 [C]// 江苏省扬州市人民政府，中国城
市科学研究会，中国城市规划学会，江苏省住房和城乡建设厅. 2011 城市发展与
规划大会论文集.《城市发展研究》编辑部，2011：447-451.

［47］范峻恺，徐建刚. 基于神经网络综合建模的区域城市群发展脆弱性评价——以滇
中城市群为例 [J]. 自然资源学报，2020，35（12）：2875-2887.

［48］付绍桐，甄志磊，刘旭，等. 基于"源—汇"理论的汾河太原段非点源污染识别
[J]. 节水灌溉，2023（1）：116-121+127.

［49］付云. 全域旅游视角下长沙沙坪小镇新型城镇化建设研究 [D]. 长沙：中南林业
科技大学，2014.

［50］傅伯杰，刘世梁，马克明. 生态系统综合评价的内容与方法 [J]. 生态学报，2001
（11）：1885-1892.

［51］高维全，刘国巍，王玉霞. 广西北部湾经济区旅游生态安全动态评价及空间格局
演化 [J]. 北部湾大学学报，2022，37（6）：65-75.

［52］高星，刘泽伟，李晨曦，等. 基于"三生空间"的雄安新区土地利用功能转型与
生态环境效应研究 [J]. 生态学报，2020，40（20）：7113-7122.

［53］郭菲菲. 全域旅游背景下的沁水县旅游规划研究 [D]. 太原：太原理工大学，
2021.

［54］韩文静，梁永国，谢战军. 秦皇岛长城文化旅游带空间结构设计研究 [J]. 产业创

新研究，2023（3）：80–82.

［55］韩逸，郭熙，江叶枫，等．南方丘陵区耕地景观生态安全影响因素及其空间差异[J].生态学报，2019，39（17）：6522–6533.

［56］韩莹，唐承财，曾睿．生态文明建设视角下旅游生态安全研究综述（英文）[J]. Journal of Resources and Ecology，2022，13（4）：734–745.

［57］韩振华，李建东，殷红，等．基于景观格局的辽河三角洲湿地生态安全分析[J].生态环境学报，2010，19（3）：701–705.

［58］何春阳，史培军．基于系统动力学模型和元胞自动机模型的土地利用情景模型研究[J].中国科学 D 辑地球科学，2005，35（5）：464–473.

［59］何利杰，杜梦晴，韦晶，等．长江中游城市群土地利用变化对 $PM_{2.5}$ 污染的影响及空间溢出效应[J].长江流域资源与环境，2023，32（5）：1018–1029.

［60］何永彬，王筱春．生态型旅游资源开发的环境影响评价研究——以石林为例[J].云南师范大学学报（自然科学版），2006（6）：52–57+66.

［61］和娟，师学义，付扬军．基于生态系统服务的汾河源头区域生态安全格局优化[J].自然资源学报，2020，35（4）：814–825.

［62］贺晓波．基于乡村振兴战略的全域旅游规划思考——以江西省婺源县为例[J].上海城市管理，2023，32（2）：72–79.

［63］胡子浩，杜崇，李瑞，等．生态安全评价研究综述[J].黑龙江水利科技，2022，50（12）：53–56.

［64］黄细嘉，李凉．全域旅游背景下的文明旅游路径依赖[J].旅游学刊，2016，31（8）：13–15.

［65］姜联合．鄂尔多斯高原退化生态系统恢复与区域经济发展[J].干旱区研究，2004，21（6）：144–149.

［66］晋秀龙，陆林．旅游生态学研究体系[J].生态学报，2009，29（2）：898–909.

［67］孔冬艳，陈会广，吴孔森．中国"三生空间"演变特征、生态环境效应及其影响因素[J].自然资源学报，2021，36（5）：1116–1135.

［68］孔维虎．县域内全域旅游模式研究——以贵州六盘水市钟山区为例[J].现代商贸工业，2016（24）：19–21

［69］李红．全域旅游视阈下县域旅游发展探究——以安徽省霍山县为例[J].泰州职业技术学院学报，2016（1）：50–53.

［70］李晶，蒙吉军，毛熙彦．基于最小累积阻力模型的农牧交错带土地利用生态安全格局构建——以鄂尔多斯市准格尔旗为例[J].北京大学学报（自然科学版），2013，49（4）：707–715.

［71］李细归，吴黎，吴清，等 . 中国旅游生态安全测度及障碍因子诊断研究 [J]. 生态经济，2017，33（6）：90-95.

［72］李晓文，智烈慧，马田田，等 . 构筑基于"三线整合"的中国滨海湿地生态安全格局 [J]. 中国科学院院刊，2023，38（1）：123-133.

［73］李竹，王兆峰，曹文萍，等 . 长江经济带生态安全的时空动态及其影响因素——基于三维生态足迹扩展模型 [J]. 湖南师范大学自然科学学报，2023，46（3）：42-50.

［74］李宗尧，杨桂山，董雅文 . 经济快速发展地区生态安全格局的构建——以安徽沿江地区为例 [J]. 自然资源学报，2007，22（1）：106-113.

［75］厉新建，张棱云，崔莉 . 全域旅游：建设世界一流旅游目的地的理念创新——以北京为例 [J]. 人文地理，2013（3）：130-134.

［76］林嫩妹，陈秋华，修新田 . 全域生态旅游发展路径：协调与融合 [J]. 林业经济问题，2021，41（5）：536-543.

［77］林志慧，陈瑛，刘宪锋，等 . 中国入境旅游城市合作网络时空格局及驱动因素 [J]. 地理学报，2022，77（8）：2034-2049.

［78］刘呈艳 . 少数民族地区全域旅游发展探析——以西藏拉萨市为例 [J]. 黑龙江民族丛刊，2016（6）：72-76.

［79］刘程军，王周元晔，杨增境，等 . 多维邻近视角下长江经济带区域金融空间联系特征及其影响机制 [J]. 经济地理，2020，40（4）：134-144.

［80］刘丹丹 . 基于时序数据的长江中游城市群建设用地扩展分析 [D]. 武汉：武汉大学，2021.

［81］刘海龙，刘美彤，呼旭红，等 . 中国博物馆时空演变特征及成因分析 [J]. 热带地理，2022，42（3）：469-480.

［82］刘华斌，杨梅，李宝勇，等 . 基于生态安全的城市绿色廊道系统规划研究——以南昌市为例 [J]. 中国园林，2020，36（4）：122-127.

［83］刘栋子 . 乡村振兴战略的全域旅游：一个分析框架 [J]. 改革，2017（12）：80-92.

［84］刘顺鑫，黄云 . "三生空间"视角下万州区景观生态安全评价及其耦合特征分析 [J]. 水土保持研究，2020，27（6）：308-316.

［85］刘小平 . "生态位"元胞自动机在土地可持续规划模型中的应用 [J]. 生态学报，2007，27（6）：2391-2402.

［86］刘孝富，舒俭民，张林波 . 最小累积阻力模型在城市土地生态适宜性评价中的应用——以厦门为例 [J]. 生态学报，2010，30（2）：421-428

［87］刘辛田，高玉泉，盛正发 . 旅游生态足迹动态变化探讨——以湖南娄底市为例

［J］. 生态经济（学术版），2013（2）：311-314.

［88］刘洋，蒙吉军，朱利凯. 区域生态安全格局研究进展［J］. 生态学报，2010，30
（24）：6980-6989.

［89］刘耀彬，邱浩，戴璐. 生态安全约束下城市群空间网络结构动态演变及关联特征
分析——以环鄱阳湖城市群为例［J］. 华中师范大学学报（自然科学版），2020，
54（4）：522-535.

［90］刘玉春，贾璐璐. 全域旅游助推县域经济发展——以安徽省旌德县为例［J］. 经济
研究参考，2015（37）：97-101+112.

［91］龙雪琴，赵欢，周萌，等. 成都市建成环境对网约车载客点影响的时空分异性研
究［J］. 地理科学，2022，42（12）：2076-2084.

［92］卢慧婷，严岩，赵春黎，等. 雄安新区多尺度生态安全格局构建框架［J］. 生态学
报，2020，40（20）：7105-7112.

［93］卢璐，曾坚，于天虎. 旅游生态安全研究进展［J］. 生态科学，2023，42（2）：238-
247.

［94］卢远，华璀，王娟. 东北农牧交错带典型区土地利用变化及其生态效应［J］. 中国
人口资源与环境，2006，16（2）：58-62.

［95］鲁宜苓，孙根年，刘焱，等. 区域旅游双核结构与川渝地区旅游协同发展［J］. 资
源开发与市场，2021，37（11）：1388-1393.

［96］陆汝成，黄贤金，左天惠，等. 基于 CLUE-S 和 Markov 复合模型的土地利用情
景模拟研究——以江苏省环太湖地区为例［J］. 地理科学，2009，29（4）：577-
581.

［97］罗恒. 长江经济带生态安全测度及保护研究［D］. 西安：西安理工大学，2020.

［98］吕君. 旅游生态安全思想的缘起及其安全状态诊断［J］. 内蒙古财经学院学报，
2007（5）：35-38.

［99］吕俊芳. 城乡统筹视阈下中国全域旅游发展范式研究［J］. 河南科学，2014（1）：
139-142.

［100］马彩虹，安斯文，滑雨琪，等. 宁夏沿黄经济带生态用地格局演变及其驱动机制
［J］. 经济地理，2022，42（6）：179-187.

［101］马晓龙. 区域旅游研究十年：进展与评价［J］. 人文地理，2012，27（2）：32-
37+150.

［102］毛江贤. 区域旅游投资中的制度和机制创新［J］. 现代经济信息，2011（14）：
263+274.

［103］蒙吉军. 鄂尔多斯市土地利用生态安全格局构建［J］. 生态学报，2012，32（21）：

6755-6766.

[104] 蒙欣欣 . 解析全域旅游发展模式 [J]. 旅游纵览（下半月），2016（4）：12-13.

[105] 孟秋莉，邓爱民 . 全域旅游视阈下乡村旅游产品体系构建 [J]. 社会科学家，
2016（10）：85-89.

[106] 穆学青，郭向阳，明庆忠，等 . 黄河流域旅游生态安全的动态演变特征及驱动因
素 [J]. 地理学报，2022，77（3）：714-735.

[107] 年四锋，李东和 . 区域旅游中心城市建设研究——以安徽省合肥市为例 [J]. 科
技和产业，2010，10（12）：21-25.

[108] 牛江艳，曹荣林，杨新军 . 跨省区域旅游合作研究——以陕甘豫三省为例 [J].
人文地理，2007（1）：28-33.

[109] 牛文元 . 可持续发展理论的基本认知 [J]. 地理科学进展，2008（3）：1-6.

[110] 潘竟虎，刘晓 . 基于空间主成分和最小累积阻力模型的内陆河景观生态安全
评价与格局优化——以张掖市甘州区为例 [J]. 应用生态学报，2015，26（10）：
3126-3136.

[111] 潘竟虎 . 疏勒河流域景观生态风险评价与生态安全格局优化构建 [J]. 生态学杂
志，2016，35（3）：791-799.

[112] 彭保发，郑俞，刘宇 . 耦合生态服务的区域生态安全格局研究框架 [J]. 地理科
学，2018，38（3）：361-367.

[113] 彭建，吕丹娜，董建权，等 . 过程耦合与空间集成：国土空间生态修复的景观生
态学认知 [J]. 自然资源学报，2020，35（1）：3-13.

[114] 彭建，赵会娟，刘焱序，等 . 区域生态安全格局构建研究进展与展望 [J]. 地理研
究，2017，36（3）：407-419.

[115] 彭玉琳，裴炅 . 全域旅游视角下农产品区域品牌视觉形象设计探析 [J]. 大众文
艺，2023（5）：57-59.

[116] 皮常玲，郑向敏 . 基于域变视角的全域旅游安全管理体系研究 [J]. 河南大学学
报（社会科学版），2018，58（1）：37-44.

[117] 秦利民，杨静，康璇，等 . 发展乡村旅游 建设中国休闲大乡村 [J]. 中共乐山市委
党校学报，2015，17（6）：12-16.

[118] 秦晓楠，孙凤芝，袁文华 . 中国旅游城市生态安全系统作用机理研究——基于
PLS 与 SD 的组合 [J]. 中国人口·资源与环境，2019，29（7）：31-40.

[119] 邱炳文，陈崇成 . 基于多目标决策和 CA 模型的土地预测模型及其应用 [J]. 地
理学报，2008，63（2）：165-174.

[120] 任群 . 基于土地利用变化的长三角城市群生态安全格局构建 [D]. 厦门：厦门大

学，2018.

［121］石丹，关婧文，刘吉平．基于 DPSIR-EES 模型的旅游型城镇生态安全评价研究 [J]. 生态学报，2021，41（11）：4330-4341.

［122］石培华．如何推进"全域旅游"[J]. 西部大开发，2016（11）：104-105.

［123］宋晓丽，周金泉，陈丽琴．全域旅游视域下旅游小镇发展策略探析 [J]. 经济问题，2017（6）：103-107.

［124］孙欣欣，董丽娜，刘畅．国土空间视角下生态安全格局构建方法综述 [J]. 林草政策研究，2022，2（3）：8-13.

［125］唐升．全域旅游视角下的湄潭城郊型旅游地空间发展模式研究 [D]. 重庆：重庆大学，2018.

［126］田敏娜．承德市全域旅游发展路径分析 [J]. 商业经济研究，2018（16）：161-162.

［127］涂建军，姚兰，王静松，等．企业流视角下成渝城市群网络空间结构演变 [J]. 经济地理，2023，43（4）：83-95+205.

［128］涂小松，濮励杰，严祥，等．土地资源优化配置与土壤质量调控的系统动力学分析 [J]. 环境科学研究，2009，22（2）：221-226.

［129］王彩妮．基于绿色增长理论的强生态区全域旅游实现路径研究 [D]. 郑州：郑州大学，2017.

［130］王春丽．后疫情时代湖南省全域旅游示范区建设研究 [J]. 经济师，2023（3）：147-149.

［131］王国华．论全域旅游战略实施的路径与方法 [J]. 北京联合大学学报（人文社会科学版），2017，15（3）：12-18.

［132］王乃亮，孙旭伟，黄慧，等．生态安全的影响因素与基本特征研究进展 [J]. 绿色科技，2023，25（2）：192-197.

［133］王群，银马华，杨兴柱，等．大别山贫困区旅游地社会——生态系统脆弱性时空演变与影响机理 [J]. 地理学报，2019，74（8）：1663-1679.

［134］王炎文，徐帆，刘海霞．全域旅游视角下传统旅游目的地发展的路径选择——以黄山市为例 [J]. 旅游纵览（下半月），2016（12）：127-129.

［135］王兆峰，陈青青．1998 年以来长江经济带旅游生态安全时空格局演化及趋势预测 [J]. 生态学报，2021，41（1）：320-332.

［136］王忠君，蔡君，张启翔．旅游活动对云蒙山国家森林公园景观及视觉的影响评价 [J]. 河北林业科技，2004（1）：32-35.

［137］魏诗华．全域旅游标识系统规划设计思路创新 [N]. 中国旅游报，2015-06-10

（11）.

［138］魏伟，赵军，王旭峰 . GIS、RS 支持下的石羊河流域景观利用优化研究 [J]. 地理科学，2009，29（5）：750–754.

［139］翁钢民，潘越，李凌雁 . "丝绸之路旅游带"景区区位优势等级测度与影响机理 [J]. 经济地理，2019，39（4）：207–215.

［140］吴海琴，张川，陈眉舞，等 . 苏北小城镇新型城镇化发展路径研究——以淮安市岔河镇为例 [J]. 江苏城市规划，2016（11）：39–42.

［141］吴海琴，张川 . 大都市近郊全域旅游型美丽乡村规划探索——以南京市汤山村为例 [J]. 小城镇建设，2015（11）：7–79.

［142］吴健生，马洪坤，彭建 . 基于"功能节点—关键廊道"的城市生态安全格局构建——以深圳市为例 [J]. 地理科学进展，2018，37（12）：1663–1671.

［143］吴立军，田启波 . 碳中和目标下中国地区碳生态安全与生态补偿研究 [J]. 地理研究，2022，41（1）：149–166.

［144］吴志才，张凌媛，黄诗卉 . 粤港澳大湾区旅游经济联系的空间结构及协同合作模式 [J]. 地理研究，2020，39（6）：1370–1385.

［145］伍军豪，韩乐坤 . 大别山核心区旅游生态安全分析 [J]. 乡村科技，2020（17）：120–122.

［146］武春友，郭玲玲，于惊涛 . 区域旅游生态安全的动态仿真模拟 [J]. 系统工程，2013，31（2）：94–99.

［147］习近平 . 在党的群众路线教育实践活动总结大会上的讲话（2014 年 10 月 8 日）[M]. 北京：人民出版社，2014.

［148］席建超，葛全胜 . 长江国际黄金旅游带对区域旅游创新发展的启示 [J]. 地理科学进展，2015，34（11）：1449–1457.

［149］肖笃宁，陈文波，郭福良 . 论生态安全的基本概念与研究方法 [J]. 应用生态学报，2002，13（3）：354–358.

［150］肖小明，陈云，郝品 . 三维视角下海口市石山镇全域旅游规划探析 [J]. 上海国土资源，2017，38（1）：59–6 4.

［151］肖钊富，李瑞，吕宛青 . 成渝城市群旅游生态安全时空格局演化研究 [J]. 世界地理研究，2023，32（10）：122–133.

［152］谢高地，鲁春霞，冷允法，等 . 青藏高原生态资产的价值评估 [J]. 自然资源学报，2003（2）：189–196.

［153］谢高地，张彩霞，张雷明，等 . 基于单位面积价值当量因子的生态系统服务价值化方法改进 [J]. 自然资源学报，2015，30（8）：1243–1254.

［154］谢花林．土地利用生态安全格局研究进展［J］.生态学报，2008，28（12）：6305–6310.

［155］新华社．中共中央关于制定国民经济和社会发展第十四个五年规划和二〇三五年远景目标的建议［EB/OL］.（2020–11–03）[2023–06–12].http：//www.qstheory.cn/yaowen/2020–11/03/c_1126693429.htm.

［156］徐美，刘春腊，李丹，等．基于改进 TOPSIS- 灰色 GM（1，1）模型的张家界市旅游生态安全动态预警［J］.应用生态学报，2017，28（11）：3731–3739.

［157］徐美，刘春腊．张家界市旅游生态安全评价及障碍因子分析［J］.长江流域资源与环境，2018，27（3）：605–614.

［158］杨桂山，徐昔保，李平星．长江经济带绿色生态廊道建设研究［J］.地理科学进展，2015，34（11）：1356–1367.

［159］杨桂山，徐昔保，王维．长江保护与发展近 30 年基本态势、面临挑战与协同治理［J］.长江流域资源与环境，2022，31（8）：1653–1663.

［160］杨桂山，徐昔保．长江经济带"共抓大保护、不搞大开发"的基础与策略［J］.中国科学院院刊，2020，35（8）：940–950.

［161］杨利，石彩霞，谢炳庚．长江流域国家湿地公园时空演变特征及其驱动因素［J］.经济地理，2019，39（11）：194–202.

［162］杨清可，王磊，李永乐，等．基于景观生态安全格局构建的城镇空间扩展模式研究——以江苏沿海地区为例［J］.地理科学，2021，41（5）：737–746.

［163］杨甜，胡永红．全域旅游导向下许昌市旅游业发展策略研究［J］.华中建筑，2016，34（8）：109–113.

［164］杨通进．环境伦理学的基本理念［J］.道德与文明，2000（1）：6–10.

［165］杨小雄，刘耀林，王晓红，等．基于约束条件的元胞自动机土地利用规划布局模型［J］.武汉大学学报（信息科学版），2007，32（12）：1164–1167.

［166］杨银丝，汪霞．全域旅游背景下乡镇国土空间规划思路探析——以河南省洛阳市栾川县陶湾镇为例［J］.建筑与文化，2022（12）：72–74.

［167］杨振之．全域旅游的内涵及其发展阶段［J］.旅游学刊，2016，31（12）：1–2.

［168］易浪，孙颖，尹少华，等．生态安全格局构建：概念、框架与展望［J］.生态环境学报，2022，31（4）：845–856.

［169］应凌霄，孔令桥，肖燚，等．生态安全及其评价方法研究进展［J］.生态学报，2022，42（5）：1679–1692.

［170］滕明君．快速城市化地区生态安全格局构建研究——以武汉市为例［D］.武汉：华中农业大学，2011.

［171］游巍斌 . 基于景观安全格局的武夷山风景名胜区旅游干扰敏感区判识与保护 [J]. 山地学报，2014，32（2）：195-204.

［172］俞孔坚，李海龙，李迪华，等 . 国土尺度生态安全格局 [J]. 生态学报，2009，29（10）：5163-5175.

［173］俞孔坚 . 景观生态战略点识别方法与理论地理学的表面模型 [J]. 地理学报，1998，53：11-17.

［174］俞孔坚 . 生物保护的景观安全格局 [J]. 生态学报，1999，19（1）：8-15.

［175］袁宏瑞，王群 . 旅游与生态共生演进模式与生态安全判定：以国家重点生态功能区安徽省黄山区为例 [J]. 旅游学刊，2022，37（12）：25-38.

［176］袁荣娟 . 莱芜市全域旅游发展存在的问题及对策研究 [J]. 中国管理信息化，2016，19（19）：134-134.

［177］袁媛，周剑云，程序，等 . 柳州市全域旅游发展规划探析 [J]. 规划师，2022，38（12）：161-168.

［178］詹蕾，郭平，颜建军 . 环境税政策与产业结构优化——基于省级面板数据的空间计量分析 [J]. 经济地理，2022，42（5）：114-124.

［179］张河清，邓泽平，王蕾蕾 . 特殊区域旅游竞争力评价研究——基于广东省14个国家全域旅游示范区的实证分析 [J]. 生态经济，2019，35（7）：135-140.

［180］张辉，岳燕祥 . 全域旅游的理性思考 [J]. 旅游学刊，2016，31（9）：15-17.

［181］张明斗，翁爱华 . 长江经济带城市水资源利用效率的空间关联网络及形成机制 [J]. 地理学报，2022，77（9）：2353-2373.

［182］张镁心，王亚慧，王亮，等 . 开封打造黄河文化旅游带研究 [J]. 旅游纵览，2022（14）：166-169.

［183］张潇，谷人旭 . 土地利用冲突的时空格局刻画与多情景模拟研究——以长江三角洲城市群为例 [J]. 地理研究，2022，41（5）：1311-1326.

［184］张序强，李华，董雪旺，等 . 旅游地阻力面理论初探：五大连池风景名胜区为例 [J]. 地理科学，2003，23（2）：240-244.

［185］张英，张红旗，倪东英 . 农业土地利用优化配置系统的研建 [J]. 资源科学，2009，31（12）：2055-2064.

［186］章锦河，张捷，王群 . 旅游地生态安全测度分析—以九寨沟自然保护区为例 [J]. 地理研究，2008，27（2）：449-458.

［187］赵传松 . 山东省全域旅游可持续性评估与发展模式研究 [D]. 济南：山东师范大学，2019.

［188］赵理文 . 制度、体制、机制的区分及其对改革开放的方法论意义 [J]. 中共中央

党校学报，2009，13（5）：17-21.

［189］赵晏俪. 探讨全域旅游模式下的产业融合第六届全国生态旅游高峰论坛聚首深圳 [J]. 中国会展（中国会议），2016（10）：20.

［190］赵媛，胡宇橙. 天津市全域旅游发展的问题与对策 [J]. 北方经贸，2023（3）：152-156.

［191］郑磊. 设计最优的环境与资源规制工具组合——评《环境与自然资源管理的政策工具》[J]. 绿叶，2011，160（10）：104-110.

［192］郑秋霞，匡耀求，黄宁生，等. 广东省旅游生态安全时空测度及障碍因子诊断 [J]. 水土保持研究，2017，24（5）：252-258.

［193］中国环境报. 加强风险防控，提升生物安全管理水平 [EB/OL].（2021--11-03）[2023-06-08].https：//www.gmw.cn/xueshu/2021-11/03/content_35283266.htm.

［194］中国科学院院刊，中国互联网新闻中心. 傅伯杰："十四五"国土空间生态修复思路 [EB/OL].（2021-02-11）[2023-06-12].https：//www.cas.cn/zjs/202102/t20210209_4777803.shtml.

［195］国务院办公厅关于促进全域旅游发展的指导意见 [J]. 中华人民共和国国务院公报 2018（10）：26-32.

［196］周彬，虞虎，钟林生，等. 普陀山岛旅游生态安全发展趋势预测 [J]. 生态学报，2016，36（23）：7792-7803.

［197］周彬，钟林生，陈田，等. 浙江省旅游生态安全的时空格局及障碍因子 [J]. 地理科学，2015，35（5）：599-607.

［198］朱斌，王学典. 区域旅游合作的基础、阻碍和思路 [J]. 经济研究导刊，2018（36）：137-139.

［199］朱东国，熊鹏，方世敏. 旅游生态安全约束下的张家界市土地利用优化 [J]. 生态学报，2018，38（16）：1-10.

［200］朱世蓉. 以"全域乡村旅游"理念整合农村产业结构的构想 [J]. 农业经济，2015（6）：79-81.

［201］祝爱民，宋冠杰，郑群明."全域旅游"视角下旅游目的地发展策略研究——以广东省英德市黄花镇为例 [J]. 湖北科技学院学报，2016，36（11）：25-28.